大学发展的学术战略与结构变革

——基于A大学的案例研究

Academic Strategy and Structural Reform of University Development： A Case Study of University A

闫树涛 著

人民出版社

国家社科基金后期资助项目
出版说明

后期资助项目是国家社科基金项目主要类别之一,旨在鼓励广大人文社会科学工作者潜心治学,扎实研究,多出优秀成果,进一步发挥国家社科基金在繁荣发展哲学社会科学中的示范引导作用。后期资助项目主要资助已基本完成且尚未出版的人文社会科学基础研究的优秀学术成果,以资助学术专著为主,也资助少量学术价值较高的资料汇编和学术含量较高的工具书。为扩大后期资助项目的学术影响,促进成果转化,全国哲学社会科学规划办公室按照"统一设计、统一标识、统一版式、形成系列"的总体要求,组织出版国家社科基金后期资助项目成果。

全国哲学社会科学规划办公室

2014 年 7 月

目　　录

导　　论

一、战略与结构视角中的大学发展

（一）大学发展的时代烙印：1999—2010 年

随着改革开放以来我国经济、社会的蓬勃发展,高等教育事业也发生了深刻的变化,作为高等教育系统中最典型、最重要组织的大学也经历了不同时代的变迁与变革。学者们往往从宏观和微观两个层面对高等教育的发展、变迁开展研究。一方面,高等教育宏观发展的阶段性回顾对于总结经验、把握历史规律、展望未来有着重要的意义;另一方面,对特定阶段高等教育微观组织的大学进行演进与变革分析,则是高等教育整体变迁中更鲜活、更具个性的一种呈现。每个时代都有大学的声音,大学的发展变迁也被深深地打上了时代的烙印。时代、高等教育、大学的发展是紧密地交织、联系在一起的。

研究者曾在不同时期对我国高等教育的发展进行了阶段性划分。林荣日(2007 年)将改革开放后我国高等教育的发展大致分成四个阶段:[①]恢复整顿阶段(1978—1984 年);改革摸索阶段(1985—1992 年);深化改革阶段(1993—1997 年);加速发展阶段(1998—2007 年)。周远清(2009)将改革开放以后我国高等教育的发展概括为"大改革、大发展、大提高"三个阶段,并认为 20 世纪 90 年代末以来我国高等教育实现了大发展,目前处在从大发展向大提高转变的过程之中。[②] 余小波(2019)将改革开放四十年来我国高等教育的发展划分为四个阶段:改革启动期(1978—1992 年),改革探索期(1992—1999 年),改革深化期(1999—2010 年),综合改革期(2010年至今)。[③]

在高等教育发展的每一个历史阶段,都有其特定的时代发展特征,对每一所大学而言,都要经历在某一特定阶段中适应与成长的过程。但是,不论

---

① 林荣日:《制度变迁中的权力博弈:以转型期中国高等教育制度为研究重点》,复旦大学出版社 2007 年版,第 126 页。

② 周远清:《把一个什么样的高等教育带入全面小康社会》,《中国高等教育》2009 年第 3、4 期。

③ 余小波、刘潇华、黄好:《改革开放四十年:我国高等教育改革发展的基本脉络》,《江苏高教》2019 年第 3 期。

是从我国高等教育发展的历史实践看,还是出于对我国高等教育发展的理论研究,20 世纪 90 年代末到 21 世纪初前十年(1999—2010 年)的这一时期,确实是非常值得我们关注和研究的一段比较特殊的历史时期。一方面,以推进高等教育大众化为主要标志,我国大学发展的外部环境发生了一系列重要变化,这既给许多大学带来了难得的发展机遇,也使其面临着新的严峻挑战,诸多的环境压力推动着大学的组织变迁。另一方面,为了适应环境变迁的要求,不管是理论研究型大学、教学研究型大学还是教学型大学,纷纷在整体发展的目标定位和战略上做出调整,在内部资源配置、教学科研方式、组织结构设计、管理体制与运行机制等方面做出新的制度安排和结构设计,组织与环境之间呈现为一种动态复杂的互动过程。在这样一个动态转变过程中,环境是如何影响大学组织的运行与发展的? 大学组织又通过什么样的方式做出了怎样回应? 取得了什么样的效果? 对这些问题的准确回答,是把握这一特定时期我国高等教育整体发展特征和大学适应与成长规律的重要课题。

大学组织演进的理论研究和实践表明,大学与环境之间存在着密切而复杂的关系,大学组织对环境的适应是其中的一个重要方面。尤其是在大学组织的外部环境发生较大的变化时,要想获得持续发展和成长,组织的适应过程就会更加复杂。本书截取我国大学组织演进历程中的一个特定时期进行案例分析和深入研究,探讨 1999—2010 年这一历史阶段我国大学发展的学术战略与结构变革,并进而分析特定环境之下大学组织的适应与成长问题。

将 1999 年作为本书研究的起点,主要是因为从这一时期起,在我国高等教育领域所发生的一系列重要事件,直接推动和促进了我国大学组织的战略调整和结构变革。归纳起来,主要包括以下四个方面:第一,1999 年我国开始实施高等教育扩招政策,并由此开始快速推进高等教育大众化进程。1998 年我国高等教育毛入学率仅为 8%,而到扩招三年之后的 2002 年便实现了毛入学率 15% 的高等教育大众化发展目标;再到 2010 年高等教育毛入学率更是达到了 26.5%。在这一战略性的转变过程中,我国高等教育的整体规模和结构发生了巨大变化和调整,很多大学经历了办学目标、定位的转型和规模、结构的调整,大学组织形态日趋多样化。大众化阶段中的大学与精英化阶段相比,在办学理念、发展战略、质量标准与控制、管理模式等方面都表现出了明显的差异。二是伴随着 1999 年 1 月 1 日我国《高等教育法》的颁布实施,我国高等教育逐渐走上了依法治教、依法治校的轨道。《高等教育法》明确提出"高等学校应当面向社会,依法自主办学,实行民主管

理"，"高等学校应当以人才培养为中心，开展教学、科学研究和社会服务"，
"高等学校根据实际需要和精简、效能的原则，自主确定教学、科学研究、行
政职能部门等内部组织机构的设置和人员配备"。这标志着我国大学的办
学自主权正在日益扩大，大学与社会的联系日益紧密，大学的社会功能不断
扩展，开放程度不断扩大，大学管理的复杂性明显增强。三是这一时期我国
高等教育经历了从规模增长到质量提升的战略转移，人才培养模式、学科专
业建设、课程体系建设以及教学质量评估等一系列标准、措施的出台，有力
地推进了高等教育的质量建设。四是随着科教兴国、人才强国战略和创新
型国家战略的实施，大学在国家和社会发展中的地位日益提高，学位与研究
生教育得到了快速发展，办学层次提升的需求日益迫切，科技创新职能和社
会服务职能显著增强。此外，在国内外日趋严峻的高等教育发展形势面前，
大学之间的竞争也越来越激烈。

　　在这种深刻变革背景之下，大学组织只有不断适应新的发展环境，主动
寻求战略创新与组织变革，才能提高自身的竞争能力和发展能力。在这一
时期，随着我国高等教育外部环境的巨大变化，"高等教育的组织变革表现
出多样性的特征，既有宏观层面高等教育组织系统的调整，又有微观层面高
校内部组织机制的转化"。"大众化催生了高等教育组织变革，与之相适
应，组织变革则促进了高等教育功能的扩展与实现。组织变革所带来的是
高等教育的多样化和复杂化。"①更有研究者认为，"自 20 世纪末以来，中国
加快了高等教育改革与发展的步伐。高等教育已经逐步进入大众化阶段。
高等教育事业规模扩张速度前所未有。从学校数量到学校规模，从学科领
域到学科层次，从宏观管理组织、人员和内容的设置到校内管理组织、人员
与内容的设置，均呈现出多元态势。在史无前例的发展与变化的情况下，高
等教育显露出来的问题，无论从数量上还是性质上，同样也是史无前例的，
亟待我们认真思考与应对。"②

　　在这样一个大的历史发展背景下，我国的很多大学都在不断总结历史，
着眼未来，力图准确定位自己的发展目标和战略，积极调动和利用各种资源
推进学校发展。同时，每一所大学又都呈现出了不同的发展路径和发展策
略，根据外部环境的要求，以自身内部资源为基础，在理念、战略、组织、技术
上主动做出调整，致力于探寻和打造自己的核心能力。在这一时期，我国高

---

①　别敦荣:《大众化与高等教育组织变革》,《清华大学教育研究》2006 年第 1 期。
②　[英]亚伦·博尔顿:《高等院校学术组织管理》,宋维红译,江苏教育出版社 2010 年版,
　　"序言"。

校的改革发展呈现出全面性和整体性的鲜明特征,大学的组织特性、功能、结构,乃至大学内部的教学、科研和服务方式都在发生着重要的变化。这些变化最终会落实到大学的学术活动即教学、科研活动之中,并通过作为教学、科研活动载体的各种学术管理结构来实现,这就要求大学的管理者通过这种结构的变革适应环境的要求,以应对挑战。正如有的研究者认为,"近年来,我国高等教育实现了跨越式发展,大学在提升科技创新能力、培养创新型人才方面仍然面临着体制性的制约,其中创新大学学术组织是关键"①。从大学组织内部结构变化的主要表现来看,这一时期,"沿用了半个世纪的整齐划一的'学校-学系-专业教研组(室)'三级管理体制,正在迅速地为多种多样的中间组织层次和基层组织类型所替代"②。

(二)地方综合性大学发展的环境变迁与组织适应

本书立足于 1999—2010 年时期我国大学外部环境变迁与内部学术战略与结构的调整适应,力图通过对一所地方综合性大学所进行的典型案例展开研究,从而反映这一特定历史时期中国大学组织特性和组织结构所发生的一系列变化、变迁。

在我国高等教育系统构成中,地方综合性大学具有一定的代表性。根据教育部《2011 年全国教育事业发展统计公报》显示,到 2011 年全国高等教育总规模达到 3167 万人,高等教育毛入学率达到 26.9%,有普通高等学校 2409 所(包括独立学院 309 所)。③ 其中,在 2200 多所地方高校中,地方综合性大学有着更强的代表性。这类大学一般以省名、市名或区域名称冠名,比如山西大学、湖北大学、青海大学、海南大学、宁波大学、南昌大学等等。在我国,几乎每个省份都有这样一两所省属综合性大学,这类大学往往办学历史比较悠久,学科覆盖面比较宽,学校规模比较大,大部分已经建立起专科教育、本科教育、研究生教育以及成人教育、留学生教育为一体的教育教学体系和人才培养体系,科学研究的职能近年来也不断得到加强。同时,这些学校还立足地方经济社会发展需要积极开展社会服务活动。地方综合性大学一般都是地方重点大学,具有较强的办学实力和较好的办学声誉,有的还被列入国家"211 工程"院校或省部共建大学。1999 年后,在外部环境压力和内部发展需求的双重力量推动下,许多地方综合性大学通过

---

① 赫冀成:《大学学术组织创新的体制探讨》,《中国高等教育》2007 年第 3、4 期。

② 孔寒冰、王沛民:《应重视开展高等学校学术组织的研究》,《高等教育研究》2000 年第 6 期。

③ 数据来源:2011 年全国教育事业发展统计公报,http://www.gov.cn/gzdt/2012 - 08/30/content_2213875.htm。

采取一系列改革发展的举措,实现了办学理念、办学定位、发展战略、组织结构、组织功能的巨大变化,学校的组织特性和组织能力也发生了重要转变。

本书的分析对象是我国 H 省一所省属地方综合性大学——A 大学。H 省是我国的一个人口大省和教育大省,全省有高等学校上百所。A 大学位于 H 省 B 市,是全省高校的龙头和示范学校,被教育部和省政府确定为"省部共建大学"。从 A 大学的发展历程来看,虽然其在长期的发展历史中经历了几个不同的发展阶段,但毋庸置疑的是,和全国很多大学一样,1999—2010 年这段时期是这所大学发生重要转折和变化的一个特殊历史阶段。1999 年,A 大学调整了学校领导班子,陆续提出了新的学校定位、发展目标和战略举措,并在后来的发展中根据环境变化不断进行修订和完善,在组织结构上做出了积极的变革或探索,力图打造学校发展的综合优势,提升学校的组织能力,主动适应环境的变化和要求。这种变化既为我国高等教育整体发展环境的变迁所致,同时也与这所大学所采取的学术战略和结构调整紧密相关,内外因素相互交织共同推动着这所大学的发展。"对大多数组织而言,环境变动和不确定性的动态适应过程——与环境进行有效的结合,同时有效管理组织内部的相互依赖性——极为复杂,它包含了不同组织层面无数的决策活动和行为。尽管如此,我们相信能够透彻研究这种复杂的适应调整活动:通过考察组织的行为方式,我们便可以说明甚至预测组织的适应过程。"①

从组织与环境的相互关系来看,组织的成长过程在一定程度上可以被看作是对环境的适应过程。本书力图运用社会科学研究中典型的民族志研究方法和访谈研究方法,通过对案例大学的详尽描述和深度分析,探讨1999—2010 年时期 A 大学在学术战略和组织结构两个方面是如何回应环境压力并实现了怎样的发展结果,并进一步分析大学组织的环境、战略和结构之间的内在关系。研究的具体内容主要涉及以下五个方面:

第一,大学组织面临的环境压力与战略选择。大学发展的环境压力主要来自于外部环境和内部条件两个方面,这两种因素的共同作用将导致大学组织面临发展的压力和挑战。大学管理者的主要任务就是要对这些影响因素加以识别,并根据实际情况作出学术战略和组织结构上的调整、变革。为此,本书将首先从整体上分析 1999 年之后 10 年左右时间,案例大学在外部环境变迁进程中所面临的压力与挑战。其中,外部环境因素主要包括法规政策、社会需求、学科发展、同行竞争等多种因素。内部因素主要包括办

---

① ［美］迈尔斯、斯诺:《组织的战略、结构和过程》,方洁译,东方出版社 2005 年版,第 3 页。

理方面的环境变化。认为要适应这种环境的变化,需要进行新的战略调整。①

我国很多学者也十分关注外部环境的变化对大学的冲击和影响。如周向阳研究认为:进入 21 世纪,我国的高等教育进入了一个高速发展的时期。20 世纪 90 年代后期,我国高等教育布局结构的调整和宏观管理体制的改革,以及高等教育由精英教育向大众化教育的发展,促进了高等学校的快速发展,高校的学术组织正经历着一场深刻的变革,学院制改革、科研机构重组,以及由此带来的学术组织管理模式、运行机制的变革,有力地促进了高校内部结构的优化、社会功能的强化,同时促进了教学、科研事业的快速发展。② 唐晓玲、王正清分析了大学外部环境的变化主要体现在经济、政治和科技方面,并认为这种变化必然会影响到大学的内部运行;研究还分析了外部环境变化对大学提出的新要求,主要是成本、质量、效益和机会问题。③ 胡仁东认为,20 世纪 90 年代以来学院制兴起的深刻现实背景之一,就是计划经济向市场经济的转轨加强了大学与社会的直接联系,增强大学基本办学活力成为一种强烈的价值诉求。④

学者们还关注环境变迁中大学与社会的密切关系。如程家安、吴丹青研究认为,大学组织要更好地服务于社会需求,就必须不断地调整自身以回应社会不断变化的需要。大学组织必须根据自身发展和社会需求的变化,及时对基层学术组织进行调整和改革,同时要进一步实现运行机制的创新。他们认为,不同的高等学校会处于不同的发展阶段,那么在教学任务和科研任务上也是不同的,这时就需要采用不同的基层学术组织形式,并认为即使是属于同一学校的学术组织形式也应该是复合型、多元化的,并且应该是动态的。⑤

由此可见,外部环境的变化成为研究大学组织演进的重要视角。有研究认为,2000 年之后的十年时间,是中国高等教育遭遇各种错综复杂矛盾的挑战时期,也恰恰是中国高等教育发展最迅速、变化最大的一个时期。我

---

① [日]白井克彦:《共同开创亚太地区的知识体系——早稻田大学 21 世纪发展战略》,《国家教育行政学院学报》2004 年第 5 期。

② 周向阳:《论新世纪初我国高等学校学术组织的变革与发展》,《高等教育研究》2007 年第 2 期。

③ 唐晓玲、王正清:《环境变化与大学管理革新:组织适应的理论视角》,《高教探索》2009 年第 3 期。

④ 胡仁东:《大学学院制:生成与变革》,《中国人民大学教育学刊》2017 年第 2 期。

⑤ 程家安、吴丹青:《高校基层学术组织结构的调整与思考》,《中国高等教育》2004 年第 20 期。

国高等教育完成了"一个转变"，即高等教育发展阶段的转变，实现了由精英化教育向大众化教育的转变。1999 年，中国高等教育毛入学率不到 11%，到 2009 年，这个数字上升到接近 25%。高等教育发展的历史成就主要体现在三个方面：一是高等教育规模持续扩大，二是结构布局趋于合理，三是教育质量受到关注，主要是推进"985"工程和"211"工程以及实施教学质量评估。① 这无疑成为中国大学改革发展的重要社会背景。

地方综合性大学作为一个特殊的组织群体，在 1999 年之后所面临的环境变迁也为许多研究者所关注。刘德福对合并组建的三峡大学面临的良好机遇与环境条件进行了分析②，他认为："地方综合性大学应该是地方高等教育水平的集中代表，因而往往是地方政府重点建设的高校"。郭贵春从学科发展、省部（委）共建、高校竞争、资源配置等方面分析了山西大学"十一五"时期面临的机遇与挑战。③ 张向中结合集美大学的实际，分析了地方综合性大学如何对自身的竞争优势和劣势进行综合比较和分析。④ 朱振林对 20 世纪 90 年代中期以来地方综合性大学的总体态势进行了分析，认为"促成地方综合性大学发展的原因，既包括外部政策推动的原因，也包括高校本身抢抓机遇、主动发展的因素"，并着重对黑龙江大学的办学传统、资源条件、特色和优势、经济社会环境期望等进行了环境分析。⑤ 可以看出，这一时期外部环境的变迁对地方综合性大学提出了转型发展的新要求，综合性大学尤其要考虑到自身的办学历史、学科特色、社会需求、政策支持等内外要素的影响和制约，主动寻求适应与成长的有效路径。

（二）对环境变迁中大学学术战略选择的研究

高校外部环境的变迁使得各高校在发展战略定位上不断发生变化，各高校往往面临着一系列战略抉择性的课题。周向阳认为，近年来我国很多的高校在定位上发生了转变，诸多高校的功能定位从过去服务于行业经济发展，逐渐转向服务于地方经济社会发展，许多的单科类院校开始向多科性

---

① 张民选：《中国高等教育的变革：2000 — 2020 年》，《国家教育行政学院学报》2010 年第 11 期。
② 刘德富、张朔：《论合并组建的地方综合大学的跨越式发展——兼论三峡大学跨越式发展的战略目标与对策》，《三峡大学学报》（人文社科版）2002 年第 2 期。
③ 郭贵春：《办好地方综合性大学的理性选择——兼论山西大学"十一五"发展战略》，《山西大学学报》（哲学社会科学版）2006 年第 9 期。
④ 张向中：《地方综合性大学跨越式发展的战略模式选择》，《福建师范大学学报》（哲学社会科学版）2003 年第 1 期。
⑤ 朱振林：《地方综合性大学发展态势分析——黑龙江大学发展道路选择》，《黑龙江教育》2006 年第 3 期。

院校或综合性大学转变。认为在这样一个高等教育进入快速发展时期的背景下,大学管理者面临的主要问题,就是如何确定合理的办学规模,如何更有效地优化资源配置,如何更有效地组织教学、科研活动,不断提高办学效益。与此同时,在人才培养的层级选择上,还要确定是以发展本科教育为主,还是以发展研究生教育为主,是把学校建设成为研究型大学,还是研究教学型大学,或教学科研型大学,因为不同的战略选择往往需要不同的教学、科研组织形式与之相适应。①

　　一方面,人们从理论上探讨大学战略与大学组织环境、组织结构、组织能力之间的关系。研究者认为:"大学组织战略管理更加注重大学组织与环境的关系,是基于外部环境的管理,即识别、监视和评估外部机会与威胁,并站在环境变化的角度,强调如何使组织抓住外部机会,寻求发展空间,强调对环境的适应和改造;大学战略管理有助于促进组织变革,强调打破部门主义的限制,可以克服'功能性短视',发展一种全局观,强调整合的管理用途;强调在战略决策和规划过程中提供广泛参与的权利和机会;大学实现对应目标要实施相应战略,必然要求大学对自身的组织系统进行相应变革。当战略发生变革时,组织结构系统要发生相应的变革。只有通过组织变革才能实现机能上的更新,才能适应不断变化的外部环境。"②"大学发展的外部环境包括政治、经济、社会、文化、政策等多种复杂多变的状况,因而在战略制定和执行过程中必须使用系统性战略思维,把环境的动态变化和不确定性纳入战略研究中,充分利用有利的外部环境;同时,大学必须具备稳定的组织结构,以备有足够的能力应对不利的环境。"③有的大学组织借鉴国外大学的经验,探讨大学战略和大学结构设计之间的关系,提出"成功的大学战略规划,在于将战略规划过程与组织结构设计相结合,在战略规划过程中重视那些能够增强大学整合性的组织结构设计变量"④。也有研究提出了组织完成战略转型的八个重要步骤和阶段,即产生紧迫感、建立有力的领导联盟、构建组织愿景规划、沟通远景规划、授权他人实现远景规划、计划并夺取短期胜利、巩固成果并深化变革、使新的工作办法制度化。⑤

①　周向阳:《论新世纪初我国高等学校学术组织的变革与发展》,《高等教育研究》2007 年第 2 期。

②　刘向兵、李立国:《大学战略管理导论》,中国人民大学出版社 2006 年版,第 174—184 页。

③　滕曼曼:《大学发展战略的本质特征及其实现转化》,《黑龙江高教研究》2017 年第 6 期。

④　魏海苓、孙远雷:《大学战略规划与组织设计:美国大学的经验和启示》,《高教探索》2009 年第 1 期。

⑤　Kotter J.P. Leading Changing: Why Transformation Efforts Fail. Harvard Business Review, 1995, (3/4):59—67.

　　另一方面,很多学者从实践的角度探讨大学战略和大学成长之间的关系,大学的学术结构作为影响和支持学校战略的重要因素在其中尤其得到关注。牛津大学副校长麦克米伦在《21世纪大学的学术战略——牛津大学的案例》①一文中阐述了作为世界著名大学——牛津大学的学术战略及其结构,详细分析了学术战略制定的背景和过程,以及大学学术战略所涉及的主要内容,重点介绍了牛津大学学院制结构与学术战略之间的相互关系。②我国已有很多文献直接关注国内外著名大学的战略与结构之间的关系。比如,王英杰对斯坦福大学战略管理的分析,重点对大学科技园区和社会科学院的建立予以关注;③刘向兵、李立国对卡内基-梅隆大学实施战略管理过程中的院系改革、校企合作结构予以关注;对沃里克大学实施战略管理,坚持大学学术本质,建立应用开发研究中心予以关注;④武汉大学对实施战略规划和结构调整的关注⑤。也有学者在分析大学战略领导、战略规划的过程中对大学的组织变革予以特别关注。⑥

　　这一时期,地方综合性大学也越来越关注大学战略规划与管理,通过对学校长期发展定位目标的确定和相应战略的选择,提升自身的发展能力和竞争能力。如庾建设、刘辉在分析广州大学发展路径时,认为学校在21世纪初主要做了两件事:调整学校办学定位和制定发展战略规划。⑦ 黄文峰认为新形势下地方综合性大学应科学制定发展战略,做好目标定位、功能定位和策略定位,以增强竞争力。⑧ 刘勇兵、金玲以部分新建地方综合性大学为例,对学校战略规划文本进行了比较和分析,认为一个完整的战略规划一

---

① [英]麦克米伦:《21世纪大学的学术战略——牛津大学案例》,《国家教育行政学院学报》2004年第5期。
② [英]麦克米伦:《21世纪大学的学术战略——牛津大学案例》,《国家教育行政学院学报》2004年第5期。
③ 王英杰:《在创新与传统之间——斯坦福大学的发展道路》,《北京大学教育评论》2003年第3期。
④ 刘向兵、李立国:《比较优势、竞争优势与中国研究以大学跨越式发展研究》,《清华大学教育研究》2005年第1期。
⑤ 武汉大学:《实施跨越发展战略,创建国内外知名高水平大学》,《中国高教研究》2003年第2期。
⑥ 武亚军:《面向世界一流的跨越式发展:战略领导的作用》,《北京大学教育评论》2005年第4期;武亚军:《面向一流大学的跨越式发展:战略规划的作用》,《北京大学教育评论》2006年第1期。
⑦ 庾建设、刘辉:《转型时期地方大学的发展战略——广州大学追求跨越式发展的理论与实践》,《中国高教研究》2005年第8期。
⑧ 黄文峰:《地方综合性大学科学定位刍议》,《漳州师范学院学报》(哲学社会科学版)2006年第4期。

般包括态势分析、战略指导思想、战略目标、发展要素和战略措施五个方面，新建地方综合性大学战略规划中存在缺乏竞争性、缺乏可行性、科学依据不足、缺乏民主性等问题。① 还有很多研究是对具体某所地方综合性大学发展战略的分析，如朱振林对黑龙江大学发展道路选择的分析②，张向中对集美大学跨越式发展战略模式选择的分析③，郭贵春对山西大学"十一五"发展战略的分析④，刘德富、张朔对三峡大学跨越式发展战略目标与对策的分析⑤，等等。

根据已有的研究成果，可以看出大学组织战略与组织结构之间的动态适应关系。但是，在关于大学战略的研究中，还很少有从组织变迁的视角分析大学组织战略与结构之间的关系，尤其很少关注外部环境的压力和内部条件的变化所导致的大学战略的变化，以及由此带来的学术组织结构的调整和变革。

（三）对大学教学科研结构性质及类型的研究

大学中的教学科研结构有哪些类型，各种类型的特点如何，这些机构又是如何运行的等问题，是把握大学组织结构变迁的基本问题。大学的教学科研结构直接和大学的教学科研水平与大学发展密切相关，对大学的教学、科研和社会服务直接起到支撑作用。有学者对大学学术组织结构的重要功能做出了如下定位："大学中的学术组织及其结构，为大学学术生产力的发展提供了重要的组织平台，能够对它的发展产生巨大的促进作用；良好的大学学术组织结构有利于大学教学中的共同培养；有利于大学科研中的交流与合作；能够促成社会服务中的联合签单。"⑥

大学中的教学和科研结构是学校整体学术结构的重要组成部分。大学组织的学术结构决定学校各种资源的分配机制，同时影响大学的运行效率。所以有学者认为，大学组织系统内部教学与科研及社会服务的冲突、教师时

---

① 刘勇兵、金玲：《关于高校战略规划文本的比较与分析——以部分新建地方综合性大学为例》，《现代教育管理》2009 年第 1 期。

② 朱振林：《地方综合性大学发展态势分析》，《黑龙江教育》2006 年第 3 期。

③ 张向中：《地方综合性大学跨越式发展的战略模式选择》，《福建师范大学学报》（哲学社会科学版）2003 年第 1 期。

④ 郭贵春：《办好地方综合性大学的理性选择》，《山西大学学报》（哲学社会科学版）2006 年第 9 期。

⑤ 刘德富、张朔：《论合并组建的地方综合大学的跨越式发展》，《三峡大学学报》（人文社科版）2002 年第 2 期。

⑥ 陈何芳、陈彬：《大学基层学术组织的历史演变及其启示》，《高教探索》2002 年第 4 期。

间和精力的分配、教育资源的合理配置都需要一个合理的大学组织结构。①
在高等教育研究中，往往把大学组织结构作为大学的一项基本管理制度来
看待，如张应强在《把大学作为学术组织来建设和管理》一文中就提出，现
代大学制度应该包括两个基本的层面：一是国家层面，主要指的是关于大学
的基本制度安排，涉及大学组织与政府机构的关系，大学与社会的关系，大
学与大学之间的关系等；二是大学自身层面，主要指的是大学内部的制度设
计，即通常所说的大学内部治理结构。同时他也认为，随着大学组织的外部
环境和内部条件的变化，现代大学制度也在不断发生着变化。②

　　有研究认为大学教学科研结构分为三种类型，即专业科层结构、事业部
结构、矩阵结构。其中专业科层结构强调纵向控制和专业自主，事业部结构
强调部门控制和部门自主，矩阵结构强调横向联合、分化整合。③ 新中国成
立初期，我国大学还处于单一职能时期，借鉴苏联办大学的模式，在结构上
主要是"校—系—教研室"模式，属于专业科层结构，具有较强的行政色彩，
实施专业化人才培养。20 世纪 80 年代，我国高校的科研功能逐步得到提
升，大学内部的学术组织发生了变化，特别是出现了大学研究机构，但其一
般都独立或依附于原来的教学组织。20 世纪 90 年代之后，我国高校教学
科研结构发生了更为明显的变化，有学者对教育部直属的 71 所大学的学术
组织结构进行了分类分析，认为总体上可以分为四类：一是"大学—学院—
学系"型，包括北京大学、清华大学等 43 所大学，占总数的 60.56%；二是
"大学-学院"型，包括南京大学、浙江大学等 23 所大学，占总数的 32.2%；
三是"大学—学部—学院—系、所"型，在全国高校中仅有武汉大学一所；四
是"大学—学系"型，主要是中央财经大学、中央音乐学院、中央美术学院、
中央戏剧学院 4 所规模较小的高校。④ 从我国大学内部整体结构而言，事
业部制结构已经逐渐占据主导位置。20 世纪 90 年代后期，国家相继实施
了"211 工程"和"985 工程"，以加强重点学科和重点大学建设，目标指向建
设世界一流大学，我国有一大批大学在这一时期进入了重点学科和研究型
大学建设新的发展阶段。"211 工程"和"985 工程"的实施，全面推动了我
国高水平大学的内涵质量建设。这一时期，很多大学在推行学院制管理模

---

①　葛继平：《大学教学科研组织变革研究》，《辽宁教育研究》2006 年第 12 期。
②　张应强：《把大学作为学术组织来建设和管理》，《中国高等教育》2006 年第 19 期。
③　沈曦、沈红：《大学学术组织结构的创新》，《高等工程教育研究》2004 年第 3 期；沈曦：《组
　　织结构视角：大学管理低效的根源及对策》，《高校教育管理》2009 年第 2 期。
④　转引自龙献忠：《高等学校组织结构分析及改革研究》，《湖南师范大学教育科学学报》
　　2004 年第 1 期。

式的同时,基层学术组织的改革也开始活跃起来,并且明显表现出了多样化的结构趋势。特别是很多大学在建设研究型大学过程中,产生了一批适应科技创新和学科交叉、极具活力的研究型学术组织,如重点实验室、工程研究中心、科技创新平台、哲学社会科学创新基地等。这一时期,大学基层学术组织改革和建设促进了教学活动和科研活动的融合,以及不同学科之间的交叉,在组织结构模式上呈现出矩阵式结构模式。① 可以看出,我国大学的教学科研结构一直呈现出动态演进特征,尤其自 20 世纪末以来,更是表现出了多样化发展的样态。

西方国家大学的学术组织形式经过中世纪以来的漫长发展,到 20 世纪 60 年代已经初步形成。在西方国家大学学术组织形式中,以讲座制为中心的"德国模式"和以学系制为中心的"英美模式"是两种最具代表性的组织模式。第二次世界大战以后,特别是 20 世纪 60 年代中后期,西方国家大学科研的功能性显著增强,为了适应科学技术既不断分化、又高度综合的新形势,大学学术组织进入新的改革时期,各个国家的大学结构开始发生明显的变化。在法国,以系科制取代了讲座制,确立了"大学-教学科研单位"的新结构;在日本,开始实行大讲座制,有效地促进了学科交叉;在英国,出现了三种不同模式的学术组织,即以牛津、剑桥为代表的老牌大学仍然保持传统模式(学校/学院、学系),由城市大学学院升格而形成的大学则实行三级结构模式(学校-学院-学系),20 世纪 60 年代创办的 10 所"新大学"则实行"学校-学科群"两级结构模式。美国大学这一时期发生的变革更具代表性,它们在借鉴英国、德国大学先进经验的基础上,结合本国实践进行了创新,因此在诞生之初就具有超前性和先进性,学术组织长期以来没有根本性变化,但基层学术组织形式日益多样化,出现了很多与学系平行的研究中心、研究所、实验室、研究组、"研究(项目)计划"、课题组、研究协作组、工作站等依附于学系的相对独立的研究机构。② 有学者深入分析了德国讲座制、美国学系制、俄罗斯教研室制三类国外大学基层学术组织运行机制,对创新我国基层学术组织运行机制提供了有效借鉴。③ 亨廷顿对美国大学中普遍实行的学系制度的弊端也专门进行了评价,认为"学系制在发展中同样存在弊端,譬如由学习分离而造成的学科壁垒,由追求平等而造成的学术

---

① 赫冀成:《大学学术组织创新的体制探讨》,《中国高等教育》2007 年第 3、4 期。
② 赫冀成:《大学学术组织创新的体制探讨》,《中国高等教育》2007 年第 3、4 期。
③ 汤智、李小年:《大学基层学术组织运行机制:国外模式及其借鉴》,《教育研究》2015 年第 6 期。

平庸,由强调研究而造成的教学滑坡等"。①

（四）对大学组织结构演进的研究

作为社会系统重要组成部分的大学组织,其演进和发展也经历了一个不断变迁的过程,大学的组织特性、组织结构、组织功能在内外部动力的推动下,从最初的中世纪大学发展到现代大学。在高等教育研究中,很多学者从组织演进变迁的角度对大学组织进行了研究。季诚钧按照不同的地区即欧洲、美国和中国,对大学的组织演进过程进行了分析;张慧杰在其博士论文《巨型大学组织变革》中按照不同的结构形式对大学学术组织的演变进行了分析②;苗素莲对中国大学组织特性的演变进行了历史分析③;宣勇从大学组织结构设计的角度,对影响大学组织结构演进的因素进行了分析。④

美国高等教育专家伯顿·克拉克在《高等教育系统》一书中,从学术组织变迁的角度对高等教育组织的演变进行了深刻的分析。金顶兵、闵维方以"大学组织的历史演变与结构变迁"为题,对从中世纪大学诞生至20世纪现代大学的组织演进进行了分析,阐述了大学成立之初的组织形式和组织管理,从中世纪到近代欧洲工业革命前的历史时期大学的组织形式与管理,工业革命前后到19世纪大学组织的变化,以及20世纪以来大学组织形态和组织管理发生的巨大变化。⑤

大学教学科研组织创新是高等教育快速发展、规模扩张、功能拓展的必然要求,是社会政治、经济发展和科技发展的必然要求,是高等学校提升科技创新和学术竞争力的必然要求。19世纪初,德国洪堡在创立柏林大学时首次把"教学与科研相统一"的原则运用于大学的办学实践,创立了讲座制。这种制度以强制性研究任务为中心,把研究和教学统一在教授身上,强化了教授在学校管理决策中的统治地位和对大学发展的重要影响。在19世纪末,美国大学的组织管理实现了重要创新,建立起学系制度。这种制度把一些相互联系的研究点聚集为学科,注重大学教授对学校学术事务的决策和管理,体现了集体治学和教师自主的理念。尽管讲座制结构和学系制结构都承担着教学与科研的工作职能,教学与科研两者之间存在某种内在联系,在一定条件下也可以相互促进,但这两者的工作性质和要求及其内在

---

① Harrington,F. H. Shortcomings of Conventional Departments . McHenry,D. E. Academic Departments;Problems,Variations,and Alternatives. San Francisco;Jossey Bass Publishers,1977. 55—59.
② 张慧洁:《巨型大学组织变革》,厦门大学,2003年,博士论文。
③ 苗素莲:《中国大学组织特性历史演变研究》,华东师范大学,2004年,博士论文。
④ 宣勇:《大学组织结构》,高等教育出版社2004年版,第94—103页。
⑤ 金顶兵、闵维方:《论大学组织的分化与整合》,《高等教育研究》2004年第1期。

逻辑基础的差异,使两种基层学术组织都各有所侧重,属于两种不同的基层学术组织形式。周清明认为,从对组织结构的要求来说,"研究自由"在组织上的分裂程度要高于"教学自由",因而教学活动可以按照层级分明的科层结构来组织,科研活动的组织形式则必须灵活多样。①

　　有学者认为市场经济对高等教育系统的影响,必然影响到大学组织的结构。市场经济作为基本的经济制度,会从诸多方面对大学组织产生影响,这主要体现在四个方面:一是资源配置的变化,二是组织结构的变化,三是学术组织及其关系的变化,四是社会关系的变化。吴鸿翔分析了市场经济条件下高校内部学术组织及其关系的变化,认为这种变化有内因但同时也有外因。在外因中,以市场经济转变为基础的社会转型以及各种知识流和知识流相对应的物质流的冲撞组合,社会系统对高校组织创新知识的需求通过市场调节方式,高校会因此十分关注组织的学术效率。为促进组织学术效率的提高,高校组织开始改革学术组织及行政、学术关系。比如学院制的实施、科技创新平台建设等等;同时,将学术决策权从行政管理权中分离出来,回归给教授群体,以提高学术决策效率,促进组织整体学术水平的提升。②

　　通过对国外大学组织结构演进的比较分析,可以看出,随着高等教育水平的提高和大学职能的演化,大学的学术组织始终处于变革之中,而且各国大学学术组织变化的轨迹、形式均有所不同。郝冀成从五个方面概括了国外大学学术组织改革与发展的一般规律。一是适应科学技术高度综合化发展的趋势,打破传统学院制模式的壁垒,加强学科之间的交叉与融合。比较典型的做法是在大学内部建立新的学术组织,如法国大学内部设立的"教学与科研单位",德国大学中的"专业领域",英国大学里的"学群结构制",日本大学里的"学群学类制"等;也可以通过建立跨学科研究组织来促进学科的交叉与融合。二是适应科学技术不断分化的趋势,实行学术组织的适度分化。如英、美大学中的学系组织、法国大学中的"培训与科研单位"、德国大学中的"专业领域"和学系等,通过较为狭窄的学术组织单位的设立,促进学术领域的专业化发展。三是适应科学技术迅速发展的趋势,及时地以某些新学科、新知识为基础设置新型学术组织。如有些大学打破传统学科目录或专业目录的限制,并根据学校自身的培养目标或研究特色增设新的学院、学科,建立具有自身特色的学术组织。四是在传统的院、系结构之

---

　　①　周清明:《浅析现代大学制度的基层学术组织重构》,《高等教育研究》2009 年第 4 期。

　　②　吴宏翔:《市场经济中的高校组织演化研究》,复旦大学,2005 年,博士论文。

外,大量设置研究机构,促进科学研究工作的专门化发展。五是适应大学功能不断扩展的趋势,学术组织结构日趋复杂化。总体来看,大学组织结构已经由"直线组织结构"发展为"矩阵组织结构",这加强了大学内部各组织之间的"垂直"联系和"水平"联系,使集权和分权、分工和协作更好地结合。① 陈竞蓉分析了影响现代大学学术组织的主要因素,包括知识逻辑的演化与流变、大学自治和学术自由的传统、大学职能的演变、政府与大学的关系、大学规模、国际化等。② 高子牛以康奈尔大学东南亚研究中心 1950 年至 1970 年的发展为例,分析了跨学科研究组织的历史演进与特征,认为跨学科活动带来了大学组织形式的变革。③

（五）对大学教学科研组织分化与整合的研究

大学组织是不断演进变化的,这种变化在本质上呈现为一种不断分化与整合的过程。随着时代的发展,大学组织不断更新自己的使命,大学组织的发展过程,正是它的组织功能、学科范围和组织形式不断拓展和分化的过程。

很多学者对大学组织的分化过程,特别是 20 世纪以来大学组织结构的变化情况进行了较为深入的探讨。在 20 世纪,大学的组织特性和组织结构发生了巨大的变化。大学组织的行政属性增强,行政管理结构分化出来。现代大学的组织结构是学术组织和行政组织的结合体,两维结构也被交织在一起,共同构成了大学的组织结构。有学者认为,20 世纪初,高等教育系统复杂程度的增加,使得大学管理工作必须由受过专门训练的人才能胜任。到 20 世纪初,以校长为首的个别人员已不能完成学校日益复杂的管理任务,于是管理人员从教师中分离了出来,管理工作开始由全日制的管理专家来担任。在学科分化、规模扩大和劳动分工的基础上,大学的组织形式开始向结构化程度比较高的科层形式转变。④ 阎光才认为:"主要围绕知识体系而形成的、相对简单的传统组织结构,与围绕庞杂的规划、人事、财政、设施设备利用和维护以及对外联系等事务建立起来的,以满足外部环境和内部资源合理优化要求为目的的官僚化组织的结构,两者共同构成高校整体组织结构的两维,前者体现的是高校的学术传统即组织的学术属性,而后者则

①　赫冀成:《大学学术组织创新的体制探讨》,《中国高等教育》2007 年第 3、4 期。
②　陈竞蓉:《影响现代大学学术组织的主要因素》,《黑龙江教育研究》2008 年第 11 期。
③　高子牛:《作为跨学科组织的研究中心:以康奈尔大学东南亚研究中心为例(1950 —1975)》,《北京大学教育评论》2018 年第 2 期。
④　金顶兵、闵维方:《大学组织的分化与整合》,《高等教育研究》2004 年第 1 期。

体现为组织的科层属性。"①金顶兵、闵维方对大学的分化与整合进行了较为深入的系统分析,认为当代规模庞大的大学组织在纵向和横向上均出现了不同程度的分化:一是在纵向上划分为三个层次,即大学—学院(学部)—学系三级组织管理模式,大学内部各个层次根据它在这个等级链中的位置,拥有相应的职权和职责,体现了较强的科层特性;二是横向上的分化,由于大学组织的操作对象——知识被分割成许多学科,从事教学和研究的核心作业系统按照具体对象的不同,在横向上分化成很多相互独立的部门——学院和系、研究所等等,而且由于各个学科的相对独立和完整,使得从事这些不同学科的单位之间相互依存关系较弱,从而也造成了学科、学院之间的隔离;三是管理和后勤保障系统的分化,认为当代中国大学组织除了从事教学和科研工作的核心作业系统以外,还分离出一个管理系统和一个辅助支撑系统——后勤保障系统;四是众多其他机构的出现,且由于大学组织功能的复杂化,以及大学与社会政治、经济部门之间关系的加强,大学组织中除了原来的教学、科研等核心作业系统、管理服务之外,还存在着很多其他部门和机构。这些机构或穿插在原有的机构中,或附着在原有的机构上,或相对独立于原有的大学组织之外。它们使大学组织的范围向外延伸拓展,并与社会经济部门交叉相错,从而更加强化了大学组织的复杂程度。②

在分析大学组织结构分化现象和特征的同时,学者们对影响分化的因素也给予了深入的探讨。阎凤桥认为,大学组织形式的变化主要与两个方面因素有关:一是与学科的形成与发展密不可分,二是高等教育的规模和功能变化对大学组织形成产生深远的影响。③ 金顶兵、闵维方认为,当代巨型大学是高度异质化的组织,其原因首先是大学组织的功能及其在社会生活中的地位发生了巨大变化,其次是大学组织规模在不断扩大,当代规模庞大的大学组织在纵向和横向上出现了不同程度的分化。④ 龙献忠认为,任何组织结构的变革都是内外部环境变化共同作用的结果。大学组织结构发生变革的原因主要有:一是大学自身内在逻辑发展的需要,大学在适应社会发展变革过程中其内部组织结构不断进行自我调整;二是社会政治、经济环境的变化促使大学组织结构发生变革;三是现代科学技术的飞速发展直接推

---

①　阎光才:《高等学校内部组织特性探析》,《清华大学教育研究》1999 年第 1 期。
②　金顶兵、闵维方:《论大学组织的分化与整合》,《北京大学教育评论》2004 年第 1 期。
③　阎凤桥:《大学组织与治理》,同心出版社 2006 年版,第 65—67 页。
④　金顶兵、闵维方:《论大学组织的分化与整合》,《北京大学教育评论》2004 年第 1 期。

动了大学组织结构的变革。①

　　一些学者对现代大学组织的整合机制也进行了研究探讨。有学者认为，大学是一种高度分化的组织，需要通过一定的机制对其活动进行协调和控制，这种机制就是组织的整合机制。在组织理论中，一般把组织的整合机制归纳为三种基本类型，即科层机制、文化机制和市场机制。科层机制依靠职务等级权威和一套规章制度整合组织活动，文化机制利用组织成员的共享价值观念、传统和信念来协调和控制组织活动，市场机制则是通过组织内部单位和成员之间的相互交换和交换价格协调组织的活动。研究者认为三种整合机制是一种理论意义上的理想模型。任何社会组织都需要综合运用三种整合机制，只是由于具体条件不同，对各种整合机制的运用程度不同而已。研究表明，大学组织在整合中科层机制作用有限，文化机制发挥着重要作用，市场机制在一定程度上得到应用。② 在理论层面上，研究者对大学组织整合的机制提出了各自的观点，有人认为，组织的整合分为物质、制度和文化三个层面，这种整合机制在大学管理中发挥着不同的作用，物质整合是维系大学组织运行的基础，制度整合是维持大学有效运作的根本保障，而大学组织的学术性特征，使得文化整合成为提高大学管理水平的关键。③ 有学者专门论述了文化在大学组织整合中的作用。认为文化是组织中"隐含的规则"，是组织"正规化的替代物"，对于主要由专业学术人员组成的大学组织具有特别重要的意义。大学应该加强组织文化建设，在无形中协调和控制组织成员的行为，促进大学目标的实现。④

　　还有一些学者运用案例研究的方法，对大学组织的整合机制和效果进行了研究。有学者以两所研究型大学为案例，分析了大学组织整合机制的特点。分析表明，文化机制在研究型大学组织整合中具有重要作用，但大学组织整合也同时运用了科层机制；不同大学的学术领域和管理领域，其整合机制也存在很大差异；学术领域的管理存在着科层化的倾向。⑤ 有学者对我国地方性教学型大学的组织整合机制进行了案例分析，研究表明，中国地方性教学型大学的组织整合机制并非以文化机制为主；科层机制和文化机

①　龙献忠：《高等学校组织结构分析及改革研究》，《湖南师范大学教育科学学报》2004 年第
　　1 期。
②　金顶兵、闵维方：《大学组织的分化与整合》，《高等教育研究》2004 年第 1 期。
③　陈想平：《大学组织整合机制探析》，《黑龙江高教研究》2006 年第 12 期。
④　金顶兵、闵维方：《论大学组织中文化的整合功能》，《北京大学教育评论》2004 年第 3 期。
⑤　金顶兵、闵维方：《研究型大学组织整合机制的案例研究》，《北京大学教育评论》2003 年第
　　2 期。

制在中国地方性大学的组织整合中都发挥着重要的作用,而科层机制的作用更大一些;市场机制在组织整合中发挥的作用很小。①

　　大学组织是一个整体,在组织发展过程中,大学组织的结构呈现出不断分化的特点,同时为了保持整体的功能,大学又要通过不同的方式和机制将各组成部分整合起来,形成一个有机的整体。因此,大学组织结构的演化过程是组织结构分化与整合的过程。从动态的观点来看,组织结构就是组织分化与整合的过程,通过分化,能够发挥专业化、职能化乃至流程化的目标,更好地提高组织的效率,满足社会环境、内部要素对组织的要求;通过整合,把组成组织的各个部分有机的组织起来,形成一个围绕共同目标运转的整体,通过制度、文化、契约、信任等机制实现整合的目的,大学才能从整体上发挥效能。研究大学的组织结构,不仅要关注构成组织的各个部分,还要关注作为一个整体的大学组织,关注各部分之间是如何联系的,且又如何构成了一个运行整体。

　　(六)简要述评

　　纵观已有的研究成果,学界专家更多的是从高等教育历史发展的角度分析大学组织变迁的过程,为我们提供了整个高等教育组织、尤其是大学组织发展的历史脉络,对影响大学组织变化的因素也进行了不同层面的分析;在研究方法上更多的是经验性研究,对不同历史阶段大学组织的结构特征和运行特性进行比较清晰的解释。但是,这种宏观整体的研究主要有三个方面的局限性:一是不能充分反映大学组织变迁的个性特征。从国内外大学发展的历程来看,尽管大学的组织变迁有着一定的共性,但发现大学组织演进的个性特征往往更为不易,而这是从更深层次把握大学发展规律的关键。不同文化背景下的大学有着不同的个性发展特征,即使是在同一制度环境下的不同大学,其内部的战略选择、结构确定及运行机制往往也带有强烈的学校特色,如果能从各具特色的组织变迁中进一步提炼大学组织的整体变迁,也许会进一步丰富我们对大学组织特性的认识和大学组织演进的把握。二是不能深入把握影响大学组织变迁的具体要素。由于大学发展带有强烈的个性特征,那么影响每所大学组织变迁的具体要素也就会存在很大的不同,有的可能会受到政府制度环境的较大影响,有的可能会受到来自某一组织场域的力量更强的影响,也有的来自内部的发展动力更为明显,有的也许是来自某个关键人物或群体对大学变迁的更大影响力。通过对更多

---

① 许海涛:《中国地方性教学型大学组织整合机制的案例研究》,《高等教育研究》2006 年第 2 期。

典型大学的分析,可以更具体地分析不同影响要素发挥的强弱,进而分析关键要素的影响条件,这可以使我们更深刻地把握不同大学发展变迁的不同特征,增强对大学组织演进认识的丰富性。三是不能深刻反映特定历史阶段大学组织变迁的动态过程。大学的组织变迁往往是由一系列特定典型特征的历史阶段构成的,是一个持续、动态的发展过程,在特定的历史阶段中,大学组织的发展变化是处在动态发展的时空中,大学组织对环境的认识、把握、判断,以及在此基础上进行的决策过程,体现在战略、结构的动态调整之中,动态分析的视角将进一步鲜活地展现大学作为一个与环境互动的主体的变化规律和特征。为此,通过对典型大学在特定历史阶段的动态组织演进分析就显得十分必要。大学组织的演进变迁是一个复杂的动态过程,为了尽可能更丰富地展示这一演进过程,本书遵循从外到内的分析逻辑,从环境变迁的外部视角到组织变迁的内部视角,分析环境与组织的动态关系;遵循从整体到部分的视角,即从整体的战略选择到具体的结构变化,分析战略与结构的关系;遵循从过程到结果的视角,分析组织演进的动态变化。这样,试图通过对典型大学的深度挖掘和精细分析,尽可能较全面掌握特定历史阶段某一特定组织变迁的影响要素、过程、特征和结果。组织研究中的结构功能主义理论、战略选择理论和组织适应周期理论,为本书深入分析大学组织的适应过程和组织成长提供了重要的理论基础。

第一章　基本概念与理论基础

第一节　基本概念

一、大学组织

大学组织是社会组织中具有独特功能和特点的组织,本质上属于承担高等教育职能的教育学术组织。大学组织起源于欧洲中世纪,最初是由教师和学生聚合在一起而形成的一种行会组织,以学习和教授某项专门的知识为目的。随着时代的发展,大学组织不断更新自己的使命。今天的大学,承担着人才培养、科学研究、社会服务等多元职能,大学组织的复杂性已明显不同于以往。研究认为,大学组织的结构特性主要表现为松散耦合、底部沉重和高度分化。科森提出,大学是个松散组织。科恩和马奇则称,大学表现为"有组织的无序状态"。① 韦克则将大学这样的教育组织称为"松散耦合系统"。② 组织分化的情况表明,大学组织横向上高度分化,是一个高度异质化的组织。③ 大学组织的发展过程,正是它的组织功能、学科范围和组织形式不断拓展和分化的过程。④

二、组织环境

在组织分析与研究中,环境是组织生存和发展的全部时空状态,是开放系统理论中进行组织分析的一个基本视角。一般而言,组织环境是直接作用于组织发展的诸多要素的组合,现代组织理论更侧重于外部环境对组织发展的影响研究。组织的外部环境既包括任务性环境,也包括制度性环境。

① Cohen, M.D. and J.G. March. Leadership and Ambiguity. The American College President Cl. McGraw-Hill, 1974. 203.

② Weick, Karl E. Educational Organizations as Loosely Coupled Systems. Administrative Science Quarterly, 1976, (21):3.

③ Weick, Karl E. Contradictions in a Community of Scholars: the cohesion-accuracy tradeoff. James L.Bess. College and University Organization: Insight from the Behavioral Science. New York: New York University Press. 1984.

④ 金顶兵、闵维方:《论大学组织的分化与整合》,《高等教育研究》2004年第4期。

组织理论认为,大学受外部制度环境的影响更大。大学的外部环境及其变化对大学的影响是一个为学界所特别关注的话题。20 世纪 50 年代以后,大学所面临的外部环境日益复杂多变,有关环境变化对大学组织的影响,以及大学组织如何应对环境变革的讨论也兴盛起来。例如,英国学者阿什比曾提出"高等教育生态学""遗传环境论"的观点;科尔对大学传统与时代变革进行了探讨;迪尔等人在 20 世纪 90 年代中期对后工业时代大学环境变化特征进行了概括;经济合作与发展组织对 20 世纪初高等教育政策及拨款环境的变化对高校的影响进行了研究,这些成果在高等教育学术界产生了较大影响。20 世纪 90 年代末期,加姆伯特和斯伯恩等人提出了大学变革的组织适应理论,为认识大学与外部环境的互动关系提供了一个崭新的视角。[①]

三、环　境　变　迁

组织的环境变迁是反映在特定历史阶段组织内外部环境要素所发生的一系列变化,它既是一个动态的变化过程,也是一种结果,反映着变化之后的环境状态。就大学组织而言,环境的变迁既反映在影响组织演进的外部环境如政策、技术、市场等要素的变化,也反映在内部所发生的一系列战略调整和结构变化之中,其中,外部环境变迁作为一个重要的变量,往往是分析大学组织变革的关键要素。

四、学　术　战　略

学术战略是大学组织战略的核心构成部分。组织战略是指"组织长期基本目标的决定,以及为贯彻这些目标所必须采纳的行动方针和资源分配。"组织战略是组织面对竞争和挑战的环境,为求生存和发展而进行的总体性谋划,它具有全局性、长远性、纲领性的特点,是组织综合地考虑了外部环境、内部条件、组织目标而作出的对策和反应。大学的组织战略从宏观、整体、长远、综合视角规定着大学发展的定位、远景、目标、任务及实现的路径。大学在本质上是一个教育学术组织,学术战略是学校整体战略的核心,它规定着大学学术发展的方向和策略,反映在学校总体发展目标的学术定位及其在人才培养、科学研究、学科建设及社会服务等方面的目标和相应策略。学术战略对学校发展进程中的战略重点、资源分配、人员行为等都有直接的影响作用,是现代大学实施战略管理的重要内容。通过学术战略的确

[①]　唐晓玲、王正青:《环境变化与大学管理革新:组织适应的理论视角》,《高教探索》2009 年第 3 期。

立和实施,可以更有效地提升学校的办学层次和办学实力,主要体现在教育质量和科研水平的提升。大学组织从教学型大学向教学科研型大学转变的过程中,在保证教学质量的前提下,学术战略主要是通过学科建设水平的提升和科研能力的增强,来提升学校的学术水平和学术地位。

五、组 织 结 构

组织结构是组织的框架体系,它是特定组织内部的部门组合及其相互间权责关系的反映。赫伯特·西蒙认为:"有效地开发社会资源的第一个条件是有效的组织结构。"①美国学者弗里蒙特·卡斯特在其《组织与管理》一书中指出:"组织结构是一个组织内各构成部分之间所确立的关系形式。"Jones 认为,组织结构是指组织中相对稳定的关系和方面,它是指组织内关于规章、职务及权利关系的一套形式化系统,它说明各项工作如何分配、谁向谁负责及内部协调机制②。我国学者邹再华在其《现代组织管理学》中指出:"组织结构是一个组织内各构成要素的排列方式。"孙彤在其主编的《组织行为学》中认为:"组织结构是为了实现预期目标而用来连接组织中的技术、任务和人员的分工协作的手段。"由此可见,大学组织结构规定了大学活动的基本框架,制约着大学组织及其成员的行为模式,并进而影响大学的效益和效率。组织内部各个成员之间的关系,例如合作、竞争和冲突等等,在一定程度上受到组织结构的影响。组织结构是组织运行的核心,在组织构成成分相同的情况下,不同的组织结构会呈现出不同的组织形态,产生不同的组织功能。

组织结构是服务于组织战略目标的工具,是组织内各构成要素以及它们之间的相互关系,是对组织复杂性、正规化和集权化程度的一种量度,涉及机构的设置、管理职能的划分、管理职责和权限的认定及组织成员之间相互关系的安排与协调等。组织结构的形式多种多样,有直线型、职能型、矩阵型、事业部型、流程性、网络型和水平型等。为了适应外部环境和提高组织绩效,设计何种形式的组织结构成为众多组织变革的难题。③

六、大学教学科研结构

大学组织由各种不同的单元和机构构成,各类不同的单元组合形成不

---

①　龙献忠:《高等学校组织机构分析及改革研究》,《湖南师范大学教育科学学报》2004 年第1 期。

②　Gareth R.Jones.Organizational Theory. Reading Massachusetts：Addison Wesley,1995.

③　任浩、刘石兰:《基于战略的组织结构设计》,《科学学与科学技术管理》2005 年第 8 期。

同的结构系统。大学组织结构主要包括三个系统:教学科研结构、行政管理结构、后勤产业结构。三大结构的协调运作保障了整个学校的有效运行。由于大学本质上是教育和学术组织,教学和科研是大学的基本活动,那么,直接从事教学和科研活动的部门或机构成为大学组织中最基本的构成单位,成为大学组织的核心结构,其组成和运行状况直接关系着大学组织的质量和效率。其他两个系统在本质上都要为教学科研组织结构服务。教学科研结构是大学中从事教学科研活动的单位及其与组织其他单位之间的相互关系,通过其有效运行组织学校的教学科研活动,反映一所大学的内在特征和本质要求。不同的大学由于学科基础、历史发展、制度环境、文化传承等方面的差异,在教学科研活动的组织方式上存在很大的差别。通过教学科研结构的合理设置和有效运行,大学组织开展不同学科的教学和科研活动,实现人才培养和科学研究的基本使命,学校的社会服务、文化传承等功能最终也要通过教学、科研组织来实现。组织结构的变迁是组织变迁的重要内容,甚至在一定程度上代表了组织变迁的特点和水平。大学中的教学科研组织结构不是固定不变的,而是受各种因素的制约,处于不断的演进变化之中,这成为大学组织变迁的重要表征。

第二节　理 论 基 础

一、结构功能主义的组织变迁理论

大学组织是社会系统的重要组成部分,大学组织变迁是社会组织变迁的重要形式。社会组织变迁理论认为,组织不是静止的,它们要不断地适应外部环境的变化,由于面临新的环境和挑战,许多组织正面临着需要将自己转变为与以往相当不同的组织。从社会学研究的方法来看,人们一般从静态的分析方法和动态的分析方法这两种方法进行分析。通过对社会组织进行动态分析,可以更好地解释社会组织演进和发展的特点、过程和规律。

结构功能主义的组织变迁理论,尤其关注社会组织结构和功能的变化。美国社会学家罗伯逊把社会变迁定义为:“文化、社会结构和社会行为模式中无时无刻不在发生着的变化。”①日本社会学家富永健一把社会变迁理解为社会结构的变动。我国学者陆学艺和李培林把社会变迁定义为:“社会

①　[美]伊恩·罗伯逊:《社会学》,商务印书馆1981年版,第793页。

系统的结构和功能生成变化的过程"。① 美国学者瓦戈认为:"社会变迁是社会现象中有计划的或无计划的、性质或数量上的改变过程,社会变迁的层面主要有个体、群体、组织、制度,以及社会。在组织层面上,变迁的范围将包括组织的结构和功能的改变,以及等级、交流、角色关系、生产率、人员补充和社会化模式方面的变迁。"②

结构功能主义理论倾向于从宏观的政治、经济结构来探讨大学变革的原因,强调变革的社会背景是这种研究范式的突出特点③。结构功能主义组织变迁理论的主要观点包括:

第一,关于组织变迁的过程。把变迁看成体系内缓慢地调整和控制的过程。由于受到外力的作用使体系产生非均衡,因而体系的原有结构难以履行新的功能。体系可以通过一个进化性的变迁过程来重新达到新的平衡,社会变迁的过程被描述为分化、适应性上升、容纳、价值普遍化,认为所有社会均遵循一种不可避免的,统一的发展过程。

第二,关于组织变迁的动力。该观点强调分化是组织变迁的推动力,认为不断增加的分化是组织系统进化的关键。由于组织体系受到内因和外因的影响,体系面临着压力而造成非均衡。这样,结构必然产生分化,而分化不仅使目标更加专门化,从而使适应性上升,同时也导致了新的整合,即把新的结构要素容纳到体系中去,最后通过新价值的发展使新的结构要素合法化。

第三,关于组织变迁的后果。变迁不是对组织均衡的破坏和干扰,而是增加和强化组织均衡,其结果是造成一种新质的均衡。当组织处于均衡的局面被打破后,各种力量此消彼长,新的秩序和均衡重新产生④。

借鉴结构功能主义的组织变迁理论来分析大学学术组织结构的变革,有助于对大学组织变迁的动力、过程、结果形成一个整体、动态的认识。根据这一理论,大学组织的变迁将被看作是界限的破坏和均衡性的恢复,其动力主要有两种来源:内部原因(即大学组织系统内部界线的影响)与外部原因(即由大学组织系统外的其他系统引发而来)。"社会变迁的外部来源是由与不确定的社会体系合为一个整体的有机组织、个性、文化系统的内因变

---

① 陆学艺:《社会学》,知识出版社 1996 年版,第 364 页。

② [美]瓦戈:《社会变迁》(第 5 版),王晓黎等译,北京大学出版社 2007 年版,第 4 页。

③ 周光礼:《政策分析与院校研究:中国高等教育研究中的中层理论建构》,《高等教育研究》2009 年第 10 期。

④ 舒晓兵、风笑天:《结构与秩序的解构——斯宾塞、帕森斯、达伦多夫社会变迁思想评析》,《浙江学刊》2000 年第 1 期。

迁趋势所组成的"。内在变迁是由系统内部的"张力"所引起的。

二、战略选择理论

组织战略越来越成为影响组织发展和组织结构变迁的重要因素。在组织战略理论中,战略选择理论对组织及其运作模式的形成和演进具有较强的解释力。与自然选择论强调组织及其运作模式的形成和演进是优胜劣汰、适者生存自然选择过程的观点不同,战略选择论强调组织及其运作模式不是自然形成的,它是组织决策的结果,即人所进行的战略选择起到了重要的作用。尽管战略选择要受到组织的环境、内部权力结构、制度和组织政治等多方面的影响,但战略选择是人在具备一定的条件,并适应一定条件的情况下做出的。

"战略选择论"认为,管理者是可以对组织的"营运领域"做出某些决策,进而创造或选择环境,由此推动了组织及其运作模式的演进。也就是说,管理者可以通过积极的"战略选择"来改变组织的环境、结构及其运作模式。这一理论强化了组织演进过程中组织管理者的判断、认识和选择。钱德勒最早分析了环境—战略—组织结构之间的相互关系,他认为,为了使战略取得成功,必须具有符合战略要求的管理方式;他认为,组织经营战略应当适应环境——满足市场需要,而组织结构又必须适应组织战略,因战略变化而变化,即"结构追随战略"。他的名言是"管理方式必须服从组织战略"、"战略决定组织结构"。钱德勒认为,战略虽然无误,但因管理方式与战略不相适应,因而招致失败的组织还是很多的。如果最高管理层对组织的战略做出重大调整,那么就必须修改组织结构,以此来适应和支持战略的变革。① 美国密歇根州立大学教授哈蒙德在解读钱德勒的观点时指出,钱德勒所表明的其实就是组织高层管理者选择一种能够使其实施选定战略的组织结构形式,也就是说,钱德勒的观点隐含着战略选择观②。

美国管理学家维克和斯达巴克采用了"战略选择论"的模式,加深了对组织机构如何察看或管理其环境的理解,并强调了管理者的主动行为。他们认为,组织环境是由管理者施加行为而产生的动态背景,组织会对他们所察看和确认的环境情况作出反应。维克(1977)采用了"制订环境"一词来

---

① Alfred D. Chandler, Jr. Corporate Strategy and Organization Framework. New York. Harper Press, 1965.

② Thomas H. Hammond. "Structure, Strategy, and the Agenda of the Firm". In Richard P. Rumelt, Dan E. Schendel, and David J. Teece, eds. Fundamental Issues in Strategy. Boston, Massachusetts: Harvard Business School Press, 1994:97-154.

描述管理人员察看和确认部分的一般与任务环境。他认为,人并非对一个环境作出反应,而是制订它,组织过程便是制订环境。组织环境是管理创造的行为,不易被人发现,因而管理学家的任务就是去调查管理者为什么把他们的注意力放在环境的某一部分上,他们是怎样做的,他们是如何获取到他们关心的这一地区的信息的,如何把这些信息加以解释以用于决策的。组织在环境中行动的过程是一个没有穷尽的过程,涉及把组织与环境演化的机会、威胁和约束加以结合①。

斯达巴克(1976)认为,组织环境是具体的、客观的东西,独立于组织而存在的。组织应当被视为长期演变与适应的结果。面对同一个环境,一个组织机构察看和确认它是不可预测、复杂的,但另一个组织却认为它是静态的、容易理解的。这就是说,即使面对同一个"客观环境",由于每个组织所"看到"的不同,因而组织设计和组织的战略选择就会有差异②。

斯塔西(1991)认为战略选择有如下特征:第一,组织的领导者应该设置目标,进行实名陈述,说明愿景、梦想或意向;第二,领导者将向组织中的所有员工鼓吹这种愿景,并使他们相信这个愿景必定会实现;第三,战略管理需要行动,这包括一个长期计划,组织沿着这个计划向着目标前进;第四,战略管理的目的就是以一种比竞争对手更为有效的方式来实现组织的能力和顾客需要之间的相互匹配③。

战略选择理论说明组织的成长演进来自:第一,对组织未来发展的目标、愿景有明确的陈述;第二,分析环境如何和为什么变化,未来将如何变化等方面的信息;第三,不断使组织的竞争能力与变革相适应,保持一种动态的均衡,这样才能够保证组织沿着既定的道路走向未来;第四,鼓励和激发组织中的每一个人认同这个愿景,并形成一种强大的共同文化规范,使员工为了实现这个愿景而组成一个亲密集体共同工作。④

---

① Karl E. Weick. Enactment Process in Organizations. In New Directions in Organizational Behavior. Barry M. Staw and Gerald R. Salanick, eds. , (Chapter 8)Chicago, Illinois: St. Clair Press, 1977.

② William H. Starbuck. Organization and Their Environment. In Marvin D. Dunnette, ed. Handbook of Industrial Organizational Psychology. Chicago, Illinois: Rand McNally, 1976, 1069–1123; Arthur G. Bedian & Raymond F. Zammuto. Organizations: Theory anti Design. Chicago, Illinois: The Dryden Press, 1991.

③ Ralph D. Stacey. The Chaos Frontier: Creative Strategic Control for Business. Oxford: Butterworth-Heinemann, 1991. 10–11.

④ Ralph D. Stacey. The Chaos Frontier: Creative Strategic Control for Business. Oxford: Butterworth-Heinemann, 1991. 19.

　　战略选择理论认为,每一个组织都置身于一个外部影响和外部关系形成的网络中。但是,具体来说,环境并非一个同质的实体,而是由产品和劳动力市场条件、行业习惯和惯例、政府规范、金融企业和原料供应商关系等因素组成的复杂实体。每一个因素都有可能影响到组织的唯一性:一些环境要素的行为可以被准确地预测,而另一些则不行;有些条件引起的冲击可以得到中和,而另一些则不行;有些因素对于组织运行具有重要意义,而另一些则是偶然因素。最高管理者肩负着双重责任,既要保持组织与环境的结合性,又要管理组织内部各组成部分的相互依赖性。一个组织要生存下去取决于管理层在这些主要变数中实现的"配适度"质量,这些变数包括:组织的产品——市场定位领域、适应该定位领域的技术、整合和控制技术所确定的组织结构和过程。保持并提高环境变数和组织变数的结合性显然非常困难,这主要因为每组变量都有其特有的变动规律,而这些变动又给管理人员提出了新的不同的要求。如果最高管理层不断地"想击中运动中的目标以实现相互结合性",自然选择和理性选择都不适合大多数组织的情况,说明这一过程的最准确方法应该是战略选择。

　　战略选择认为组织结构只是部分地由环境条件决定,强调最高决策者的作用,并认为他是组织及其环境之间进行沟通的主要枢纽。战略选择认为这些管理者不仅在必要的时间调整组织结构和过程,而且还改变环境自身,使其与组织正在进行的活动保持一致。战略选择的要素和过程一般包括:

　　主导联盟。每个组织内部都有一群对系统具有重大影响力的决策者,他们负责查找问题并解决问题。

　　感知。主导联盟主要规定或创造组织的相关环境。组织主要应对管理层发现的问题;主导联盟忽视掉的,或被故意忽略掉的环境条件不会影响到管理层的决策和行动,或者只产生很少的影响。

　　分解。主导联盟负责分解环境,并将环境的组成部分分派给组织的各个下属单位管理,然后根据这些单位的战略重要性配置资源。

　　查看活动。主导联盟负责监视对组织具有重大意义的环境要素。主导联盟根据其手中的信息可以选择采取被动反应方式或主动进攻方式。

　　动态制约。主导联盟的适应性决策受到组织过去和当前战略、结构和表现的制约。通过调整战略可以缓解或摆脱现在存在的制约,但是如果选择新的发展方向,又会产生新的制约因素。

　　战略选择方法实质上指出:组织适应过程的有效性应取决于主导联盟对环境条件的感知及其做出相关决策以应对这些环境条件。这一理论为分析大学组织特定阶段的组织演进提供了基本的分析概念和思路。

借鉴战略选择理论来分析某一阶段大学组织的演进,可以从大学管理者对环境的认知、判断与决策的视角分析环境因素对大学的作用机制,以及大学管理者的反应机制。在特定时期,大学管理者基于适应与成长的目的,需要在学术战略、组织结构与运行机制上作出一系列变革调整的决策,形成大学发展的目标和路径,反映了大学组织与环境之间的互动作用。

三、组织适应周期理论

迈尔斯和斯诺提出的适应周期理论解释了企业组织适应成长的过程。这一理论认为,企业组织的成长过程,包括组织面临的企业课题、工程课题和行政课题三个阶段,管理层需要解决好这三个阶段的问题,才能实现组织的良好运行和成长。这样,适应周期理论就把复杂的组织适应与成长的动态过程通过分解的方式进行了解释和描述。这一理论认为,虽然所有组织都存在适应周期问题,但是在新组织或快速成长的组织中(以及刚刚渡过重大危机的组织),适应周期最为明显,这一理论的解释力也就越强[①]。因此,这一理论对描述和解释快速变革阶段的大学组织适应与成长提供了富有价值的理论指导。

企业课题。组织适应周期理论认为,在一个新组织中,企业家的认识尽管最初非常的模糊但必须逐渐发展,以便对组织的定位领域作出具体的定义:明确的产品或服务,目标市场或子市场。对于正在发展中的组织来说,企业课题还有其他内容。由于组织已经"解决"了一些工程课题和行政课题,组织下一步要采取的企业政策就变得非常困难。无论是新兴组织还是处于成长期的组织,解决企业课题的关键,都在于管理层接受某一特定的产品-市场定位领域,当管理层决定投入资源以实现与该领域相关的目标时,就表明管理层已经接受了该产品-市场定位领域。在许多组织中,组织通过对内对外发展和塑造组织形象来解决企业课题,这一组织形象不仅规定了组织的市场,而且还说明了企业将如何适应这一市场。

企业课题实际上是一个战略选择的过程,把这个过程作为整个组织适应的第一个阶段,组织通过对环境的感知、判断和决策,确定组织的目标战略,一个合理的定位和发展的目标,以及所采取的相应战略。大学组织尽管与企业组织有诸多的不同,但同样也面临着类似企业课题的问题。在不断变化的环境下,大学的管理者要时刻关注发展的目标和业务领域,包括大学

---

① [美]迈尔斯、斯诺:《组织的战略、结构和过程》,方洁译,东方出版社 2006 年版,第 25 页。

定位的调整和确定,大学在人才培养、科学研究及社会服务各领域的重点任务的确定、制定发展目标等。

工程课题。这一理论认为,工程课题的目的主要是创造一个系统,能够将管理层提出的企业课题解决方案投入实际运用。创造这一系统要求管理层选择适当的技术(投入-产出转变过程)用于特定产品和服务的生产和分配活动,要求形成新的信息、传播和控制联系(或改变已有的联系),以保证技术的合理使用。在找到这些课题的解决方案之后,就可以初步设立组织系统了。但是,不能保证在工程课题得到最后"解决"之后,这一阶段形成的组织构造还能保持不变。

在大学组织中,工程课题主要是大学的教学科研活动方式,即在实现学校人才培养、科学研究、学科建设及社会服务的业务活动中,通过一种怎样的专业活动实现学校学术能力的提升。这一过程既和学校的战略紧密相连,也和下一个阶段中的行政课题紧密相关。

行政课题。行政课题主要是减少组织系统中的不确定因素,或者就是采纳企业阶段和工程阶段成功解决问题的活动并将这些活动作为惯例固定下来。行政课题的解决远不止单纯地固化已开发的系统(减少不确定因素);还应制定并实行其他措施以帮助组织保持持续发展(创新)。行政课题是适应周期中的关键因素,行政系统的核心就是组织的结构和过程。

适应周期理论认为,组织要通过行政课题的解决、创造一个行政系统(结构和过程),这一系统能够稳定地指导并监督组织当前的活动,同时不会使系统变得止步不前,否则未来的创新活动都将受到威胁。这就要求行政系统在适应过程中既扮演延迟变量,又扮演主导变量。作为延迟变量的行政系统必须使过去为调整过程而做的战略决策合理化,实现这一点的方法是发展适当的结构和过程。另外,作为主导变量的行政系统则要求促进或限制组织未来的适应能力,这又取决于管理层多大程度上能够阐明并增强这些活动实施的途径。大学组织在有效地解决其战略定位与领域选择及相应的教学科研方式之后,就面临着类似行政课题的问题,这一问题就是大学组织的结构设计与运行问题。

借鉴组织适应周期理论,有助于把大学组织的适应与成长看成是一个由战略课题、技术课题、结构(行政)课题相互关联的三个环节的动态过程,可以揭示每一个环节的功能,把握每一个环节中的关键问题,以及在每个环节中产生的新问题,从而对组织的演进过程有一个完整的认识。

第二章 环境变迁中的大学组织演进

现代组织理论的一个基本观点,就是把组织看成一个开放的系统,关注组织和环境之间的相互作用。霍尔和法根(A.D.Hall and R.E.Fagen,1956)认为,"对某个组织而言,环境是全部客体的组合,客体属性的改变会影响系统,同时系统行为也会影响客体属性。"①大学是社会系统中具有特殊功能和明显特性的教育学术组织,英国高等教育学家阿什比认为"大学是遗传与环境的产物",②反映了对大学组织研究从封闭视角到开放视角的观点。从环境与组织之间动态的、相互作用的观点分析大学运行与演进的规律,更能贴近大学组织的实际,反映大学组织的本质,揭示大学组织与政府、社会以及市场之间的关系。

不管是从西方高等教育发展近千年的较长历程看,还是从我国现代高等教育百余年来的短暂历史变化看,其中总会有若干相对特殊但又十分重要的阶段,因其所处的环境发生了重要的变化,而对大学组织带来直接的影响,有力地促进和推动大学组织的演进,如19世纪初德国大学的发展、第二次世界大战后美国大学的发展、20世纪90年代以后日本大学的发展等。对于我国的高等教育和大学发展来说,1999年之后的十年是一个发生了重要变化和转折的历史时期。伴随着我国经济体制改革、政治体制改革向深层次推进,我国高等教育领域也经历了广泛而深刻的变革,我国大学的外部环境发生了巨大的变化。这一时期,在外部环境的影响下,大学组织特性、组织行为的诸多方面也相应发生了巨大的变化,成为大学组织演进中的一个重要阶段。无疑,研究这一时期外部环境与我国大学之间的关系,对于把握大学运行与发展的规律,更好地处理大学与政府、社会、市场的关系,为我国大学发展创造良好的社会环境有着重要的理论价值和实践意义。

外部环境对于大学组织的影响是广泛而深刻的。根据组织制度主义的基本观点,组织面对的环境有技术环境和制度环境,并认为大学组织更强烈地受到制度环境的影响。我国高等教育是一个复杂的系统,各种类型、性质

---

① [美]斯格特:《组织理论:理性、自然和开放系统》(第四版),黄洋译,华夏出版社2002年版,第115页。

② [英]阿什比:《科技发达时代的大学教育》,滕大春、滕大生译,人民教育出版社1983年版,第7页。

的大学融汇其中,而且每一种类型的大学甚至每一所大学都面临既有共性
又可能截然不同的外部环境,而且外部环境影响每一所大学的情况也受到
大学内部诸多要素的影响,使得这种影响更具复杂性和差异化。为此,本章
主要从制度环境对大学组织的影响角度出发,以案例大学为研究对象,从整
体上分析这一时期我国大学组织在其演进过程中发生的若干重要变化,这
些变化在一定程度上反映了这一时期我国大学组织在组织特性、组织行为
方面发生的深刻变革。对整体演进的分析是进一步分析案例大学学术战略
和组织变革的基础,为把握这一时期大学战略、结构、功能之间的动态关系
提供了宏观背景。

第一节　案例大学基本情况

A 大学(案例大学)在 20 世纪 20 年代初建校,位于 H 省下辖地级市——
B 市。A 大学一直是 H 省委、省政府重点支持建设的大学,1960 年和 1962
年,H 省委曾两次做出《动员社会力量,重点办好 A 大学》的决定,并由当时
的省委书记处书记兼任校长,其社会地位可见一斑。1964 年,根据周恩来
总理的指示精神,国家批准在 A 大学建立了日本问题研究所,成为当时全
国四个日本问题研究机构之一。1994 年初,H 省委明确提出要把 A 大学建
成全省的龙头学校、示范学校,并在政策和资金上予以重点扶持。1996 年,
H 省委、省政府将 A 大学作为比照"211 工程"院校进行重点建设。

在 20 世纪 90 年代国家"211 工程"院校遴选中,A 大学不敌该省另一
所工科大学——G 大学而未能跻身其中,A 大学的发展经历了一次重大的
挫折,这次挫折对它的发展产生了深刻影响。学校领导曾专门对此在教代
会上的《校长报告》中重点谈及:

> 1994 年,我校被省政府确定为重点建设争进国家"211 工程"的两
> 所高校之一。学校紧紧抓住这一历史机遇,充分利用省委、省政府的优
> 惠政策,加快学校的改革与发展。这一时期,我校的整体面貌发生了很
> 大变化。1996 年 5 月,我校在"211 工程"试预审中受挫。关键时刻,
> 学校党委保持清醒头脑,旗帜鲜明地拥护省委、省政府的决定,努力保
> 护广大师生员工在争进"211 工程"中迸发出来的积极性。同时,又不
> 失时机地把这种积极性引导到"谋求大发展、再上新台阶"的正确轨道
> 上来,及时提出了实施"上台阶工程"计划。实施该工程计划的目的,
> 就是要使学校在每两、三年内上一个新台阶,到 21 世纪初,把学校建设

成为一所在国内有较高知名度、在国外有一定影响的"名校",名副其实地发挥我校在全省高等教育中的带头和示范作用。①

经过 20 世纪末到 21 世纪初前几年的发展,A 大学已经逐渐走出了"211 工程"失利的低谷,通过采取一些改革措施实现了学校的较快发展。2002 年 5 月,A 大学被教育部、财政部确定为重点支持建设的大学。2005 年 4 月,该省另一所职工医学院整建制并入 A 大学。2005 年 11 月,被教育部和省政府正式确定为"省部共建"大学。至此,A 大学已经发展成了一所在本省办学规模最大、学科专业最为齐全的高层次综合性大学。

经过 21 世纪初近十年的发展,到 2010 年,A 大学设有涵盖 10 大学科门类的 87 个本科专业,涵盖 11 大学科门类的 127 个硕士学位授权点和法律、教育、工程、公共管理、工商管理 5 个专业硕士学位授权点,12 个博士学位授权点,4 个博士后科研流动站和 1 个项目博士后科研流动站。建有 7 个省级重点实验室,12 个省级重点学科,2 个省级文科基础学科人才培养和科学研究基地,1 个教育部"省属高校人文社会科学重点研究基地"。设有 30 个二级学院,3 个公共教学部,1 个教学中心,33 个研究所(室),1 所三级甲等综合性附属医院。这些数据与 20 世纪末的情况相比,已经有了显著的变化,学校的整体办学水平和办学层次均得到明显提升。A 大学党委书记在 2012 年学校第六次党代会上认为"经过 10 年左右的建设与发展,教育质量和办学效益全面提高,在办学规模、办学层次、办学特色上为跻身国内一流大学行列奠定了坚实基础,学校综合实力稳步提升,社会声誉和影响力不断扩大,在 H 省高等教育发展中的龙头地位和示范作用日益凸显"。②（见表 2-1）

表 2-1　A 大学本科专业布局与结构③

学科门类	现有专业		新办专业（2001—2010）	
	个数	比例（%）	个数	比例（%）
哲学	1	1.15	0	0
经济学	5	5.75	1	2.50
法学	4	4.60	1	2.50

---

① 数据来源:A 大学校长 2000 年 1 月教代会工作报告,2000 年。
② 数据来源:A 大学党委书记在学校六次党代会上的报告,2012 年。
③ 《A 大学史:2001—2010》,A 大学出版社 2011 年版,第 278 页。

续表

学科门类	现有专业		新办专业（2001—2010）	
	个数	比例（%）	个数	比例（%）
教育学	3	3.45	1	2.50
文学	21	24.14	9	22.50
历史学	1	1.15	0	0
理学	14	16.09	3	7.50
工学	18	20.69	11	27.50
医学	7	8.05	7	17.50
管理学	13	14.93	7	17.50
合计	87	100	40	100

第二节　制度环境视角下的大学组织演进

一、制度环境对大学组织的影响

现代组织分析关注组织与环境之间的关系，认为组织与其外部环境相互影响、相互渗透，表现为一种互动关系。"60 年代，研究人员改变了以往对于环境的认识，凯兹和凯恩、劳伦斯和洛奇、维克和汤普森等人从客观、中立的角度，分析环境对于组织行为的影响。至此，组织社会学研究的重点开始放在了环境是如何渗透到组织中的，如何影响组织结构的，既重视研究环境的技术因素，也重视环境的制度因素。①"

对于制度环境，不同的学科有着不同的界定和理解。制度经济学的代表人物诺思认为制度环境"是一系列用来建立生产、交换与分配基础的基本政治、社会法律的基础性规则。"②这些规则包括非正式规则和正式规则。非正式规则是指在人类历史活动中逐步形成并得到社会公认的价值观、道德规范和意识形态，它广泛地存在于社会的各个层面；正式规则是由公共权威机构制定的具有强制性的政治规则与经济契约，它体现着一个社会的制度化水准。制度环境应该是指现行的正式规则与非正式规则构成的规则总和。新制度社会学认为制度是"由社会符号、社会活动和物质资源所组成

---

① 阎凤桥：《大学组织与治理》，同心出版社 2006 年版，第 8 页。
② ［美］诺斯：《经济史中的结构与变迁》，陈郁、罗华平译，上海三联书店 1994 年版，第 8 页。

的多层次稳定的社会结构,它包含以下三大要素:法令规制(regulative)、规范(normative)和文化认知(cultural-cognitive)"①。较之制度经济学的理解,社会学中的新制度主义不但注重环境中法令规章和规范的作用,也注重文化认知作为一种制度因素对组织的影响,这种文化认知并非是个体的精神产物,而是支撑社会生活稳定和秩序的普遍符号体系和共同的意义。这里主要是从这三种要素的意义上来界定大学制度环境的。

新制度主义是从制度环境的影响来认识组织行为和组织现象的,它从社会学出发,关注组织之间的同构和相似,并归因于组织外部制度环境的要求。在新制度主义理论看来,组织面对两种不同的环境,即技术环境和制度环境。技术环境要求组织有效率,按最大化原则来组织生产,而制度环境则要求组织服从"合法性"的机制,参照现行的社会构架系统所接受的组织形式和做法,不管这些形式是否有助于提高组织的运作效率,但这是造成组织趋同的原因所在。有些组织受技术环境的影响较弱,而受制度环境的影响较强。当然还有一些组织受技术环境和制度环境的影响均较强(或较弱)。大学组织受制度环境的影响较强,受技术环境的影响较弱。②

以迈耶和罗恩(J.Meyer & B.Rowan)为代表的早期制度主义从组织社会学的角度解释制度的趋同性,强调一个自上而下的制度化过程以及大的制度环境的重要性。他们认为这个制度环境影响了人们和组织的行为模式。组织在制度环境的压力下,随着时间的推移而有变得越来越相似的结果。在组织与环境两者中,组织依然处于从属地位,不得不屈服于外部制度环境的要求,这是强意义上的合法性支持,认为组织的行为和组织形式都是制度,在环境面前,组织没有自主选择性;迪玛奇奥和鲍威尔(Dimaggio & Powell)提出了另一种弱意义上的合法性机制,认为制度通过影响资源分配或激励方式来影响组织的行为。后期的新制度主义理论则开始关注组织在制度环境中积极主动的一面。奥立弗指出,在不同的条件下,面对制度环境的要求,组织会选择从默许、妥协、避免到抗拒、操纵等不同的应对策略。(Oliver,1991)汉(Han)也指出,同一制度环境对于每个组织并非都是一样的,随着组织地位的不同,它所选择的制度环境是不一样的。组织会根据自己在不同制度环境中的定位来选择各自合乎情理的行为方式,模仿同类组织的做法。(Han,1994)

关于制度环境对组织的影响并由此造成的组织趋同现象,迪玛奇奥和

---

① W. R. Scott. Institutions and Organizations.California：Sage Publications,2001：pp.49-58.

② Scott. W. Richard. Organization：Rational,Natural and Open Systems. Prentice-Hall,1992.

鲍威尔(Dimaggio & Powell)提出可能出现的三种机制:其一是强制同型性(Coercive Isomorphism),来自该组织体在环境中所依赖的其他组织施加的压力(政府政策、法律规定等)。其二是模仿同型性(Mimetic Isomorphism),源于象征性环境中的非确定性因素,诱使组织体模仿它认为成功的其他组织的行为。其三是规范同型性(Normative Isomorphism),这是一种共享的观念和共享的思维方式,亦即专业化和标准化所导致的趋同性。①

组织社会学者周雪光认为:"如何将组织理论与制度主义理论结合起来,分析从组织内部以及制度环境两个方面去解释大学组织规章制度的演变过程,这些都构成了制度分析的主要研究路径。"②在有关制度分析的理论框架中,大学制度问题和大学组织问题捆绑在一起,制度是游戏规则,而组织则是参与游戏的行为主体。大学组织特性决定了大学制度的制定和变迁的独特性,大学与经济组织以及其他非营利性社会组织相比,其组织目标及组织结构都有自身的特质,对制度环境的变化尤其敏感。因此,大学组织向来构成西方制度学派的重要研究课题。③

中国高等教育的发展历史表明,制度环境始终是影响和制约大学组织发展的主导因素,这一方面是由大学组织本身的特性所决定的,另一方面更是由中国特有的政治、经济和社会文化环境所决定的。对于大学制度环境的界定,大学制度环境即是构成影响大学制度形成与运行的各种因素,构成大学制度环境的因素可以包括:社会政治系统、经济系统、文化系统。其中政治系统的因素具有主导作用,经济系统是最活跃的因素,而社会文化系统则是最深厚的影响因素。④ 孔垂谦认为:"在特定的国家和时代,大学组织的制度环境——社会的政治体制、经济体制和文化教育制度(含作为非正式制度的文化传统)以及与之相适应并为其服务的国家高等教育体制,直接影响着大学的发展。"⑤由上可以看出,这些观点的基本思想是和前面制度主义关于制度环境的界定是基本一致的。在本研究中,大学的制度环境就是直接影响案例大学发展的国家或省级层面的社会政治、经济、文化系统中的有关政府法规、政策,社会规则、规范,以及正式及非正式的文化传统、信念和观念。

---

① DiMaggio,P.J.and Powell,W.W.The iron cage revisited:institutional isomorphism and collective rationality in organizational fields.American Sociological Review April 1983(48):pp.147-160.
② 周雪光:《组织社会学十讲》,社会科学文献出版社 2003 年版,第 64—110 页。
③ 林杰:《制度分析与高等教育研究》,《北京师范大学学报》(社科版)2004 年第 6 期。
④ 张俊宗:《现代大学制度》,中国社会科学出版社 2004 年版,第 59—63 页。
⑤ 孔垂谦:《制度环境与大学组织的现代性》,《清华大学教育研究》2004 年第 4 期。

　　20 世纪末以来,我国大学制度环境发生的巨大变革和大学组织的重要演进之间,存在着一种内在的必然联系。"我国绝大多数高校仍由政府主办,政府对高校的投资和激励政策对学校的发展起着关键的导向作用,政府对于高校办学资源的分配决定着高校的发展甚至命运,故政府对于高校而言,仍是关键性的合法性支持。对于高校而言,最主要的不是追求效率,形成特色,而是寻求合法性,取得政府的支持。只有扎根于制度环境,才能得到合法性支持,从而提高生存与发展的能力,才不会受到环境的冲击。"①与此同时,"随着我国市场经济体制的逐步确立和高校管理体制改革的展开,大学的合法性机制正在由政府强意义上的合法性支持转为弱意义上的合法性支持。"②受制度环境影响强烈的大学组织,在其演进过程中,为了符合合法性要求,在组织特性、组织行为的很多方面由于上述三种机制的影响,而呈现出同构同型的现象。

　　大学组织的演进会受到外部环境尤其是制度环境的影响,大学组织的结构和做法是制度环境的要求使然,大学组织在"合法性机制"的影响下,在强制同型、模仿同型和规范同型三种机制的作用下,使其在运行演进进程中的结构和行为表现出很强的趋同趋势。但与此同时,大学组织又不是完全被动的,一方面,不断发展变化的制度环境正在为增强大学的自主发展能力创造条件;另一方面,大学也正在试图通过种种努力,改造自己生存的制度环境,寻求自我发展的新路径。

二、大学制度环境的基本特点

　　从隶属关系上来看,中国的公立大学基本可以分成两类:一类是教育部及其他部委管理的学校,被称为部属大学或中央高校,这类学校的数量较少,仅占全国公立大学的 5%左右;另一类是数量庞大的由各级地方政府管理的大学,被称为地方大学。在地方大学中,地方综合性大学一般建校历史悠久,学科门类齐全,办学实力较强,在本省经济社会发展中有着比较重要的地位,而且在本省有着较高的社会声誉,大多被列为国家重点大学或本省重点建设的大学。

　　H 省是我国北方一个典型的人口大省和教育大省,但经济社会发展水平在全国居中等,教育发展水平相对落后,发展速度缓慢。H 省高等教育更是相对薄弱,尽管高校的数量较多,但由于省会搬迁、历史上长期没有教育

①　李立国:《大学组织特性与大学竞争特点探析》,《高等教育研究》2006 年第 11 期。
②　李立国:《大学组织特性与大学竞争特点探析》,《高等教育研究》2006 年第 11 期。

部直属高校,以及高等教育投入不足等原因,该省并没有在全国影响较大的高水平大学。A大学作为H省唯一的综合性大学,一直是该省重点建设的大学,办学实力位居全省高校前列,在全国众多的地方高校中也具有一定的代表性。20世纪60—70年代,A大学经历了两次校址搬迁,特别是从省会城市搬迁到非省会城市,曾给学校造成了极大的损失。尽管如此,经过改革开放以来的建设与发展,到20世纪末,A大学仍然是H省首屈一指的大学。无论是A大学自身,还是省政府都希望把它建设成为在国内有影响的一流大学。

地方大学的发展不同于国家直属大学,它既受到国家层面制度环境的影响,也会受到省级层面制度环境的影响。在一定历史阶段国家层面的法律规章、社会规范和文化认知会从总体上影响地方大学的发展。同时,由于地方大学更直接地受到省级政府的控制和管理,省级层面相应的制度环境对地方大学的发展会产生更强烈的影响和制约作用。20世纪末,伴随着我国经济社会的转型,地方大学面临的制度环境发生了重要的变化,这种变化无论是在国家层面还是在A大学所在H省都得到了充分体现。A大学既通过对制度环境的积极适应,获得了合法性的支持,不断巩固和推进了自身的发展,还通过种种努力积极改造制度环境,不断增强自身发展的主动性,实现了学校事业的超常规发展。

1. 国家层面制度环境

20世纪末是我国高等教育发展史上具有转折意义的一段时期,其中几个重要事件标志着我国高等教育的制度环境正在发生重要的转变:一是中央成立科教领导小组,加大对科技和教育的投入力度,提出进一步实施"科教兴国"的战略;二是《高等教育法》正式颁布实施,以国家法律的形式对高等教育的发展和大学的办学行为进行了规范;三是国家启动"985工程"建设,着力建设一批世界一流大学;四是国家决定实施高等学校扩招政策,加快高等教育大众化步伐。与此同时,伴随着我国经济体制改革和政治体制改革的逐步推进,社会经济、政治乃至文化领域的各个方面都在发生着深刻的变化。以此为开端,我国高等教育的发展进入一个新的发展阶段,这一时期国家在高等教育发展的诸多方面,如学生素质教育、高校科技创新、本科教学评估、教育质量工程等方面出台了一系列政策文件,国家高等教育的整体战略实现了从规模扩张到质量提升的转变。从国家层面上来讲,1999年之后的十年左右时间是我国大学制度环境影响因素最复杂、变化最快、程度最强烈的时期,对大学组织的组织特性、内部运行和发展产生了重大影响。A大学在这十年期间的演进过程中,就深受这种国家层面制度环境的影响,打上了深深的时代烙印。

2. 省级层面制度环境

与此同时,A 大学所在的 H 省在 20 世纪末以来的十年中也经历了重要的制度变迁①。一是国家层面的制度环境变化会直接影响到省级层面的制度环境,这是由我国特殊的政治和行政管理体制以及高等教育管理体制的基本特点决定的,省级政府会依照国家相关的法律制度或政策文件制定相应的落实意见或直接予以转发。二是每个省份的经济社会发展战略重点不同,导致了高等教育发展的基本政策支持环境的不同,长期以来,H 省在高等教育上的投入严重不足就足以说明问题,高等教育的发展也因此受到严重制约。但近年来 H 省出台的一系列制度措施正在逐渐摆脱这种不足,尽管同很多其他省份相比还有很大差距,但和过去相比,正在发生一些重要的转变,这种转变成为影响 A 大学组织的重要制度环境因素。三是 H 省关于高等教育大众化工程、重点大学和重点学科建设工程(双重工程)、科技创新工程、高校布局结构调整工程等一系列本省高等教育的特殊政策和做法,更是成为影响 A 大学组织发展的直接因素。还有一个非常重要制度环境因素,就是不同省份同类高校之间的比较。A 大学是地方综合性大学,全国同类学校有近 40 所,这些学校成立了全国地方高校协作会,定期举行交流、沟通和合作会议。后来,随着 A 大学进入国家省部共建大学,又参加省部共建大学协作组织,这些协会或学会组织成为影响大学发展的重要制度环境。

三、制度环境对大学组织演进的影响

制度环境的变化对 A 大学的发展产生了重要的影响,在这种影响下,从 20 世纪末到 21 世纪初的前十年期间,A 大学的组织特性、组织行为的诸多方面发生了改变。无论是学校整体的办学实力,还是其中反映大学组织特征或行为的某些重要方面,都同十年前有了显著的不同,如 A 大学的综合实力和社会影响力及在中国大学体系中的地位得到了提升,显著标志是从一般的省属重点大学迈进了国家省部共建大学的行列;学科结构体系更加完善,本科专业数量从 49 个增长到 87 个,硕士点从 35 个增长到 127 个,新增了 5 个专业硕士学位点;博士点数量从 5 个增加到 12 个,新增 6 个博士后科研流动站;科学研究水平得到了很大的提升,2007 年学校获得了一项国家科技进步一等奖(联合申报),分别获一项省级科技进步一等奖、自

---

① 　H 省教育厅编:《高等教育改革与发展资料汇编》,2008 年 4 月。

然科学一等奖、社会科学特别奖；教学改革取得明显成效，教学质量得到显著提高，在 2001 和 2007 年先后两次接受了教育部组织的本科教学评估并被评为优秀；大学的对外交流与合作效果显著，已经和世界十几个国家的 60 多所高校和科研机构签署合作协议，留学生的数量每年不断增长，并且在国外建立了汉语教学中心；学校服务社会的能力显著增强，无论是在科技产业开发和决策咨询服务等方面都在发挥着日益重要的功能，对 H 省的经济社会发展发挥着越来越重要的作用；大学的规模迅速增加，普通教育在校学生数量已经从当时的不足 8000 人超过了 40000 人，学校校区也大幅度扩展，甚至还包括异地城市的两个校区。同时，A 大学同当地城市、社区的关系日益密切，正在朝着建设一所没有围墙的、和地方经济社会融为一体的大学努力。这诸多的变化，直接来源于近年来 A 大学所面临制度环境的改变及自身所做出的不懈努力，在制度环境快速变化的时期实现了学校的快速发展。因此，从制度环境与 A 大学组织演进的角度分析这一特定历史时期我国大学发展的规律，有着特殊的理论意义和实践意义。

制度环境对大学组织的影响是全方位的，大学组织要符合合法性的要求，就要兼顾制度环境要求的方方面面。大学组织演进是一个宽泛的概念，包含了大学组织的各个方面。根据组织理论的基本观点，组织演进关注的是大学的组织特性、组织行为等主要方面发生的变化，这些方面涉及组织目标、战略、资源、技术、结构以及组织与环境的互动等方面，这些方面的特性和行为在很大程度上能够反映大学组织演进的基本特征。按照制度主义的观点，制度环境应该直接作用于大学组织演进的这些方面，大学组织在这些方面表现出适应制度环境的要求，并且由于合法性的机制，表现出和其他大学趋同性的行为和结构。同时，大学自身在这些方面也会试图对制度环境进行改造，以更符合大学自身的利益和发展的要求。A 大学在制度环境的影响下，在上述几个方面经历的一系列重要变化，既有效地维持了自己的合法性地位，又不断增强了自身的发展能力。

1. 组织目标的确定

大学的组织目标反映了大学的定位、使命和价值。尽管现代组织理论认为大学的目标是模糊的，但是我们还是看到每一所大学都确定了自己的目标和发展的方向，如建设世界一流大学、世界知名大学、国内高水平大学等。大学组织目标的确定是制度环境要求的结果，更多地表现为一种合法性行为。大学要么是在政府的要求下确定自己的目标，要么是模仿那些成功的大学确定自己的目标，最终要有一个政府和公众认可、学校师生员工接受的一个定位。

　　在中国大学系统中,一个主要的制度环境就是分层性。有研究认为,在本世纪初,中国高等教育系统是一个金字塔,由下而上是民办学校和成人高等学校、普通地方专科学校、普通地方本科院校、地方重点高校、近百所"211"高校、三十余所"985"大学,七所所谓"重中之重"的"985"大学,最后是位于塔尖的北京大学与清华大学。① A 大学多年来的发展目标,也就是不断地能够沿着这个金字塔向上攀登。1996 年,A 大学在争进"211 工程"大学中失利,曾一度给学校发展带来阴影。但随着我国高等教育系统分层越来越明显,特别是在相关的资源匹配、社会地位和影响越来越悬殊的情况下,A 大学仍然要不断努力改变困境。在近十年的发展历程中,A 大学通过积极争取省委、省政府的支持和自身的努力,已经取得了重要的进展。2000 年,A 大学正式确定了建设国内一流大学的目标并得到了省政府的批准;2002 年,教育部和财政部决定在"十五"期间重点支持 A 大学的建设,并给予 4500 万元的建设经费;2005 年,教育部和 H 省人民政府决定共建 A 大学,学校由此得以在较长时期内获得国家政策和资金的支持;在国家启动第三期"211 工程"建设项目之际,A 大学也曾积极争取跨入"211 工程"大学的行列。

　　在确定组织目标的过程中,省级政府的要求和政策的影响更为直接。鉴于 A 大学的历史地位和办学成绩,H 省一直把 A 大学作为省属重点大学进行建设,在 A 大学争进"211 工程"失利的情况下,决定对 A 大学比照"211 工程"大学进行建设,明确了 A 大学的龙头和示范作用,这些都强化了 A 大学对更高目标的追求。但与此同时,H 省确定的重点建设十所重点骨干大学的政策,则使 A 大学致力于建设更高水平大学的目标受到阻碍,因为在这样的政策下,A 大学很难得到更明显的优惠政策和资金支持,H 省本来有限的高等教育重点建设经费被十所大学均分了。2005 年,H 省出台了重点建设 2—3 所高水平大学的政策,但由于没有明确建设对象,而变相成为对六所具有博士授权学校的 24 个优势学科进行建设,并且建设的周期很长,实际在一定程度上减弱了高水平大学的目标建设行为。为此,A 大学不得不通过各种途径,寻求省委、省政府的特殊政策和特殊支持,积极争取高目标行为的实现。特别是在其他省份很多同类大学相继跨入省部共建大学和"211 工程"大学的时候,A 大学更需要一种主动的高目标行为。

　　和很多其他大学一样,在总体目标的指引下,A 大学在探索中不断细

---

　　① 陈学飞、张蔚萌:《一个上下互动的政策议程设置:中国创办世界一流大学政策制定过程分析》,《北大教育经济研究》(电子季刊)2004 年第 2 期。

化、明确和修正各项具体的目标,以得到更多的政府支持和更好的社会声誉,同时也能够激励大学组织中的人员有更一致的行为。如 2000 年,学校在发展规划中围绕建设国内一流大学的目标,明确了 5—10 年内在办学规模、办学层次、科学研究、办学体制、办学条件、办学水平等方面的具体指标。而在制定"十一五"发展规划时更明确地提出了学校的类型定位、办学层次定位、学科领域定位、办学特色定位、服务面向定位。无论是这种做法还是这种转变,既受到近年来国家高等教育系统一系列具体要求和政策的直接影响,同时也在很大程度上借鉴和模仿了更高层次大学和同类大学的做法和行为。

2. 组织战略的制定

战略是一个组织与环境相联系的未来行动的总体设想。组织战略首先发端于企业组织,后被政府及公共组织借鉴和模仿,而大学组织战略的兴起则是在 20 世纪后半叶。1972 年,美国学者申达尔和哈顿发表了题为《战略管理与高等教育:概念、问题和机遇》的文章,最早将战略规划用于高校发展。我国大学的战略管理是在 20 世纪 90 年代伴随着计划经济向市场经济的转轨,政府逐渐下放管理权力,大学逐步面向社会和市场办学的背景下发展起来的。组织战略协调的是大学组织发展与环境之间的关系,因此组织战略的制定和实施都较大程度上受到制度环境的制约和影响。

A 大学也是在 20 世纪 90 年代末国家"九五"时期开始制定发展规划的,这应该说是 A 大学实施组织战略的开端,但这一时期的发展规划更多的是出于回应上级政府的需要,在实际运行中并未得到贯彻和执行,属于强制性制度环境下的服从行为。1999 年,A 大学的学校领导班子进行了较大程度调整,新的领导班子具有典型的开拓创新、不甘落后的精神和勇气。恰逢这一时期国家高等教育政策进行了较大幅度的调整,我国高等教育面临着难得的发展机遇,A 大学新的领导集体积极顺应了制度环境的变化,开始描绘 21 世纪学校发展的蓝图,在综合考虑各种外部环境和内部条件的基础上,制定了《A 大学面向 21 世纪建设与发展规划》。更为重要的是,A 大学主动请示省政府对发展规划进行论证,在省政府正式批准该规划后才正式在校内实施。也是在同一时期,教育部开始在其直属高校中强调加强学校的战略规划,高等学校要制定学校的整体发展规划、学科发展规划、校园建设规划和师资队伍规划。A 大学这一时期制定的规划顺应了制度环境的要求并且得到了较好的落实,是这一时期促进学校快速发展的重要因素。2005 年,A 大学被列为国家省部共建大学之后,其发展规划更是要经过教育部组织的专家论证,以及国家层面的制度环境和省级层面的制度环境都在规划的制定过程中产生了影响和制约作用。

此外,大学组织战略的具体内容也强烈地受到制度环境的影响。首先,从学校总体发展战略来看,A 大学在过去十年中走过的是一条从规模、效益、结构、质量向质量、结构、效益、规模的转变之路,这与同一时期国家高等教育的整体发展战略是基本一致的。其次,从学科发展战略来看,A 大学模仿国内高水平综合性大学的学科结构和体系,积极构架综合性大学的学科专业体系,尤其是通过努力,实现了某医学院校的并入和学校学科专业结构的优化调整,并致力于综合交叉学科和学科群的发展,为学校长远发展打下了牢固的学科基础,这和我国综合性大学发展的整体趋势是相一致的。再次,在具体实施战略上,A 大学围绕建设国内一流大学的目标,先后采取的学科专业建设工程、综合素质教育工程、知识和技术创新工程、师资队伍建设工程、管理创新工程等都与同一时期国家的相关政策要求和 H 省的高等教育发展重点相一致,并且充分吸收和借鉴了国内同类高校的做法。在适应制度环境要求的同时,A 大学也不乏创造创新之处,使得组织战略更加符合学校的自身特点和组织文化,如学科发展战略中的"非均衡发展"战略,师资队伍规划中的"双轮驱动"战略等,实现了制度环境要求与学校自身特点的有机结合。

3. 组织资源的获取

组织资源是组织运行和发展的基础和保障,一个组织需要把它所拥有的各种资源当作投入,并通过转化变成其他组织或个人所需要的各类产出,才能实现自己的目标。在大学组织的各种资源中,资金和人员是两类最重要的办学资源,前者可提供办学需要的教学和研究条件及物资设备,后者可完成教学、科研和管理服务活动。这两类办学资源在很大程度上也都受到制度环境的影响和制约。

A 大学是省属地方高校,在计划经济时代,A 大学发展所需要的一切资源都需要政府安排和控制,尤其是资金对政府的依赖性更强。H 省属于经济相对较为落后的省份,在教育事业上的投入明显不足,而且在高等教育领域又一贯坚持"平均主义"的政策,作为重点大学尽管能够得到一些倾斜,但对于 A 大学发展需要的大量资金而言依然是杯水车薪。更使学校感到困难的是,H 省对各高校基本公共事业经费的投入在近十年的时间中几乎没有增长,如 A 大学 1999 年时学生只有不足 9000 人,省划拨经费 6000 余万元,到了 2007 年,学生数量增长超过了 40000 人,省划拨基本办学经费和 1999 年时基本持平没有增长,与此同时,学校的职工人数却相应增加了近千人,省级政府投入的严重不足一度成为 A 大学发展难以逾越的瓶颈。

2000 年之后,A 大学也和很多其他大学一样,要完成省政府交给的高等教育大众化的任务,扩大招生规模,并且举办独立学院,在省级政府没有任何资金投入的情况下,只能依靠银行贷款,致使几年下来有超过 8 亿多元的银行债务,学校发展的资金压力十分沉重。

　　大学组织的人员主要包括大学中的教师、管理人员和服务人员,其中教师是核心,也是各大学竞争的焦点。受中国根深蒂固的单位制度环境影响,大学中的人员长期以来对大学组织有着非常强的依赖性。A 大学的人员管理直接受到省级政府人事部门和教育部门的控制和约束,即使是从事学术职业的教师,也离不开单位制度的强烈影响。在近年来的发展中,省级人事政策、制度成为影响大学人员管理的主导因素。一是编制制度在中国有着坚实的基础,公立大学的编制由省级政府统一确定,并根据编制数量划拨人员经费。H 省对各大学的人员编制控制得非常严格,A 大学的编制已经固定了多年不变。近年来,随着学校规模的扩大,学校不得不增加教师和管理人员的数量,在严格的编制控制下,学校只能自己想办法解决教师和管理人员的缺编问题,而后勤服务人员则通过后勤社会化改革的方式由独立运作的后勤实体自行解决。尽管人员的数量得到了解决,但却由此担负了沉重的资金压力,因为这些编制外的人员得不到省级政府的任何资金支持。二是教师的职务评聘制度,更是受到省级人事部门政策的制约,A 大学在职称标准的确定和评聘数量上都要直接服从于省级人事部门的要求。尽管当时全国已经有很多省份逐渐放开了职称评聘政策,大学有了越来越多的自主权,但 H 省仍然坚持严格的全省统一的评聘制度,在全省每年固定评聘数量的基础上给各学校划分名额,即使 A 大学这样省内一流的大学也没有什么自主权。在此期间,H 省出于改革的需要,冻结了大学的人员聘任工作,很多教师不能够得到及时聘任,已经严重影响了教师的积极性。在这里,大学的自主性和制度环境的制约构成了一对矛盾。大学自身也显得无能为力,因为这在中国有着坚固的传统,需要进行社会人事政策和制度环境的整体变革。三是在人员的激励制度、津贴制度、流动制度方面,我国的大学都同样受到制度环境的影响,致使大学人员缺乏活力,A 大学在这方面起初有着较为良好的规划,但由于受到省级政策约束而不能实现,因为很多新的改革措施在向省级主管部门申请时不能得到允许和通过。

　　4. 组织技术的实现

　　大学是典型的学术性组织,教学和科研是大学实现目标、履行职能的技术核心。制度学派认为,组织技术也受到一定的制度环境的制约,大学的教学活动、科研活动既要符合国家规定的政策标准,也要符合学术领域的各种规范,同时社会公众对大学教学科研活动的期待和认知也会影响到大学技术的实现。

　　大学教学依赖于良好的制度环境。我国推行高等教育大众化政策以来,国家在大学教学方面出台了一系列政策规章,如积极推进素质教育、高等教育质量工程、本科教学评估等,这在很大程度直接引导甚至控制着大学组织的教学活动。A 大学在这一时期,教学改革和教学建设取得了很大的进展,尤其是在 2001 年和 2007 年先后两次接受了教育部组织的本科教学评估,在这期间基本上按照教育部的评估要求进行建设,并出台了大量的教学管理制度,对人才培养目标、人才培养模式、教学体系和内容进行了改革,并最终两次都获得了优秀的成绩。从积极的方面来讲,A 大学很好地适应了制度环境的要求,评估优秀意味着教学水平的高质量和社会声誉的提升,推进了组织的发展。但是,在实际的教学建设和运行过程中,由于过多地强调了评估标准,而很大程度上忽视了学校自身的特色和实际情况,评估标准中的"一刀切"现象加剧了大学教学行为的趋同性。

　　大学中的科研活动是一种知识的创造,从知识的角度来讲应该更多地受到知识自身规律地影响,但制度环境的作用也不容忽视。三个事件反映了这一时期制度环境对 A 大学科研活动影响:一是对科研活动本身的重视和对科研行为的提倡,A 大学真正对科研活动的重视,是伴随着"科教兴国"和"科教兴省"战略的实施而展开的,之后是为了加强学科建设、申报更多的硕士点和博士点而在科学研究上采取了一系列激励措施。直到此时才真正意识到科研活动对大学存在和发展的重要意义,尤其是对于实现建设国内一流大学的目标,高水平的科研和社会服务是重要的标志,A 大学才借鉴和模仿很多其他大学的做法,制定了科研发展战略,并出台了一系列科研管理制度和办法。二是科研管理机构的设立。A 大学在 2000 年机构改革中保留了科学技术处,作为学校的科研管理部门,但 A 大学是以文理基础学科见长的综合性大学,特别是随着国家繁荣哲学社会科学的需要,在 2006 年的党政机构改革中,单独成立了社会科学处,自然科学和社会科学管理实现了分离。三是诸多科研基层组织的成立,在很大程度上是为了获得合法性支持,符合制度环境的需要,如成立的文化产业研究院、循环经济研究中心等,这些机构的设立和实际的运行分别遵循了不同的逻辑。

　　大学的组织技术反映着大学的学术本质,大学技术的实现应该遵循技术本身的逻辑,制度环境需要为其提供良好的保障。"高等教育机构作为高深知识的场所,其内部的组织与管理应当符合高深知识活动的规则。只有对高深知识活动的特殊工作条件、特别是对不同知识领域不同的工作条件有比较深入地了解,高等教育机构的组织和管理才能根据其特殊的要求来进行安排。高等教育机构的制度设计才有可能更具有针对性,更符合不同领域学术工作的内在需要,并减少盲目的、一刀切式的、从而也是有损于学术工作的组织行为。研究高深知识的特点,是为了更好地把握高等学校科研和教学的特点,创造更适合高深知识创造活动和传授活动的制度环境。"①

5. 组织结构的设计

比较而言,新制度理论更关注制度环境和组织结构之间的相互关系。新制度理论的核心所主张的合法性机制,意味着组织不得不接受制度环境里建构起来的具有合法性的形式和做法,为了与制度环境相适应,各个组织都采用了类似的结构和做法。同时,制度理论也主张为了处理合法性机制和效率机制之间的矛盾,组织常常把内部的运作和组织结构分离开来。正式结构是制度环境的产物,而非正式的行为规范是组织运作的实际机制。②对于受制度环境影响强的大学组织来讲,大学组织结构和制度环境之间更存在着一种必然的联系,"社会变迁必然引起高等教育的变革,必然带来大学组织结构的变革和重新创设与选择"。③

大学组织结构不同于一般的社会组织,人们常常用"矩阵结构"或"双重结构"来进行描述,意指大学是由学术组织系统和行政管理系统共同交叉构成的复杂结构组织,也有学者从大学行政管理系统中进一步分离出后勤服务系统。④ A 大学作为一所办学历史较长的公立综合性大学,具有典型的大学组织结构的一般特征,学术组织系统、行政管理系统和后勤服务系统结构交融统一,共同构成了大学组织结构的运行统一体。在这十年的发展演进中,受制度环境的影响,上述三个系统都发生了重要的甚至根本性的转变。如学术组织系统结构由原来的校、院、系三级结构演变为校、院两级结构,教学机构和科研机构作为学术组织的基本构成部分也经历了重要的改变,其中这一时期制度环境的变化成为导致这种演变的重要因素。行政管理结构受到制度环境更为强烈的影响,A 大学的党政机构设置在很大程度上类似于政府机关的机构设置,成了政府行政组织机构的延伸。在近十年中,党政管理机构也几经改革和调整,但每一次变化都有着深刻的制度环境要求。A 大学的后勤服务系统在强大的政策影响下,较为成功地实现了

①　陈洪捷:《高等教育与高深知识》,《北京大学教育评论》2006 年第 4 期。
②　周雪光:《组织社会学十讲》,社会科学文献出版社 2003 年版,第 76—77 页。
③　宜勇:《大学组织结构研究》,高等教育出版社 2005 年版,第 11 页。
④　季诚均:《大学属性与结构的组织学分析》,人民教育出版社 2006 年版,第 110—122 页。

后勤社会化,进行了规范剥离,但实际运作中后勤实体和大学组织之间的关系远非正式结构所体现的甲方、乙方关系,而是有着特殊的内在逻辑。从 A 大学的实际运行来看,不仅形式上的正式组织结构设计受到制度环境的影响,其内在的运行机制也同样会受到政策法规、社会规范和文化认知等制度环境影响。

大学组织结构的创设也并不是完全依赖或服从于制度环境,大学也会通过一定的方式应对迅速变化的外部环境,使组织结构更符合大学组织自身的特点。A 大学也进行了大胆的尝试,如在学术组织系统中设立虚拟的学部组织,以更好地整合各个学科的资源,推进交叉学科和学科群的建设与发展;在行政管理结构中,根据 A 大学自身发展需要进行机构的合并、重组、新设等,优化行政管理组织结构,尽最大可能降低管理成本,提高管理效率。大学在组织结构设计中主动性的增强和制度环境对大学发展的要求是一致的,但在大学组织内部,要真正实现合法机制和效率机制的统一,首先需要进一步优化我国大学组织实际的外部制度环境。

通过上述分析,我们看出制度环境和大学组织的演进之间存在着一种内在的必然联系,在目前的中国,制度环境对大学组织的影响是全方位、深层次的,而这十年我国制度环境的一系列重要转变无疑是引发这一时期我国大学组织在组织特性、组织行为方面发生重要演进的主要因素。在实践中,A 大学所发生的一系列转变在一定程度上是为了适应制度环境变化的要求,而产生了一些创新性的举措,有的由于受到强大的制度环境制约而未能产生预期的效果,有的则对制度环境进行了有效的改造,产生了更加有利于自身发展的结果。

第三节　大学组织行政管理结构的演进

大学行政管理结构作为大学内部管理体制改革的重要内容,在这一时期的大学组织演变中扮演了重要的角色,经历了一系列显著的变化。A 大学在外部环境的深刻影响和大学自身的积极推动下,实现了一系列重要的大学组织变革,很多指标都发生了重要的变化,教学、科学研究和社会服务功能进一步增强,大学和社会的关系日益紧密,开放办学取得显著进展,尤其是通过内部管理体制改革和创新,极大地激发了学校发展的活力,办学效率和办学效益提升,资源得到有效配置。其中,行政管理结构作为学校整体管理中的重要环节,更是几经变迁,呈现出一些新的特点和规律,既适应了这一时期大学发展目标战略的要求,也折射出这一时期大学组织演进的轨迹和风貌。

一、大学行政管理结构的理论基础与实践渊源

1.现代大学的行政属性与行政管理

大学行政管理结构的设计与运行源于现代大学组织的行政属性和行政管理活动。在种类繁多、构成多样的社会组织系统中,大学因其特殊的学术属性和学术功能,在社会整个系统中扮演着从"边缘"到"中心"的越来越重要的角色。现代大学,无论从其内部不断扩大的规模和不断扩展的功能来看,还是从其与外部社会日益紧密的关系来看,都需要建立一套完善的行政管理系统,为学术活动的有效开展、提高办学效益、改善内外关系提供保障。

不同的学科领域及不同的学者对"行政"一词有着不同的理解,在这里我们引用教育行政组织中对"行政"一词的一般解释,指"一定机构或部门为达到一个特定的目标而展开的各项管理活动"①这样一个相对宽泛的定义。现代大学不仅具有学术属性,而且具有明显的行政属性。大学的行政属性,特指大学为了达到组织目标而设置一定的行政机构进行管理活动,并强调行政组织观念、建立等级秩序、严格按照规章办事的组织制度。它的具体表征是行政机构的人员开展管理活动、管理思想及建立的行政制度,党群机关往往也被纳入行政人员范畴。② 在我国大学组织管理中,大学的行政管理结构一般又称为大学的党政管理结构。

行政管理活动广泛存在于社会的许多部门、机构、单位、团体中,通过计划、组织、领导、协调和控制活动,为组织的有效运行提供管理保障。伴随着大学功能的扩展、大学规模的扩大和与社会联系的日益紧密,大学更需要科学的规划与管理、领导与控制,专业化的行政管理对维系大学的运作和创新有着重要的作用。大学组织的运行既要符合学术活动的特殊规律,又要遵循现代社会组织管理的一般规律。大学行政管理作为一种特定的管理方式和机制,是指大学中以校长为首的一整套学校管理系统及其所具有的管理职能和所从事的各种管理活动。行政管理的特征一般包括:(1)采用科层制组成管理系统;(2)由管理系统承担管理职能和开展管理活动;(3)按照下级服从上级、首长负责制等原则处理各种管理事务;(4)在具体的常规管

---

① 余新家:《教育行政组织原理》,武汉工业大学出版社1996年版,第1—3页。
② 季鸿钧:《大学属性与结构的组织学分析》,人民教育出版社2006年版,第165页。

理活动中,遵守各种管理规章制度。①

　　作为行政组织,大学必然存在着科层化的结构,必须考虑人事规划、资源分配、组织结构、分工、权力分配等行政管理问题,以使组织内部分工有序,责权分明,各部门得以协调一致地行动去实现组织目标。因此,任何一个大学都有其追求的目标,都有一套正式的且不断完善的规章制度,都有正式的权力体系,具有明显的科层属性。特别是在大学规模日益庞大、大学与社会关系日趋紧密的今天,现代大学的运作比以往任何时候都需要强有力的行政系统支持和保障。但是,大学行政工作与国家行政有所不同,有其自身的特点:一是大学行政管理的目的不仅仅是为了提高效率,更是为了实现学术目标;二是大学行政管理工作的重点在于服务与保障,而不仅仅是管理与领导;三是大学行政管理是一种专业化管理;四是大学行政权力不是大学的唯一权力,必须与学术权力共同发挥作用。②

　　2. 大学行政管理结构的特征与影响因素

　　组织管理尤其关注组织结构,将组织结构视作组织运作的基础,认为组织结构"描述组织的框架体系","组织由结构决定其形状"。③ 组织结构界定了对工作任务进行正式分解、组合和协调的方式。管理者设计组织结构时,必须考虑六个关键因素:工作专门化、部门化、命令链、控制跨度、集权与分权和正规化。④ 组织社会学认为,组织结构设计的最终目的是看它能否正常运转,组织结构能否正常运转取决于四个方面的因素:权力与冲突问题、组织的决策过程、组织的沟通过程和组织的领导过程。⑤ 为此,在考察组织结构时,仅仅看到结构形式上的变化是不够的,还要从权力、冲突、沟通、决策、领导等组织结构的运行层面进行分析,才能揭示组织结构的本质。

　　大学行政管理结构是大学管理系统的重要组成部分,尽管不同的学者对大学组织结构的构成有不同的看法,但几乎一致地将行政管理结构作为其中的重要组成。如有学者将大学组织结构主要分为学术组织结构和行政管理结构两大结构系统。⑥ 有学者将其分成学术管理系统、行政管理系统和后勤产业系统三大结构系统。⑦ 也有学者认为大学组织具有五个组成部

①　季鸿钧:《大学属性与结构的组织学分析》,人民教育出版社 2006 年版,第 166 页。
②　季鸿钧:《大学属性与结构的组织学分析》,人民教育出版社 2006 年版,第 167—172 页。
③　罗宾斯:《管理学》(第四版),中国人民大学出版社 2003 年版,第 229 页。
④　[美]罗宾斯:《组织行为学》(第十版),中国人民大学出版社 2005 年版,第 467 页。
⑤　于显洋:《组织社会学》,中国人民大学出版社 2001 年版,第 211 页。
⑥　潘云鹤:《关于研究型大学管理结构与运行机制改革的几点思考》,《国家高级教育行政学院学报》2002 年第 5 期。
⑦　季鸿钧:《大学属性与结构的组织学分析》,人民教育出版社 2006 年版,第 78 页。

分,即学校、学院、学科、后勤支持部门和管理支持部门,管理支持部门是大学行政系统中的各机关职能部门,负责保持大学组织的顺畅运行和包括物力与人力资源在内的组织的维护,同时不断地研究政策,帮助学校确立正确的战略目标,在内部的管理上,不断地加以分化和整合,以适应环境的变化。①

大学行政管理结构是和大学的组织结构形式紧密结合的,不同的大学组织结构形式具有不同的行政管理系统和结构。现代大学的基本组织结构形式主要包括直线职能式、矩阵式、事业部式、网络结构。② 从目前绝大多数高校的实际情况来看,直线职能式是我国大学组织结构的主要代表形式。所谓"直线",指大学组织中自上而下的垂直领导而形成的一条直线指挥链。以大学中的行政组织为例,校长—院长—系主任就是这样一条直线指挥链。所谓"职能",是指集中大学中从事相同或相似工作的人,建立起承担某方面管理职能的部门,如教务处、科研处、人事处、财务处等。直线职能式的管理结构,既保持了直线管理的统一指挥,又设立了承担具体管理职能的部门,是目前我国大学普遍采用的组织结构形式。其主要优点是:统一指挥、分工明确、效率较高。其主要缺点是:各职能部门之间沟通和协调比较难,增加了高层领导协调各职能部门的工作量。各职能部门都可以对下级部门发号施令,如果这种指令不统一,下级部门会无所适从。本节主要分析A大学党政职能管理部门的变革问题。

组织结构的变革受到来自组织内外多种因素的影响。现代组织理论主要研究组织结构的设计与运行,而把环境、战略、技术、规模、人员、生命周期等作为组织结构设计中的影响因素来加以研究。③ 达夫特将影响组织结构变革的变量分为结构变量和情景变量两类:④结构变量提供了描述组织内部特征的标尺,从而为测量和比较组织奠定了基础,包括正规化、专业化、集权化、职业化、人员比率。情景变量则反映了整个组织的特征,包括组织规模、技术、环境和目标等,它们描述了影响和决定结构变量的组织背景。罗宾斯提出决定组织结构的因素主要有:战略、规模、技术、环境⑤。汤普逊以

① 宣勇:《大学组织结构研究》,高等教育出版社 2005 年版,第 25 页。
② 沈曦、沈红:《研究型大学的组织结构》,《东北大学学报(社会科学版)》2004 年第 7 期。
③ 吴培良:《组织理论与设计》,中国人民大学出版社 1998 年版,第 1 页。
④ [美]达夫特:《组织结构与设计精要》,李维安等译,机械工业出版社 1999 年版,第 8—10 页。
⑤ [美]罗宾斯:《组织行为学》(第十版),孙健敏、李原译,中国人民大学出版社 2005 年版,第 481—484 页。

同质性—异质性和稳定—变动两个向度来对环境进行分类,研究环境对组织结构的影响,指出在同质性强且稳定性高的环境中,组织的结构会趋向简单化,决策权力趋向集中,与环境进行直接互动的单位少;功能分化的程度也较低,强调标准化的规则。而在异质性强且变动性高的环境中,组织的结构会趋向复杂化,决策权力分散,强调弹性的沟通和调适,较少依赖标准化规则。本研究尤其关注外部环境与大学组织结构的影响关系。

3. 西方大学行政管理的实践渊源

大学行政管理是随着大学组织的不断发展逐渐产生和完善起来的。早期大学中的学术事务和管理事务是合二为一的。从办学之初起,大学的运行就离不开对人、财、物等各种资源的运筹和协调,于是大学也就有了管理活动。只不过由于早期大学数量少、规模小,组织和运行方式简单,所以管理活动并不是一项独立的活动,它与学术活动交织在一起进行。"随着大学系统复杂程度的提高,对于管理专业化程度的要求也变得越来越高,于是,管理工作与学术工作分离开来,由专门的机构和人员承担。"[①]比如在美国,只是到了独立战争以后,才随着高等教育规模的扩大,教师、学生和课程的增加,以往那种由校长一人独自承担学校的全部行政事务的管理,如学生注册、图书管理、档案保存、对外联系等状况已经不可能再继续下去了,于是这些职能开始分化。"高等学校行政管理职能的分化因校而异,在规模较大的院校这种分化出现得较早,发展也较快。在规模小的学院则出现得较晚,发展也较慢。"[②]

近代社会以后,随着高等教育规模的扩大和高等教育职能的不断扩展,大学与外界的联系越来越广泛与密切,大学逐渐成为"社会的轴心机构"和"社会的动力站",大学内部的事务也逐渐复杂起来。这在客观上要求高等学校建立一套行政组织和人员来处理高等学校的日常事务。"高等教育系统复杂程度的增加,使得大学管理工作必须由受过专门训练的人员才能胜任。到 20 世纪初,以校长为首的个别人员已不能完成学校日益复杂的管理任务,于是管理人员从教师队伍中分离了出来,管理工作开始由全日制的管理专家来担任。"[③]在美国的大学中,行政事务官员、公共关系部主任、招生办公室主任以及许多其他指称的行政官员都产生于 20 世纪。"一些规模较大的学院或大学在 19 世纪末期开始设立了副校长,目的是使校长从具体

---

① 阎凤桥:《大学组织与治理》,同心出版社 2006 年版,第 64—65 页。
② 陈学飞:《美国日本德国法国高等教育体制改革研究》,教育科学出版社 1995 年版,第 28 页。
③ 阎凤桥:《大学组织与治理》,同心出版社 2006 年版,第 64—65 页。

的行政事务中解脱出来,以便用更多的时间去注意研究学院的方针政策。副校长的普遍设立及其职能的发展也是进入 20 世纪以后的事情。"①"第二次世界大战结束以后,大学中管理人员的数量进一步扩大,管理人员与学生之间的比例在提高,生均成本和生均管理成本在增加,一些企业管理方法也被应用到大学中。"②

第二次世界大战以来,随着美国高等教育事业在规模、方式、职能以及外部政治、经济环境等方面的发展变化,高等学校的组织与管理日益复杂化③。管理专家的作用日益增大。美国大学组织系统的最高层是董事会,董事会之下的首席执行官员是校长。在大学或学院一级至少有四个行政管理职能领域,即教学、科研、社会服务;行政事务管理与财务管理;学生服务;学院发展,包括筹集资金、公共关系、校友联系等。规模较大的学校都设有负责这些专门职能的官员。而且,直接向校长负责的官员可能多于或少于在这些职能领域负责的四位官员,通常通过一个管理机构来协调这些重要职能。该机构是由直接向校长汇报的官员组成,通常称作"内阁",定期举行会议。此外,第二次世界大战以来多校园大学系统、州立大学系统等所有这些系统,都设有对系统内部各个大学进行管理、协调的中心行政机构,负责调拨经费,并力求通过制定统一的标准和检查执行情况来控制各分校官员的决策。

二、大学行政管理结构的历史沿革

我国现代高等教育的发展虽然仅有百余年的历史,但受国家制度环境的强烈影响,大学组织经历了曲折的发展历程,大学组织结构也屡经变迁。新中国成立以来,受计划经济体制和单位制度的影响,我国大学的组织结构与一般的事业单位没有太大的差别,基本上属于一种科层制的管理模式和组织形式,大学行政管理结构几乎是政府结构的延伸,行政管理在学校管理系统中居于强势的地位。A 大学有着较为悠久的办学历史,其行政管理结构经历了一系列变迁,代表了我国大学行政管理结构的演变历史和发展趋势。自建校起至 20 世纪末,A 大学行政管理结构主要经历了以下三个阶段。

---

① 陈学飞:《美国日本德国法国高等教育体制改革研究》,教育科学出版社 1995 年版,第 29 页。
② 阎凤桥:《大学组织与治理》,同心出版社 2006 年版,第 66 页。
③ 陈学飞:《美国日本德国法国高等教育体制改革研究》,教育科学出版社 1995 年版,第 69—75 页。

1. 第一阶段:私立大学时期

A 大学 20 世纪 20 年代初创时的创办者是法国的传教士,是当时一所典型的私立教会学校(当时为学院)。建校时学校主要设工科和商科两个学科,教师数量和学生非常少,学校管理机构简单。据当时学校章程记载,学校的最高管理机构是董事会,院长总辖全校校务。学校职能管理机构主要有:教务处,设教务长 1 人,处理全校教务及学术设备事宜;秘书处,设秘书主任 1 人,秉承院长处理院务,秘书处另设秘书 1 人,并得任用书记事务员若干人,分掌各项文书收发及拟稿、保管卷宗并注册等事宜;设训育课、体育课、会计课、庶务课,分别管理相关事宜;设图书馆主任 1 人,秉承院长等意旨,办理图书馆一切事务。下面列举了 A 大学建校初期组织大纲中关于"职制"的有关规定。①

A 大学建校初期组织大纲之第三章:职制

第八条　本学院设院长、院务长各一人,总辖全校校务。

第九条　本学院设置教务处,设教务长一人,处理全校教务及学术设备事宜。

第十条　本学院设置秘书处,设秘书主任一人,秉承院长处理院务。

第十一条　秘书处另设秘书一人,并得任用书记事务员若干人,分掌各项文书收发及拟稿、保管卷宗并注册等事宜。

第十二条　本学院设下列各课

(一)训育课掌理训导、斋务及卫生事务

(二)体育课掌理校内外体育竞赛,指导学生体育一切事务

(三)会计课掌理银钱之出纳、登记、保管及预算决算事务

(四)庶务课掌理设置修缮、保管及不属其他各课事宜。

第十三条　各课各设主任一人,事务员若干人,秉承院长的意旨,办理各该课一切事务。

第十四条　本学院设图书馆主任一人,秉承院长等意旨,办理图书馆一切事务。

第十五条　本学院设校医一人,由院方聘任之。

资料来源:《A 大学史》,第 12—13 页。

---

① 参见《A 大学史》,A 大学出版社 2001 年版,第 12—13 页。

2. 第二阶段：国立大学建立到改革开放之前（20 世纪 50—70 年代）

新中国成立以后，A 大学 1951 年改为国立大学，标志着学校步入一个新的历史阶段。20 世纪 50 年代初我国进行了较大范围的院校调整，A 大学的工科和商科分别划转到另外两所大学，只剩下当时实力较弱的师范学院。从这一时期开始，受国家政治、经济制度的强烈影响，我国大学开始在国家计划的统一指令下办学，大学模仿政府建立组织管理机构。在我国的政党制度下，各大学基本上在这一时期建立了比较完善的党群职能部门。A 大学在 20 世纪 50 年代的党群部门就包括办公室、组织部、宣传部、统战部、工会、团委，并且这一组织框架一直延续到目前基本没有变化。相对党群部门而言，当时行政职能部门设置比较简单，和目前相比有着很大的差距。当时学校规模小，受到政府的约束强，学校的职能也比较单一，封闭办学，行政机构的设立主要是维持基本的教学需要和为师生提供基本的服务。A 大学当时设立的行政职能部门主要是：教务处、总务处、基建处、保卫处、政治辅导处、院长办公室、人事室和图书馆，我们会看到这些部门是学校封闭办学情况下普遍建立的行政管理机构。20 世纪 60 年代初期，A 大学的党委部门增加了武装部，行政部门增加了工厂办公室和研究院办公室，工厂办公室和研究院办公室的建立是和当时高等教育的制度环境相适应的。

表 2-2　A 大学 20 世纪 60 年代党政管理机构设置情况

党群部门	行政部门
党办室	办公室
组织部	人事处
宣传部	总务处
统战部	教务处
武装部	图书馆
	保卫处

资料来源：《A 大学史》，第 139—142 页。

3. 第三阶段：改革开放到 1999 年之前

从改革开放到 1999 年的二十年，是我国各项事业取得了巨大进步的历史时期，我国的高等教育也进入了一个新的发展阶段。我国高校内部管理体制改革，作为高等教育改革的一个重要方面，在 20 世纪 80 年代中期和 1993 年前后形成两次高潮，取得了阶段性成果。伴随着高等教育事业的发展，大学的内部组织机构也开始发生较大的变化。特别是在国家计划体制的影响下,国家宏观行政管理的"官僚组织"特征明显,这一时期大学的党政管理部门、尤其是行政管理部门呈现出明显的扩大和分化的趋势。这一时期,A大学新增了大量职能管理部门。党委系统新增了纪委、学工部、保卫部,行政管理部门新增设了老干部处、科学研究处、研究生处、学生处、财务处、审计处、监察处、外事处、设备处、房地产管理处、产业处等部门,呈现出越来越突出的部门分化和科层特征,大学行政管理在学校管理系统中占据着明显的优势地位。除了党政机关之外,A大学还通过设置直属部门,行使部分行政管理职能。到 1999 年,A 大学党政职能管理部门已经达到 29 个。

表 2-3　1999 年 A 大学党政管理机构设置

党委系统	行政系统
党委办公室	校长办公室
组织部	人事处
宣传部	老干部处
统战部	教务处
武装部	科学研究处
纪委	研究生处
工会	学生处
团委	财务处
后勤党委	审计处
校直一总支	监察处
校直二总支	外事处
	保卫处
	总务处
	设备处
	基建处
	房地产管理办公室
	产业处
直属管理部门	
图书馆 高教研究所	

资料来源:《A 大学史》,第 206—212 页。

三、1999 年之后大学行政管理结构的重要转变

1999 年之后,我国经济、政治、文化和社会发展环境发生了重大变化,社会进入全面转型的历史时期。同一时期,我国高等教育也进入了全面改革和快速发展的新阶段。伴随着《高等教育法》的颁布和实施、"科教兴国"战略和高等教育大众化等一系列高等教育新政的推行,大学组织发展的外部环境发生了重要变化。从全国高校来看,以转换机制和提高效益为目标的新一轮高校内部管理体制改革的全面兴起,顺应了这一历史时期内外环境对大学发展的期待和要求。在这样的背景下,A 大学在十年的演变发展中,行政管理结构经历了几次重要的转变,表现出了特定历史时期大学组织发展的时代特征。

1. 1999—2000 年间 A 大学党政机构改革

(1)改革的背景

引发 A 大学在 1999—2000 年间党政机构改革的背景,主要来源于国家和省级层面制度环境的要求;同时,这一阶段,新的学校领导班子在推动改革的进程中也发挥了重要的主导作用。

国家层面的制度转变与要求。1998 年在国家《面向 21 世纪教育振兴行动计划》中提出:"大力推进高等学校内部管理体制改革。"同年通过的《高等教育法》第 37 条规定:"高等学校根据实际需要和精简、效能的原则,自主确定教学、科学研究、行政职能部门等内部组织机构的设置和人员配备。"《关于深化高等学校人事制度改革的实施意见》中规定:"根据高等学校教学、科研、校办产业、后勤服务各方面的不同职能,实行不同的管理办法。根据高等学校的工作任务和精干、高效的原则,合理设置学校党政职能部门。高等学校的内设机构不要求上下对口。合并主体职能相近的部门,对任务性质基本相同的机构可实行合署办公。"1999 年 6 月,《中共中央、国务院关于深化教育改革全面推进素质教育的决定》提出要:"深化学校内部管理体制改革,进一步精简机构,减员增效"。这一时期,国家出台的一系列政策规定对高等学校的行政管理结构改革提出了明确的要求。

省级层面的制度转变与要求。A 大学是省属综合性大学,其办学行为更是直接受到 H 省有关政策制度的影响和制约。1999 年之后,H 省在高等教育领域也出台了一系列新举措,尤其将学校的内部管理体制改革作为推动全省高等教育发展的突破口。1999 年,H 省出台《关于高等学校内部管理体制改革的意见》,提出:"随着经济体制改革不断深化、科教兴省战略的实施和社会经济的发展,高校内部管理体制改革变得日益迫切。从总体上

看,改革的进程仍滞后于经济体制改革和社会发展速度,与社会主义市场经济体制不相适应。主要表现在:机构臃肿,人浮于事,党政后勤人员超编严重,教学科研队伍的数量和质量严重不适应教育发展的需要;缺乏激励机制和制约机制。内部管理体制改革的相对滞后,在很大程度上制约着 H 省高校的发展,致使高校内部潜力和布局结构调整后的优势没能充分发挥出来。因此高校内部管理体制已到了非改不可的时候"。其中重要思路之一就是"以学科建设为龙头,遵循高等教育规律,适应社会主义市场经济要求,在改革学校内部管理模式的基础上,精简和调整学校内部党政管理机构,改革和调整教学、科研组织方式,精兵简政,提高效率,促进教育资源的合理配置和有效利用"。主要措施之一就是"精简机构,裁减冗员",提出:"高校的内部机构设置要根据学校的性质和规模,在统筹规划、职能分解和职位分类的基础上确定。要进一步明确党政管理机构基本职能,剥离服务职能、经营职能,做到精简、高效、综合、合理、规范"。同时,规定了内设机构及其领导职数,并要求高校的党政管理机构及其领导职数要按限额重新办理审批手续,省内骨干大学:党政群团机构限额 18 个,领导职数 45 人。要求高校内设机构的设置由学校在批准的限额内自行确定。要努力克服校部机关"政府化"倾向。机构的设置不要求上下对应,职能相近的管理机构可以采取多种形式合并或合署办公,宜于设立职能岗位的工作尽可能不设独立机构。

(2)A 大学党政机构改革的过程

1999 年,A 大学的领导班子进行了较大调整。新班子有着强烈的进取意识和改革意识,面对我国高等教育新的发展机遇和挑战,A 大学新一届领导班子开始规划学校新的发展蓝图,并将内部管理体制改革作为发展的突破口,从改革入手激活学校发展的动力。新班子对学校的发展进行了详细周密的论证,分析了学校面临的压力和机遇。新任党委书记和校长在学校领导干部会议上分析了当时学校管理体制改革动因。1999 年以后国家在高等教育的政策和观念上都有了很大变化,学校面临着来自两个方面的压力:一是来自外部的压力,即全国的许多高校都已进行了综合体制改革,尤其是国家重点院校。通过综合体制改革,学校的整体效益有了很大的提高,为今后发展打下了很好的基础。二是来自学校内部的压力。学校的机构过多,职能交叉、重叠,冗员较多,人浮于事的现象比较严重。另外,学校许多部门机构和职能不规范,政企不分,管理、经营、服务不分,职责不清,直接影响了学校的工作效率。在这样的背景下,学校要加快内部管理体制改革进程,推进后勤服务社会化。并将党政管理机构改革作为学校内部管理体制改革的"前哨战",强调其在学校整体改革中占有十分重要的位置,认为它的成败得失,对于整体改革的顺利进行至关重要。

经过半年多的调研论证,学校于 2000 年制定了《A 大学面向 21 世纪建设与发展规划》,指出要通过党政机构的精简调整,进一步规范校内各类机构的序列。根据工作性质,按照党政管理机构、教学科研机构、直属机构、附属机构四种不同类型,对校内各类机构合理分类,归属序列,要加快内部管理体制改革进程。《A 大学内部管理体制改革方案》于 2000 年 1 月 14 日在该校第五届教职工代表大会第一次会议通过,并经过省委高校工委、省教委批准,2000 年 1 月 18 日校党委印发。

(3)改革的主要内容

对于党政机构的改革,主要内容是精简党政管理机构和机关工作人员。根据省教委有关文件中对高校内部党政管理机构设置及其领导职数限额的规定,结合学校实际,制定《A 大学党政管理机构改革方案》。进一步明确党政管理机构的基本职能,从机关中剥离出去以服务、经营为主的部门,调整和改建职能交叉的部门,职能相近的部门实行合并或合署办公,使学校管理机关精简、高效、综合、合理、规范。根据工作职责、工作量大小和总体编制精简的比例,确定各机构的人员编制、领导职数,按照有效岗位、满负荷工作的原则定员。机关工作服务人员精简40%;处级领导干部职数控制在45名以内,各部门一般一正一副;大部分处室不设科,按岗定员,逐步向教育职员制过渡。通过合署办公、撤销、剥离和改建,将原有的 28 个党政群团机构精简为 18 个。①

表 2-4　2000 年党政管理机构改革后的机构设置情况

党群部门	行政部门
党委办公室	校长办公室
组织部和统战部合署办公	人事处和老干部处合署办公
宣传部	教务处
纪检委、监察处和审计处合署办公	科学技术处
工会	学生处(学生工作部)和武装部合署办公
团委	研究生处
	财务处
	原外事办公室更名为国际合作处

---

① 参见《A 大学党政管理机构改革方案》,2000 年。

续表

党群部门	行政部门
	原设备处更名为国有资产管理处
	保卫处
	原基建处更名为校园规划处
	原总务处更名为后勤管理处
直属管理机构	
机关总支 房地产开发办公室 校办产业办公室 图书馆	

（4）党政机构设置的主要变化

一是党委部门。组织部与统战部合并；纪检委、监察处和审计处合署办公（党委系统和行政系统交叉合并）。

二是行政部门。人事处和老干部处合并；档案室由校长办公室划归挂靠图书馆；学生处和武装部合并（党委系统和行政系统交叉合并）。

三是后勤服务职能的剥离，推进后勤社会化改革。成立后勤集团，逐步向后勤社会化过渡。整建制地划归后勤集团的单位包括：学生公寓、教室管理科、膳食服务中心、生活服务中心、绿化服务中心、建筑维修中心、动力维修中心、物业公司、节能办、幼儿园、校医院。

此外，在党政职能管理部门的改革中，还通过赋予有关教学单位以管理职能，或通过设置直属部门的方式行使管理职能，如成人教育学院作为相对独立的办学实体，学校赋予其一定的管理职能；房地产开发办公室和校办产业办公室，均被设置为学校直属单位，不定行政级别，逐步向企业集团过渡。

2. 2001—2005 年间党政管理结构的主要变化

2000 年 A 大学以党政机构改革为前哨的内部管理体制改革给学校发展注入了新鲜活力，学校步入了快速发展期。21 世纪开始，我国大学发展的制度环境不断发生变化，引发了这一时期我国大学组织特性、组织行为的重要变化。在随后的几年时间中，A 大学不断根据内外环境的变化对党政职能管理机构进行了几次调整（见下表），既保持了改革时期确立的党政管理机构的基本框架，又适应了特定时期学校的多方面变化与发展，及时根据大学发展的战略、规模、技术、生命周期等因素进行设计和调整，反映了大学组织发展的复杂性和组织结构的多变性。

表 2-5　2001—2005 年间 A 大学党政管理机构的主要变化情况

变化 1	新校区建设办公室的成立
变化 2	成立研究生学院,撤销研究生处
变化 3	统战部恢复独立设置
变化 4	成立学位办公室
变化 5	网络中心成立
变化 6	新闻中心成立
变化 7	成立国际交流与教育学院,与国际合作处合署办公
变化 8	职工医学院并入,成立医学部及其所属党政管理部门
变化 9	档案室从图书馆划归校长办公室
变化 10	成立就业指导中心,挂靠学生处
变化 11	成立教学质量评估中心,挂靠教务处
变化 12	重点工作办公室的恢复

这里以几次典型的调整变化为例予以解释分析。

一是因办学规模的扩大、建设新校区而成立的新校区建设机构和协调管理机构。1999 年,在国家高等教育大众化政策的影响下,H 省作出了扩大高等教育规模的决定。A 大学率先响应,除学校本部规模有所扩大外,A 大学在 B 市的支持下,开始建设新校区。由于建设新校区是一个时间较长且十分复杂的系统工程,A 大学单独成立了新校区建设办公室,专门负责新校区建设的设计、组织、施工等工作,于是在校本部校园规划处(校本部基建管理部门)之外又成立了独立的基础工程建设部门——新校区建设办公室。A 大学新校区从 2001 年启动规划到 2002 年 9 月第一期工程完工,学生入驻仅用了一年多的时间,新校区建设办公室发挥了重要的组织协调作用。2003—2004 年,A 大学新校区又完成了二期工程建设,搬迁到新校区的教学科研单位已达到十几家,新校区内部的协调工作摆上日程。为此,2005 年 A 大学决定成立新校区管理委员会,下设办公室,具有独立的管理机构、编制和职责,统筹协调新校区各部门以及新校区与校本部之间的关系,成为一个单独设立的管理部门。A 大学新校区建设办公室和新校区管理办公室同时存在,这两个部门都是在特定的时期随着学校扩张战略的实施而设立的职能管理部门。

二是因学校合并而临时成立的二级学部职能管理部门。2005 年初,H 省决定将同样地处 B 市的一所职工医学院(Z 学校)并入 A 大学,以期进一步完善 A 大学的学科结构,构建更为综合的地方大学。Z 学校本来是一所以成人教育为主的本科院校,具有很完善的党政管理职能部门,并入 A 大学之后很重要的一个问题就是机构和人员的问题。由于机构的合并涉及很多人的切身利益,A 大学采取了比较保守的处理策略,Z 学校并入后暂时单独成立医学部,在医学部下面设立了几个独立的具有管理职能的办公室,而不是把 Z 学校原有机构和人员并入 A 大学的相应机构。这样,在 A 大学就出现了类似于企业事业部的管理形式,但并没有赋予其人事权和财务权,更多的是执行校本部有关职能部门的工作安排。这种结构的设计其实进一步增加了学校的管理层次,在后期的实际运行中暴露出诸多弊端,但由于复杂的利益问题,A 大学一直没有找到较为合理的解决办法。为此,这种学校合并导致的行政结构调整有待于进一步深入研究。

三是因发展研究生教育而成立的具有行政管理职能和教学职能的研究生学院。在我国大学发展的制度体系中,研究生院的成立是学校办学层次和水平的重要标志。A 大学是在省内最早开展研究生教育的学校,一直努力发展高水平的研究生教育,但发展速度较慢,研究生规模偏小,研究生的教育和管理主要由各教学单位负责。21 世纪初,H 省出台了有关政策,鼓励具有基础和实力的大学建立研究生院。A 大学在经历了国家第八次、第九次学位点申报后,到 2002 年硕士点的数量已经增长到 45 个,博士点的数量也增长到 7 个,研究生的规模从 1998 年的不足 500 人发展到近 2000 人。为了统筹学校研究生教育资源,加强研究生管理,并逐步为建立研究生院做准备,A 大学率先在省内高校建立了研究生学院,并赋予其一定的研究生管理和教育职能,统筹研究生的教学工作。此前,学校的研究生管理职能由研究生处负责,各学院负责研究生的教学和管理职责。研究生学院的设立,是 A 大学组织结构的一次重要转变,为 A 大学进一步发展研究生教育、提高办学层次奠定了基础,也是学校向建立研究生院组织结构的过渡形式。

四是因重点发展学科建设而成立的学科建设管理部门。1999 年以后,在国家政策的推动和鼓励下,高等学校学科建设进入一个快速发展时期,各高等学校纷纷以争取更多的硕士点、博士点、博士后流动站来提高自己的竞争实力。A 大学的研究生教育发展较早,但在 20 世纪 90 年代后期发展缓慢,硕士点和博士点的数量在省内高校并不占优势,这与该校在省内高校的地位不相适应。伴随着学位点申报工作竞争日益激烈,各高校都把学位点申报工作作为这一时期的战略重点。A 大学的学科建设工作一直没有设立独立的专门机构统筹管理,学位点的申报工作一直是由研究生教育部门负责,学位点建设成效不明显。为了抓住这一时期学科建设的难得机遇,A 大学决定成立学科建设领导小组,并成立独立的学科建设办公室,全面负责学校的学科建设与学位管理工作,尤其是做好学位点的申报工作。2004年,A大学的学位办公室作为独立的职能管理部门成立,负责内部学科组织和外部学位点的申报工作,在随后的国家学位点申报中取得了明显成效。到2010年时期,A大学已经有硕士点127个,博士点12个,博士后流动站6个,专业硕士学位点5个,实现了历史性的突破,这与学科建设专门管理机构的设立是直接相联系的,因为这一职能的强化直接促进和推动了相关工作的开展。

五是因上级党委的制度要求恢复独立设置的党委统战部。A大学统战部最早设立于1956年,到1999年一直是独立设置的职能部门,2000年机构改革时统战部与组织部合并,这也是当时很多高校改革中的普遍做法。但是,随着党对统战工作的重视和高校统战工作的特殊意义,上级党委部门明确要求各高校要单独设立统战部门,在这样的背景下,A大学于2004年又将统战部和组织部分开单独设立。

六是因扩大开放办学力度和对外交流而成立的国际交流与教育学院。A大学的留学生教育也是H省开展最早的高校之一,但由于受学校品牌影响,留学生数量一直较少。在国家促进留学生教育发展的宏观背景下,2000年A大学在机构改革中成立了国际合作处,重新调整了开放办学的政策,尤其加强了对外交流与合作的开展,把对外开放办学作为提升学校品味的一个重要举措。在原来短期留学生的基础上,陆续增加了专科生、本科生、研究生的学历教育。原来的国际合作处只是行政管理部门,不具备教学的功能,而留学生教育的快速发展需要相应的教学单位。2004年,A大学正式成立了国际交流与教育学院,作为独立的留学生教学单位,和国际合作处合署办公,因此既具有行政管理职能,又具有教学功能。这一组织形式,有力地促进了A大学国际交流与教育工作的开展。

这一时期,A大学独立成立的其他机构如网络中心,适应了快速发展的校园信息化的建设与要求;成立了就业指导中心,挂靠学生处;成立了新闻中心,起先挂靠宣传部,后独立设置;恢复了临时机构——重点办公室,负责学校省部共建工作的争取和规划工作;成立了教学评估中心,挂靠教务处,开展校内教学质量的评估工作。

3. 2006—2007年间新一轮党政机构调整

2006—2007年,随着国家高等教育从规模向质量的战略调整,我国大学纷纷采取措施实现再次转型。A大学经过一个阶段的快速发展之后,学校的办学规模、学科数量等趋于稳定,学校及时将工作的战略重点转移到质量提升上来,开始了再次转变。

　　这一时期,学校对党政管理机构又进行了一次较大幅度的调整,主要出发点有:一是进一步增强学校的适应能力,提升学校的整体竞争力,在全国高校快速发展的形势下找到自己的定位和特色;二是提升学校的办学实力和水平,尤其突破学校科学研究能力薄弱的瓶颈;三是整合学校资源,提高资源的利用率。2006 年上半年到 2007 年上半年,学校在充分调研的基础上进行了新一轮的党政管理机构调整。

表 2-6　2006—2007 年间 A 大学党政管理机构调整后的设置情况

党群部门	行政部门
党委办公室	校长办公室
组织部	人事处和老干部处合署办公
宣传部	教务处
纪检委、监察处和审计处合署办公	科学技术处
统战部	社会科学处
工会	学生处(学生工作部)和武装部合署办公
团委	学科建设与学位管理处
	财务处
	国际合作处(国际交流与教育学院)
	国有资产管理处
	保卫处
	校园管理处
直属管理机构	
发展规划与政策法规办公室 实验室管理办公室 机关党总支/党校 新校区管理委员会 新校区建设办公室 校办产业规范化管理办公室 新闻中心 网络中心 档案馆 图书馆 博物馆	

　　此次调整,主要有以下几种情况:

　　情况一:新机构的设立——发展规划和政策法规办公室的成立。这一机构是在原来 A 大学重点办公室的基础上发展起来的,主要职能是进一步强化学校的发展规划建设、重点建设和推进依法治校进程。在现代大学面临环境日益不确定和大学之间竞争日益激烈的情况下,大学战略规划与战略管理备受重视。近年来,我国很多大学都成立了发展规划部门,作为学校的发展研究和规划制定、实施的部门。A大学作为省内唯一的综合性大学,确立了建设国内一流大学的目标,发展规划的制定、落实对学校的长远发展至关重要。特别是这几年国家通过省部共建大学的策略推动了地方高水平大学的建设,给20世纪末无缘国家"211工程"院校的A大学一次重要的发展机遇,需要建立发展规划部门推动重点建设步伐。同时,伴随着近几年国家依法治校力度的增强,大学中各行为主体的法制意识明显增强,大学也需要建立相应的政策法规部门。在A大学再次转型时期,发展规划与政策法规部门的设立无疑适应了新时期我国高等教育发展的大趋势。

情况二:管理机构的拆分——科学技术处和社会科学处的单独设立。A大学的科学研究机构在2000年机构改革时确定为科学技术处,统筹管理全校自然科学和社会科学的研究工作。A大学的目标是建设国内一流大学,这离不开一流的科学研究水平,学校将科学研究一直作为提升办学水平的重要战略,提出了"教学科研并重"的办学思想。但科学研究机构在实际运行过程中,有比较明显偏重自然科学的倾向,社会科学研究无论是在资助力度和有关政策方面都比不过自然科学,自然科学研究和社会科学研究的发展不平衡。这一时期,国家逐渐加大了对哲学社会科学的重视力度,采取了一系列措施加强社会科学研究的发展。A大学作为历史较为悠久的综合性大学,传统学科实力比较雄厚,特别是人文社会科学研究在省内高校名列前茅,有的学科在国内高校也颇有影响。在国家政策的积极推动下,特别是在A大学希望进一步加强人文社会科学研究、彰显传统科研优势的背景下,A大学决定将科学技术研究和社会科学研究的管理部门分设。同时,加大两大领域的研究工作,加速科学技术创新,提升学校的科研能力和学术影响力。

情况三:管理机构的合并——校园规划处和后勤管理处的合并。组织在发展过程中,会根据某一方面工作任务的减少和职能的相近性对有关职能部门进行合并,以取得更好的规模经济。大学组织中职能部门的合并往往是机构改革中的普遍做法。到2006年,A大学校本部的基础建设任务基本完成再建或改造,基建任务大大减少。同时,由于比较成功的后勤社会化改革,后勤服务项目全部委托给具有独立法人资格的后勤实体运行,后勤管理部门的重点转变为监管,工作任务量也缩小了很多。在此次机构调整中,A大学对原来负责学校基建规划的校园规划处和后勤管理处进行了合并,命名为校园管理处,重新界定了其管理职责。这种合并,是随着学校不同生命周期工作任务的变化而进行的调整,和 A 大学整体的内部环境是相一致的。

情况四:管理机构的剥离——实验室管理办公室的剥离。伴随着国家对创新型人才培养的日益重视,实践教学环节在大学教学中的作用越发重要。同时,伴随着学校科研条件的改善,大学实验室的建设取得明显进展。A 大学在 1999 年之后的几年里,教学科研方面的一个重要变化就是实验教学被得到强化,实验室建设取得很大成效,建立了很多公共实验室和专业实验室。但长期以来,这些实验室归属于各个学院,学院之间不能实现资源共享,重复建设和浪费现象非常严重。A 大学是综合性大学,这几年陆续建设了一些跨学科专业,学科专业的界限变得比较模糊。为了提高实验教学资源的利用效率,促进实验教学资源共享,发挥其最大功能,打破学院之间实验资源的壁垒,A 大学这几年集中精力建立了几个校级重点实验室,对各学院的专业实验室也进行了整合,原来对实验室资源的管理分散在国有资产管理处、教务处等有关部门,职能分散,不利于科学调度。在这次改革中,学校将实验室管理功能进行了整合,将实验室管理建设与管理功能从有关部门中剥离出来,成立独立的实验教学管理办公室进行统筹管理。

四、行政管理结构变迁的特点

透过 A 大学建校以来特别是 1999 年之后十年左右时间党政管理结构的变迁,不难看出我国大学行政管理结构变化的一些基本特点。

1. 党政部门职能式管理的基本结构比较稳定

从总体来看,我国大学的行政管理结构无论从形式上还是在实际运行中很长时期内没有发生大的变化,基本上属于职能式的管理结构,而且职能分部形式也比较稳定,特别是在当时计划经济环境下。但是,近十年我们发现大学行政管理结构变化的速度明显增强,A 大学在十年中就经历了三次较大规模的改革,还有中间若干次的小调整,行政管理结构处于一种不断变化调整的状态之中,这和大学组织特性和组织行为在这一时期的变化是一致的。

2. 大学党政管理机构的设置与演变,在很大程度上受到了外部环境的影响

在我国,外部制度环境如政党制度、国家行政管理体制都直接影响到大学管理机构的设置、变迁,从新中国成立到 20 世纪末我们可以清晰地看到

这种影响的作用。1999年之后十年,随着依法治教的推进和大学自主权的扩大,国家政府直接干预大学行政管理的程度有所下降,但政府通过规章、制度和政策文件对大学行政管理的影响仍然在不断增强,这一时期A大学新成立的很多机构都是为了符合制度环境的需要。

3. 大学在行政管理结构设计与运行方面的自主性正在不断增强

尽管外部制度环境对大学组织结构仍然具有较强的约束性,但我们会看到大学正在通过各种变通的方式不断增强自我管理和发展的能力,在行政管理结构的设计和运行方面,大学会根据学校的实际情况作出及时地调整,这种调整甚至不再通过上级主管部门的审批。A大学在近十年中,为了增强自我发展能力,提高管理绩效,成立了许多新的管理机构,尤其是2001—2005年的几次调整和2006—2007年的再次改革,都是和A大学的特殊校情联系在一起的,体现了A大学自主发展能力不断增强。

4. 影响大学行政管理结构设计与运行的内部因素越来越复杂

大学在设计行政管理结构过程中,不仅考虑到外部制度环境的要求,还会考虑到内部诸多的因素。我们看出,影响A大学行政管理结构的因素,除了传统的规模因素外,大学发展的战略、人员、技术、生命周期等都会不同程度地影响到结构的设计。此外,复杂的人际关系和因人设岗的情况在实际操作中也不少见,这种复杂性往往增强了变革或调整的困难,变革调整时间会因此不断拖延难以推进。A大学2000年的改革,相比后期的改革而言是一次涉及人员、机构最多的改革,但仅仅用了三个月的时间就完成了。而2006年开始的新一轮改革,由于内部影响因素的增加,尽管涉及的机构和人员数量都远远减少,但整个改革却延续了一年多的时间。

5. 大学行政管理结构在大学运行中处于关键和核心的位置

在我国大学的管理体系中,行政管理系统一直居于强势的地位,我们看到A大学的每一次行政结构改革都引发很大的影响,并给学校的运行带来直接的作用。我国大学的行政职能结构虽然不是最终的决策结构,但在资源控制、协调组织等方面占据着较大的权力,学校的最终决策很多都经过了中层管理部门的筛选,部门利益在政策中会得到明显体现。为此,改革所引发的震动和带来的变化自然就顺理成章,这是我国大学党政机构管理的重要特点。

大学行政管理结构的变化是大学整体组织演进的重要内容,能够从一个侧面反映这一时期案例大学组织变迁的特征及其影响要素。同时,对大学组织的发展而言,大学行政管理系统是大学学术管理系统得以运行的基本保障,行政管理和学术管理往往是交织在一起的,比如其中涉及的诸多行政管理机构本身管理的对象就是学术事务,比如规划部门中有学术规划的内容,科研管理机构对学校科研活动的组织协调与服务,研究生学院的设立与变化等。与行政管理系统的变迁相比,大学学术战略的制定和学术组织结构的变迁,更能反映大学作为高等教育学术组织的典型特征。

第三章　环境压力与学术战略选择

战略选择理论强化了高层管理者对组织战略的选择与确定,该理论认为组织对环境的适应过程是管理者的主动选择行为,管理者要不断监测环境的变化,并进行认知、判断和决策,确定他们认为合理的组织战略,从而制定组织一定时期的战略规划与战略举措。管理者在进行战略选择的过程中,往往会对组织进行挑战与机遇、优势与劣势的环境压力分析,进而选择自身的组织战略。

1999 年之后,中国大学组织的外部环境发生了巨大的变化,这种变化对大学提出了更多甚至更高的要求,大学组织要积极主动地适应这种变化和需求,并及时做出反应,才能适应社会的发展乃至引领社会的发展。这一时期,A 大学先后制定了《面向 21 世纪建设与发展规划》(2000 年)《"十一五"建设与发展规划》(2006 年)《"十二五"建设与发展规划》(2010 年)三个中长期战略规划,并且在学校发展的几个重要节点上(如教代会换届、教育部本科教学水平评估等)也会进行战略思考与谋划。本章讨论 A 大学的管理者是在一个怎样的环境下做出了这一系列战略决策的,提出了一种怎样的发展战略,又试图通过怎样的战略举措实现学校的战略意图。

1999 年之后,A 大学管理者不断根据内外环境的变化和需求调整自身的发展战略,确定学校的发展定位和目标。2000 年 A 大学在《面向 21 世纪建设与发展规划》中提出了"从现在起到 2010 年,经过 10 年左右的建设与发展,成为具有鲜明特色的国内一流大学"的总体发展目标。2004 年,A 大学进一步提出了"从教学型大学向教学研究型大学战略转变"的发展战略,2005 年提出"积极推进从规模、效益、质量、结构向质量、结构、效益、规模协调发展的战略转变",在 2006 年制定《"十一五"建设与发展规划》中明确将学校定位在"教学研究型大学"。在 2010 年 A 大学《"十二五"建设与发展规划》中提出了经过从 2011 年至 2015 年期间要"以建设国内一流大学为战略目标,建成国内知名高水平大学"的战略目标。由此分析,A 大学 1999 年之后十余年期间在发展战略上的核心表现是实现"从教学型大学向教学研究型大学的转变,从规模战略向质量战略的转变"这"两大转变"上。这种战略选择是 A 大学管理者基于对环境内外因素的分析而作出的,是对 A 大学面临环境压力的一种回应。战略选择理论认为,组织面临的压力主要包括外部环境和内部条件两个方面。对大学而言,外部环境因素主要包括法规政策、社会需求、学科发展、同行竞争等多种因素,而内部因素主要包括办学规模、目标定位、职能拓展、文化传统等方面。

第一节 外部环境的变化:挑战与机遇

组织与环境相互依赖,环境对组织实施重要影响。① 管理者需要对组织所面临环境的挑战与机遇、优势与劣势进行综合分析,进而确定组织的目标定位和发展战略。1999 年之后,在我国高等教育整体领域发生重要变革的背景下,A 大学同样不断面临着来自多方面外界环境因素变化的影响。在 2000 年 A 大学所制定的发展规划中,一开始就指出:"世纪之交,A 大学作为一所具有近 80 年历史的综合性大学,面临着前所未有的严峻挑战和发展机遇。"②A 大学这一时期所做出的一系列战略选择正是对这种挑战与机遇的回应。

一、挑 战

挑战是组织在发展过程中面临的一种不利而又无法躲避的环境,会对组织的发展构成压力和冲击,组织要更好地生存和发展,就必须主动应对这种挑战和压力。大学组织面临的外部环境压力主要来自于政治、经济、科技、市场等各个方面。1999 年后,中国大学发展的外部环境发生了很大的变化,大学的生存和发展受到挑战,给其运作与发展带来压力,进而影响到大学的深层结构,影响到大学教学科研结构的设计与运行。这一时期,A 大学管理者通过持续对环境的监测、判断和识别,分析学校面临的外部挑战。

在 A 大学 1999 年之后十余年的发展演进中,经历了从教学型大学向教学研究型大学的转变,这种转变提出的时间是在 2004—2005 年间。同样是在 2005 年,A 大学成功实现了"省部共建",并被认为是学校发展"新的里程碑"。这样,从战略转变的前后两个阶段对 A 大学进行环境的挑战分析,更能看出 A 大学在不同压力下的判断与选择。

1. 1999—2004 年期间的环境挑战

从 1999 年开始的高等教育扩招政策掀开了我国加速推进高等教育大

---

① [美]斯格特:《组织理论:理性、自然和开放系统》(第四版),黄洋译,华夏出版社 2002 年版,第 130—137 页。

② 《A 大学面向 21 世纪建设与发展规划》,2000 年。

众化的序幕,大众化的高等教育使我国的大学面临着一系列新的挑战。与此同时,现代科学技术的快速发展和国家"科教兴国"战略的实施也对大学发展提出了新的要求。在 A 大学,管理者不得不对这些新的挑战和压力做出积极地回应。

高等教育大众化政策实施以后,我国高等教育规模迅猛发展,全国高等教育毛入学率从 1998 年的不到 9%,发展到 2006 年超过 21%,到 2009 年已经超过 23%。A 大学所在的省份——H 省是一个人口大省,20 个世纪 90 年代,高等教育毛入学率低于全国平均水平,省内各大学的规模也比较小。1999 年之后,省政府着力推动扩招政策,到 2005 年,高等教育毛入学率已经超过 17%。

该省时任主管教育的副省长在 2001 年 A 大学影视艺术学院成立大会上专门对此进行了强调:

> 1999 年党中央和国务院召开了第三次全国教育工作会议,作出了关于加快教育改革和发展的决定。这次教育工作会议,揭开了我国教育深化改革、蓬勃发展的序幕。在这次会议上,提出了非义务教育要搞"教育成本合理分担",还提出了到 2010 年实现高等教育大众化的目标等等。这些重大改革政策的出台,为我省高等教育的发展提供了一个非常好的外部环境和机遇。我们省是一个人口大省,现在全省共有 6700 万人口,占全国的第六位,人口大省必然也是教育大省,现在我省在校的各级各类学生是 1500 多万人,将近占全省人口的四分之一。……我省的高等教育这几年实现了跨越式的发展。1997 年全省高考招生 49700 人,1998 年增至 52000 人,从 1999 年的第三次全国教育工作会议后,我省开始大幅度扩招,1999 年招生 88500 人,比上一年度增加了 3 万多人,2000 年招生 125000 人,2001 年招生 166000 人,录取率已经由 1997 年的 32% 提高到 2001 年的 60%。[①]

在这种背景下,H 省普通高校的数量由 1998 年的 46 所很快增至 2002 年的 75 所,本科院校由 19 所增至 26 所;招生总数由 1998 年的 5.5 万人增加到 2002 年的 16.48 万人,纯增 10.98 万人,增长了两倍;在校生总数由 1998 年的 14.44 万人增加到 35.05 万人,纯增 20.61 万人,增长近 1.5

---

① H 省主管教育副省长在 A 大学影视艺术学院建院一周年庆典大会上的讲话,2001 年。

倍。① A 大学的办学规模在 1999 年之后迅速增加,1999 年全部在校生不足 9000 人,2002 年招生突破万人大关,2006 年全校在校生已经达到 4 万余人。

A 大学作为该省唯一的省属重点综合大学,自然也成为扩招的重点高校之一。据时任学校教务部门负责人回忆:

> "从 1999 年开始的几年时间里,每年全省的教育工作会议都离不开大学扩招这个主题,省教委当时下发了紧急通知,要求各学校增加本科计划,扩大招生规模。当时全省高等教育毛入学率仅 10.3%,不适应发展环境,要求各学校挖掘潜力,积极推进走读生和联合办学。要尽快建成万人以上大学 10 所,省重点学科 100 个,省级重点实验室 20 个,骨干大学 10 所。省长在教育工作大会上多次强调要跳出本省看发展,全力推进大学扩招。②

办学规模的迅速扩大对学校的学科专业设置、人才培养模式、管理模式等都提出了新的要求,办学资源异常紧张,推动着大学进行战略性调整,促进了大学内部的组织变革。2001 年 A 大学校长在向教育部本科教学评估组汇报时讲道:

> 面临高等教育大众化的压力和挑战,学校既要按照省政府的要求尽最大努力、最大限度地满足社会日益增长的高等教育需求,又必须不断增强自身可持续发展的能力,这就要求我们必须处理好规模与质量、发展与投入、教学与科研、改革与建设之间的关系。③

伴随着高等教育大众化的快速推进,高等教育质量问题开始引发人们的关注。1999 年之后,国家通过"本科教学评估"和"高等教育质量工程"等各种措施确保大众化时期的大学教育质量,并把高等教育发展的战略重点及时转移到提高教育质量上来。本科教学工作水平评估是教育部在全国普通高校开展的旨在提高本科教育教学和人才培养质量的一项重要举措。这一时期,我国绝大部分本科高校都接受了教育部组织的教学水平评估,并

---

① 刘素卿:《H 省高等教育质量问题研究课题组课题报告》,2004 年。
② 对 A 大学时任教务部门负责人的访谈,2010 年 5 月。
③ A 大学校长 2001 年 12 月向教育部本科教学随机性水平评估专家组的汇报材料,2011 年 12 月。

对学校的建设与发展产生了重要影响。A 大学也同样如此。在对时任教务部门负责人访谈时说道：

> 2001 年 A 大学接受了教育部组织的本科教学随机性水平评估，并获得了评估优秀的成绩。这对学校产生了非常积极的影响。2007 年，学校再次接受教育部组织的教学质量评估。实践表明，这种评估形成了一种有力的外部推动力，推动学校不断加大教学改革的力度。2007 年度的评估，更是重视实践教学和学生创新能力的培养，直接推进了学校的实验教学改革。而"质量工程"中的"教学团队"等诸多措施也都有力地促进了大学内部的教学建设与教学改革。①

20 世纪末，现代科学技术的高度分化与高度综合给大学的发展同样带来了新的挑战和要求。学科是大学组织的基点，现代科学技术发展的一个显著特点是在高度分化基础之上的高度综合。学科越分越细，门类越来越多，学科之间的联系日益紧密，相互交叉日益加剧；不同学科的界限在淡化和融合；学科知识与经验知识的界限在淡化和融合；知识的整体化趋势明显。学科的分化与综合对大学的教学科研组织方式产生了直接的影响。A 大学是综合性大学，在其发展过程中始终突出和强调学科的整合：整合校内、校外的优势资源，在整合中寻求快速发展的路子是其学科建设的一个战略思想。在整合校内资源时，注意在多种资源的最佳结合点上寻求突破，体现现代科学技术高度分化与高度综合的特点，突出学科的创新性、交叉性和融合性。注意充分发挥学校合并带来的学科交叉优势，培育新的学科增长点。

大学之间的竞争无疑成为大学需要长久面对的压力与挑战。一方面 A 大学要与省内大学竞争，从而巩固在本省高校中的龙头地位；另一方面与省外同类高校比较，确立在同类高校中的领先地位。A 大学一直在和周边的山西大学、河南大学、郑州大学以及其他同类高校如扬州大学、苏州大学、南昌大学、湖北大学等进行比较。A 大学的领导和有关职能部门、学院领导多次到同类高校考察学习，同时借鉴其他省份省政府对大学资助的经验和做法，为学校发展提供更好的外部发展环境。对学校综合办公室负责人访谈时强调：

---

① A 大学时任教务部门负责人访谈，2010 年 5 月。

在近几年高等教育大众化的洪流中,高等学校各显神通,借势而上,都逐渐地完成了规模扩张的发展阶段,且纷纷把战略重点转移到质量和内涵建设上来,从而构成新一轮的质量竞争格局。从近几年广东管理科学院进行的大学排名来看,我校发展的形势严峻,不容乐观。我省周边的山西大学、郑州大学六年前和我们实力相当,但经过省政府的重点支持和自身的努力,现在已经超过了我们。根据 2007 年的排名,郑州大学排名第 36 位,山西大学排名第 63 位,我校排名第 77 位,其他一些地方综合性大学如苏州大学、扬州大学、南昌大学、福州大学也都排在我们前面。在省内高校,我们也并没有多少明显的优势,在省内六所具有博士学位授予权的高校中,我们的数量是最少的。这种日益激烈的竞争,我们无法避免,唯有直面挑战。①

2. 2005 年之后面临的挑战

2004—2005 年,A 大学的发展经历了这一时期的一个重大转折,学校进入省部共建大学行列之后,面临着新的发展目标和任务,开始站在一个新的平台上考虑和谋划学校的发展。此时,学校管理者已经充分意识到实现办学类型的转变,必须要解决好办学层次提升和科研水平提升的双重压力与挑战。

我国高等教育近年来发展的一个突出特点就是大学的分层。在国家层面,通过实施"211 工程"和"985 工程",加快一流大学和一流学科的建设。在各省高等教育发展战略中,纷纷提出建设高水平大学的目标。H 省在2005 年年初召开的省委全会上通过了省政府《关于加强教育工作的决定》,提出"加快推进双重工程(重点骨干大学和重点学科)建设,力争到 2010 年建成 20 个左右国家级重点学科,到 2020 年建成 2—3 所在全国有影响的高水平大学"②的战略部署。高水平大学在人才培养、科学研究和社会服务中发挥带头和引领作用,能够得到更多的资源和更好的社会声誉,是众多大学追求的目标。A 大学就是这样一所致力于高水平地方大学建设的学校。A大学一直是省委、省政府重点建设的大学,该省在历史上先后五次作出决定,对 A 大学进行重点建设。1996 年省政府专门作出了对 A 大学比照"211 工程"建设,2005 年又被确定为省部共建大学。学校层次的不断提升,对学校的学科专业建设、教学科研活动的组织方式和办学水平提出了新

---

① A 大学综合办公室负责人访谈,2010 年 5 月。
② 中共 H 省委六届七次全会:《H 省人民政府关于加强教育工作的决定》,2005 年。

的压力和要求。

A 大学校长谈及学校办学层次提升时强调：

> 当今时代，大学的发展不能游离于社会之外，现在从中央到地方都深刻体会到，办高水平大学不再仅仅是一件漂亮的嫁衣，而是要真正成为推动经济社会发展的原动力和发动机。我们从人口大省成为人力资源大省还任重而道远。我省目前各类高校已近百所，绝大多数是职业技术性质的学院，为数不多的普通高校中能够进入全国百强行列的大学也不过两三所，我校是其中之一。省委、省政府提出了要建设两三所高水平大学的战略要求。我校作为我省唯一的综合性大学和被省委、省政府一直重点支持建设的大学，一直被作为全省龙头和示范院校建设的大学，"十五"期间又被省政府推荐列为我省唯一的与财政部和教育部重点支持建设的大学，显然我校就要按省委、省政府要求，一如既往地要承担起"高水平大学"建设的历史重任，这是我校不可推卸的责任。①

1999 年初，国家提出"科学技术是第一生产力"。大学日益重视科学研究工作，学校的科研职能进一步得到强化。这一时期，从国家教育科技主管部门到各省主管部门，逐渐强化了大学科研能力的提升，采取了一系列措施推进大学的科学研究工作。我国的大学更加注重整合教学与科研资源，更加重视科研工作和科研创新，甚至坚持教育与科研并重，把产出高水平科研成果作为学校重要目标。A 大学在成为省部共建大学之后，对学校的科研工作更为关注。A 大学校长在向省领导汇报中强调：

> 省部共建实现了，今后的路怎么走。省政府和教育部给予学校这么大的信任和支持，我们肩上的担子更重了，我们没有理由不把学校建成全省最好的大学，没有理由不为经济社会发展做更大的贡献。当前，学校一项重要的任务就是要根据省部共建的要求，紧密结合我省经济社会发展对高层次人才培养、高水平科研成果的需要，调整发展战略，制定行动方略，进一步增强学校的适应力和竞争力，尤其要提升学校的科学研究能力和科技创新水平，真正成为推动我省经济建设和社会发

---

① A 大学校长的访谈，2010 年 5 月。

展的主力军。①

二、机　遇

外部环境在给组织带来压力的同时,也会为组织的生存带来成长的机会,对这些机遇的把握来自于组织的管理者对组织环境的理解和认知,并能够通过制定正确的战略寻求组织发展的路径。1999 年之后,我国经济社会和高等教育的发展同样为大学的发展带来了难得的历史机遇。A 大学充分认识到这一机遇并不断通过战略措施的调整实现学校的发展。2003 年,A 大学校长在分析学校面临的形势时谈道:

当前,中国的经济建设和社会发展正处于一个新的历史机遇期,高等教育在社会中的重要作用日益突出,学校发展面临着千载难逢的历史机遇。面对急剧变化的外部环境,我们不能不深感压力的巨大。②

2005 年,在一次中层干部培训会议中又特别强调:

当前,学校正处于一个非常关键的发展阶段,机遇与挑战并存,困难与冲突层出不穷。面对日趋激烈的竞争环境和内部情况的巨大变化,如何准确地定位学校、科学地规划发展,快速地提升内涵,真正地融入社会,对我们的工作提出了迫切要求。③

分析归纳 A 大学这一时期面临的发展机遇,主要包括:

1. 国家推进省部共建大学建设的政策支持

2002 年之后,国家教育部在推进"211 工程"和"985 工程"建设的同时,又特别针对我国中西部地区没有教育部直属高校的省份实施"省部共建大学"项目,在政策和资金等方面予以重点资助和支持。这一重大举措为 A 大学的发展赢得了难得的历史机遇。基于 A 大学在省内高校中的龙头和示范地位,并经过学校与省委、省政府及国家教育部的充分沟通协调,

---

① A 大学校长向省领导的汇报材料,2006 年 4 月。
② A 大学校长在 2003 年学校学科建设研讨会上的讲话,2003 年 8 月。
③ A 大学校长在 2005 年中层干部培训会上的讲话,2005 年 8 月。

2002 年 A 大学获得了国家教育部和财政部在"十五"期间的重点支持。之后,又经过艰苦努力,于 2005 年正式被教育部和省政府确定为省部共建大学,这一度被称为"学校发展史上的重要里程碑",标志着学校进入了"准国家队"。无疑,这一来自于政府、尤其是来自于国家教育主管部门的直接重点支持,成为 A 大学这一时期发展的最好机遇。

2. 省政府重点建设高水平大学的政策支持

在推进高等教育大众化的进程中,地方政府越来越注重地方高校的层次和水平。2000 年,H 省在《面向 21 世纪教育振兴行动计划》中提出了实施高校"双重工程",对 A 大学提出要"继续加快发展步伐,不断提高办学层次,突出办学特色,经过努力率先建成具有国内一流水平和鲜明特色的重点大学"。2005 年初,H 省省委全会专门研究了全省教育科技发展问题,作出了进一步加强教育和科技工作的决定,成为这一时期推进全省高等教育发展的重要政策保障。时任省委书记强调:"要实现更快更好发展,动力在科教,潜力在科教,后劲在科教"。"把加强高水平大学和重点学科建设,作为提高高等教育质量的突破口来抓"。在这次全会上,省委、省政府作出了重点建设 2—3 所高水平大学的重大决定。A 大学深刻认识到这一重大决策对学校发展的重大意义。校长在全校中层干部大会上强调:

> 在今年年初召开的省委六届七次全会上,省委、省政府作出了进一步加强我省教育科技工作的决定,对全省高等教育事业的发展提出了更高的希望和更紧迫的要求,提出到 2010 年建成 20 个左右国家级重点学科,到 2020 年建成 2—3 所在全国有影响的高水平大学。这是全省高等教育事业面临的新机遇、新挑战,我校又一次处于紧要的发展关头。①

3.《高等教育法》的颁布与实行

1999 年 1 月起开始实施的《高等教育法》成为这一时期推动我国大学发展的又一重要动力。这一重要法规的出台,直接推动了我国高等教育的改革发展与大学的组织变迁。制度改革不仅要求创新规则,还要求组织系统的相应变革。该法规的诸多规定和要求,有力地促进了大学方方面面的改革,对大学内部教学科研组织活动方式和组织结构的设计产生重要的影

---

① A 大学校长在中层干部大会上的讲话,2005 年 4 月。

响。如"大学办学自主权加大,面向社会和市场办学,不断提升办学水平和质量"。"建立具有自身特色的教学科研组织体系"。"高等学校应当以培养人才为中心,开展教学、科学研究和社会服务,保证教育教学质量达到国家规定的标准"。"高等学校根据社会需求、办学条件和国家核定的办学规模,制定招生方案,自主调节系科招生比例"。"高等学校依法自主设置和调整学科、专业"。"高等学校根据自身条件,自主开展科学研究、技术开发和社会服务"。"国家支持具备条件的高等学校成为国家科学研究基地"。"高等学校根据实际需要和精简、效能的原则,自主确定教学、科学研究、行政职能部门等内部组织机构的设置和人员配备"。1998 年,国家对中央教育管理部门等政府机构进行了重大改组,将原国家教育委员会更名为教育部。新教育部的职能由过去国家教委对高等学校实行直接的行政管理转向宏观的统筹规划与管理。这一转变标志着政府宏观调控、高等学校依法办学的新的运行机制开始形成。①

4. 持续推进的教育教学改革和教学评估

1999 年之后,我国高等教育在实施素质教育的大背景下,持续推进教育教学改革,提升人才培养质量。1998 年,国家教育部对本科专业目录进行了重新修订,修订后的本科学科专业更加注重学生的综合素质,更加强调知识的综合性,增强学生的适应性。这为像 A 大学这样的综合性大学的学科专业建设带来了难得的条件和机遇。之后,国家实施的"教学评估"和"质量工程"在给大学发展带来挑战的同时,也直接推动着大学的改革发展。对 A 大学来讲,这一时期两次接受教育部本科教学水平评估无疑成为学校发展的重要机遇。

学校领导这样认识评估的重要机遇:

2007 年的本科教学评估,将再一次成为推动学校发展的难得机遇。评估是对办学指导思想、人才培养模式、培养目标、教学管理、教学条件、教学过程及教学效果进行全方位的检查和指导,是促进教学建设乃至全面建设的良好机遇,是提高学校声誉的宝贵机遇,是学校挑战自我、剖析自我、激励自我、完善自我的难得机遇。机遇难逢,稍纵即逝,要倍加珍惜。2001 年,我们抓住了机遇,扎实苦干,赢得了评估优秀的成绩,成为几年来推动学校发展的强大动力。2007 年,我们要再抓机遇,落实和突出本科教学的中心地位,全面深入加强质量内涵建设,提

---

① 陈学飞:《高等教育系统的重构及其前景》,《高等教育研究》2003 年第 4 期。

高教育教学质量;要再塑形象,充分展示办学水平和整体实力,赢得政府、企业乃至社会各界对学校更热切的关注和更有力的支持;要乘势而上,持续推进一流本科教育的建设步伐,为建设沿海强省提供强大的高层次、高素质人才支持。①

5. 科研环境的改善

20 世纪 90 年代末以来,从国家"科教兴国"战略的提出,到"建设创新型国家"战略的提出,我国科学研究的社会政策制度环境正在不断得到改善,大学作为国家科技创新体系的重要组成部分正在发挥着越来越重要的作用。现代大学的发展,尤其是研究型大学和教学研究型大学的发展,都是以高水平的科学研究作为其重要的评价标准之一,大学发展科学研究已经成为其必不可少的战略选择,而这一时期国家科研环境的日益改善则为大学科研的组织创新创造了良好的条件。从大学内部来讲,大学管理者越来越认识到科研与学科建设、人才培养之间的紧密联系,在政策、制度、组织等方面积极创造条件开展高水平科学研究。

6. 学科建设与学位点建设的机遇

1999 年之后的一段时期是我国学位点建设获得长足发展的历史阶段。2000 年、2003 年、2005 年国家连续三次组织申报硕士、博士学位点,成为历史上最集中时期、发展最快时期、竞争最激烈时期,也成为我国大学学科发展的重要机遇期。面对这样的机遇,很多大学通过科学的结构组织,积极整合资源,加强学位点建设,进行学科专业调整改造,数量上得到了提升,结构上得到了优化,教学科研资源得到了有效利用和开发。这一时期,我国的研究生教育获得了迅速发展,A 大学以此为契机,进一步推进了研究生教育与发展。在对学校主管科研副校长访谈时强调:

> 强省战略离不开强大的人才支持,特别是高层次、高素质的人才支持。我省的人力资源还存在着比较突出的结构性矛盾,尤其缺乏一流的本科教育,并直接影响到一流的研究生教育。我校是全省唯一的省属重点综合性大学,又是唯一的省部共建大学,我们要义不容辞地承担起一流本科教育的重担,并为加快发展一流的研究生教育奠定基础。②

---

① A 大学校长在教学评估动员大会上的讲话,2007 年 1 月。
② 对 A 大学主管研究生教育副校长的访谈,2010 年 4 月。

第二节　内部条件的变化:优势与劣势

　　组织战略管理理论认为,组织的发展是以其自身的资源和条件为基础的。组织在密切关注外部环境带来压力的同时,还要不断审视自身内部的优势和劣势,以期制定更为科学合理的目标和战略举措。基于大学的组织特征和影响大学组织发展的内部要素,大学管理者和决策者往往更为关注自身在学科基础、资金来源、管理制度、办学历史、组织结构、人员队伍等方面的优势和劣势。1999 年之后,A 大学一方面主动应对外部环境带来的压力与机遇,另一方面,不断分析自身的优势和劣势,对组织的战略目标和举措进行适应性调整,以达到内外关系的平衡统一,赢得学校的变革发展。

一、优　　势

　　组织优势的形成是一个不断积累、不断变化的过程。2001 年,A 大学校长在本科教学水平评估校长报告中谈到办学优势时强调了四个方面[①]:一是省委、省政府的重视,二是办学历史较长,三是比较特殊的区域优势,四是学科综合的优势。其中后三个方面体现了自身内部的优势。经过之后几年的建设与发展,到 2004 年,学校自身基础和条件又发生了新的变化,在办学规模、学科建设、人才培养、校园环境、学校管理等方面形成了新的优势[②]。综合来看,这一时期 A 大学高层管理者强调的学校办学优势主要集中在以下几个方面:

　　1. 学科优势

　　学科优势是 A 大学多年来一直强调的重要优势,这也是我国地方综合性大学的共性特征。作为一所综合性大学,A 大学经过长期的建设与发展,构建了比较齐全的学科专业体系,形成了综合性大学的学科基础。1999 年,A 大学设有 45 个本科专业,涵盖 10 大学科门类。2001 年时,已经有 56 个本科专业;2003 年本科专业已经达到 63 个,硕士、博士学位授权点达到 50 个,居全省内高校首位。设有 1 个教育部"省属高校人文社会科学重点研究基地",2 个省内基础学科人才培养和科学研究基地(中国语言文学、历史学),10 个省级重点学科。之后,这些反映学校办学水平的重要因素,几乎每年都处于增长变化之中。

　　①　A 大学校长教学评估报告,2000 年 12 月。
　　②　2004 年 A 大学中层干部培训工作报告,2004 年 8 月。

大学是传播和创造高深知识的社会组织,学科是大学发展的基础,大学的办学水平在很大程度上是通过学科水平反映出来的。学科门类齐全,覆盖面广,意味着学校学科发展的空间和潜力大,学科交叉融合的基础好,有利于学校的发展,这不论是对学校的人才培养还是科学研究都是最基本的学术支撑。这一时期,A 大学正是充分利用自身的学科基础和学科优势,确立自身在人才培养和科学研究方面的发展战略,并将学科优势作为学校发展的最大优势。经过这一时期的发展,A 大学的学科优势更为明显。2008年该校主要领导曾联名向省长作了汇报,认为:

> 学校已经发展成为一所学科门类齐全、基础雄厚、特色鲜明、在国内外具有一定影响的综合性大学。现有 85 个本科专业,涵盖哲学、经济、法律、教育、文学、历史、理学、工学、医学、管理学等十大学科门类,在全省高校中覆盖门类最广,专业数量最多。现有 127 个硕士学位授权点,涵盖十一大学科门类,在全省高校中覆盖门类最广,数量最多。现有公共管理(MPA)、工商管理(MBA)、工程硕士、法律硕士、教育硕士等 5 个专业硕士学位点,在全省高校中覆盖门类最广,数量最多。现有 12 个博士学位授权点,涵盖哲学、经济学、法学、教育学、文学、历史学、理学、工学八大学科门类,在全省高校中覆盖门类最多。现有 6 个博士后科研流动站,涵盖 5 个一级学科和 34 个二级学科的博士学位授权点,在全省高校中覆盖门类最广,数量最多。学校的学科体系适应了现代科学技术和经济、社会综合化发展的趋势,在推动我省经济建设、科技进步和社会发展中承担着单科类大学乃至多科类大学都不可比拟的功能和作用。比照国家积极发展博士一级学科的最新政策导向,学校所拥有的覆盖八大学科门类的博士学科、覆盖十一大学科门类的硕士学科,更是呈现出强劲的发展势头和巨大的发展潜力。①

2. 大学排名和社会影响

近些年来,我国各种类型的大学排名越来越多,大学组织也越发关注自身的排名和社会声誉及社会影响。A 大学每年都要对我国的大学排名进行分析,并选择对其有利的排名进行宣传,以扩大自身在社会上的影响。这一时期,A 大学关注最多的是广东武书连的大学排名,因为在这一排名中,A 大学始终在全国百强行列,且稳定在 70 至 80 位之间,该校在很多的经验介

---

① 2008 年主要领导向省长的汇报材料,2008 年 5 月。

绍材料中都会提到"在近几年权威机构对中国大学的排名中,我校是省内唯一一所连续位居百强行列的学校"这样的语句,但更主要的是在全省高校排名中基本上是第一位。大学组织还会关注其社会影响,尤其是其他高校、社会考生对大学的印象。这从该校校长的一次访谈中就可以看出来:

> 　　从社会信誉和社会地位上看,我校的牌子叫得越来越响。越来越多的考生和家长看好我校。学校在全国的影响不断提高,据不完全统计,近四年来,先后有三百余所高校到我校考察学习内部管理体制改革、新校区建设、后勤社会化改革、独立学院建设等工作,我校也先后多次在国家及全省的有关会议上介绍学校的建设与发展经验。长期以来,我校秉承"实事求是,笃学诚行"的校训,以良好的社会声望吸引了众多的学子报考我校,即使在近三年连续扩招的情况下,生源也是十分充足,质量逐年提高。①

3. 有力的学校领导集体

1999 年 8 月,H 省委对 A 大学学校领导班子进行了调整,新任党委书记 Z 书记为文科出身,是 A 大学自身培养出来的教授,之前为 A 大学主管科研的副校长,是中国古典文学专业博士生导师。校长 W 是工科出身,之前任该省另一所重点大学主管教学的副校长,机械工程专业博士生导师。2005 年党委书记 Z 调任北京,从地方选派了一名党委书记,2009 年调任北京。而校长 W 于 2009 年任学校党委书记兼校长。这一时期 A 大学较为团结进取的领导班子也是学校发展的一个重要保障。在 1999 年调整之后新班子第一次会议上,党委书记 Z 和校长 W 共同表态:

> 　　新班子要解放思想,谋划学校发展。我们要学习先进管理经验,要发挥各自特长、优势。大家都是为了 A 大学的事业而工作,同心协力,同甘共苦,同舟共济。只要是为了学校的利益,我们宁可牺牲自己的利益。希望成为一个团结、有开拓进取精神的班子。首先要树立班子权威,好多教师、干部在观望我们,要树立威信;其次要维护班子团结,工作上出现分歧是正常的,要求大同,存小异。大家要互相帮助,对外维护班子团结和形象。②

---

① 　A 大学校长访谈,2011 年 1 月。
② 　对 A 大学时任组织部长的访谈,1999 年。

4. 办学规模和办学条件

1999 年之后,A 大学抓住了高等教育大发展的历史机遇,学校规模明显扩大。到 2003 年,有各类学生 49377 人,较 1999 年的 13000 人增长 3.8 倍,经济实力显著增强,这种变化对于学校的内涵发展起到了重要的保障作用。

　　一是千方百计开源节流。通过政府支持和扩大招生规模、提高学费等多项措施提高经济来源。通过卓有成效的后勤社会化改革,为学校创造了非常可观的经济效益和社会效益。学校经济实力显著增强,学科建设等重点建设项目得到了有效保证。二是办学条件明显改善。几年来,投入巨资用于改善办学条件,特别是随着新校区的投入使用,实验室建设、语音室、多媒体教室、校园网络以及图书、资料、信息等资源建设都取得显著成效,教师办公条件得到极大改善。三是校园环境极大改观。①

5. 办学历史和区位优势

A 大学创建于 20 世纪 20 年代初,到 21 世纪初经过 80 多年的风雨沧桑,积淀了深厚的文化底蕴,形成了良好的学术氛围,培育了严谨的治学精神。校领导在一次正式报告中专门谈到学校的历史优势,认为:

　　我校以省名冠名,本身就具有省属其他高校所不具备的先天优势,这是我校建成国内一流大学的无价资本和重要基础。此外,经过几十年的发展和若干代人的不懈努力,已具有了相当大的国内外影响。我校拥有大量的文物和藏书,更重要的是近 80 年的历程使 A 大学形成了浓重的历史和文化氛围。在我校为国家培养的近 12 万名毕业生中,不乏济济名人和大批的中青年有为者,这是一笔宝贵的财富,是我们今后发展的巨大潜能。②

与此同时,由于 A 大学毗邻京津,管理者们也认为在学术交流、师资培训、人才引进、学生培养、联合开展科学研究等方面具有得天独厚的优势。

---

① A 大学校长在 2003 年学校学科建设研讨会上的讲话,2003 年。
② 2000 年 1 月 A 大学教代会校长报告。

二、劣　势

1. 财务紧张

资金是大学发展的重要资源。A 大学长期以来一直受资金短缺的困扰,办学举步维艰。大学既要考虑学校实力的提升,又要千方百计扩大收入来源,以期为教学科研活动注入更为充足的资金。相比教育部直属高校,地方高校尤其是经济不发达省份的地方高校,很难得到充裕的资金保障。地方大学的主要财政来源,一是政府的补贴,二是学校的事业收入,其中学费占事业收入的绝大部分,其他服务性收费和产业收入非常有限。根据当时的财务报告和有关访谈显示:

> 1999 年初 A 大学财政十分紧张,学校要求全校要树立艰苦奋斗、勤俭办事的思想,严格执行财务预算方案,同时积极开源节流,增收节支。1998 年学校财政补助收入 6568 万元,全年经费支出为 8088 万元,与省拨经费相比赤字 729 万元。1999 年总收入 6500.5 万元,总支出 6734.85 万元。总收入比总支出相比赤字 234.3 万元。①

> 在学校扩招形势下,学生教室、食堂、宿舍都呈现紧张局面,基建任务繁重,但资金非常紧张。当时,面临全省大学生运动会,需要建设风雨操场,但学校一分钱没有,只能欠账 2000 多万。为迎接 80 周年校庆,改善学校办学条件,决定建设学校主楼(预算 5500 万)。此外,还计划建设科技文化交流中心大楼(预算 1500 万),南院学生宿舍、北院研究生宿舍的资金都没有着落,学校总缺口 4200 万。②

> 2000 年收入 1 亿 1 千 320 万,支出 11544 万。要求各部门都想办法过紧日子。从现在起,要勒紧腰带,一个铜板一个铜板地用,一是创造财源,二是堵住漏洞。2001 年开始新校区建设贷款,至 2003 年新校区建成,再加上老校区改造及购置仪器设备共贷款近 12 亿元。学校面临巨大的财政压力。根据记录,党委书记说:究竟要承担多大的压力,学校领导要清楚。从今往后,要勒紧腰带,可以不办的事,可不花的钱,一分也不多花。将钱用在刀刃上。财务处要严格审批程序,杜绝浪费。③

---

① 1998—1999 年 A 大学财务报告。
② 对 A 大学综合办公室负责人的访谈,1999 年。
③ 对 A 大学综合办公室负责人的访谈,2001 年。

2. 学科建设痛失多次机遇

历史上,A大学曾以学科齐全、实力雄厚在全国高等教育界占有一席之地,1984年成为全省第一个获得博士学位授予权的单位。但是1987年至1997年的十余年间,国家进行了三次学位授权审核,当时由于种种原因,致使该校的优势学科在国内丧失了多次发展的机会,而且还在一定程度上形成了学科"山头"、边缘硬化、内耗重重、难以发展的状况;学科资源不能实现有效地整合,难以形成合力,致使本来很有希望成为博士点的学科连申报材料都组织不起来,三次学位授权审核没有新增一个博士点,硕士点也仅增加了6个,而且分布在四大学科门类,相互之间难以形成有力支撑,并且直接影响了后来一级学科博士点的建设与发展。

教育部学位与研究生教育发展中心评估所作为国家权威机构,2004年对该校学科建设历史和现状进行了剖析,认为:

> 1987—1997年学位点建设连续三次的历史断点,对学校的发展有着长时间严重影响,导致学校自认为的优势学科大多数处于全国中下游水平,要想取得快速发展,其难度可想而知;1996年A大学又痛失了进入"211"难得的发展机遇;再加上学校经费严重不足,办学环境差,教师待遇低等原因,到20世纪八九十年代,该校一度教师流失严重,学科发展缓慢,甚至停滞不前。[①]

3. 学科结构劣势

2000年以前,A大学5个博士点分布在5大学科门类,学科跨度大,相互支撑能力差。尤其学科边缘硬化而导致的刚性增大,造成学科之间形成壁垒,相互无法借力发展。博士点的示范、带动和辐射作用远远没有发挥出来,整体呈现的是"大树底下不长草"的状态;学科覆盖率低,难以形成交叉融合的学科群优势。32个硕士点分布在20个一级学科,一级学科中二级学科的覆盖率超过50%的只有4个,全校32个硕士点中,文科18个硕士点,占到总数的56.2%,而工科只有3个硕士点,只占总量的9.3%。以上情况使A大学在博士点、博士后科研流动站、硕士点和各级重点学科等的建设中受到了严重制约。由于受单位事业编制的限制,教师总量受限,作为地方综合性大学,投入不足,教师队伍难以做到少而精;越是综合性大学,学科面就越宽,无疑每个学科教师数量就摊得越薄,这也是学科建设很难逾越

---

① A大学学科建设研究报告,2004年9月。

的一大障碍。

A 大学校长曾专门论述了学校的学科劣势：

> 一是过去已有的且实力很强的博士点学科相对来说都比较传统，他们的竞争对手都是很强的重点大学或重点学科，加上国家限控，所以相近的学科借力成功的机会比较小，这就好比到森林里面去植树，很难生长。但如果我们再加一把劲，那么我们凭借日渐雄厚的实力还是大有可为的，现在的主要任务是继续提高实力，确保传统优势学科的强势地位。二是像我们这样的综合性大学同单科类大学相比，有一个明显的弱点，就是学科之间跨度大，难以实现人才、信息和成果等资源的共享，学科之间不能形成互相支撑。比如，我们现有的 7 个博士点就相距过远，很难互相借鉴，取长补短。单科类学校的情况就不同，学科间的关联性特别强，容易联合开展研究、申报课题、合作获奖，能够很好地体现出群体战斗力和成果共享的优势。因为单科类院校学科门类跨度小，人才集中，教师队伍数量大，单科性大学的教师不易流失，在一个一级学科下的二级学科分布密度也大，尤其工科类专业容易展开合作与竞争，容易形成群体优势，在较窄的学科内形成多梯队、多方向的格局。而一般综合性大学学科多，每个学科的教师队伍单薄，总体工作量小，专业方向空白点多，学生规模小，教师队伍的数量难以扩大，所以更难提高质量。部属重点大学的情况同这些又有不同，他们政策活、财力强、基础好、名气大，很容易吸引到高层次人才，尽管教师数量少，但学科实力的绝对值大。对我们这样的全国二流的综合性大学来讲，要充分认识到这一点，不然我们就不是实事求是的态度。我们必须要走出一条具有自己特色的学科建设之路。[①]

4. 人才队伍和科研水平

A 大学每年都要按照制度举行教代会，在 1999 年之后的教代会校长报告中，几乎每一次都要谈及学校办学存在的突出问题，分析归纳近些年 A 大学校长报告中谈到的学校存在的突出问题，主要集中表现在高层次人才队伍和高水平科研成果的匮乏。具体体现在以下几个方面：

> 一是大师级的学科带头人严重匮乏，在学术界有较大影响的方向

---

① A 大学校长在 2003 年学校学科建设研讨会上的讲话，2003 年。

带头人也很少,难以形成强势的学科梯队。二是学术队伍结构不合理。在职称、学历、学缘、年龄结构等方面存在诸多问题,特别是有些学科断代现象严重,老的老、少的少,中坚力量微乎其微,再加上梯队成员之间缺乏团队精神,形不成合力和战斗力。三是研究方向不凝练,学科特色不突出,无法产生优势学科。四是科研水平较低,明显缺乏像国家级奖项、国家级项目等高水平的标志性科研成果。五是学术影响力弱,学术交流少,不少学科自立门户、自我封闭,导致学科在国内的影响力小,知名度和美誉度不足。①

5. 政策受限大,学科建设面临巨大压力

地方大学的发展要同时受到来自国家和省级教育行政管理部门的制约,尤其是在地方大学数量多、地方财政有限的情况下,建设高水平地方大学更是需要逾越更多的障碍。在对学科建设与管理处处长的访谈中可以看出:

> 国家政策的调整使得地方大学的发展空间受限。博士后科研流动站的申报由于政策的限制,长时间无法实现突破;A 大学的优势学科主要集中在基础学科,而这些学科却一直不是国家学位授权审核鼓励发展的学科;国家级重点学科的申报也不能像“211”高校一样享受到政策的照顾;应用类硕士点的严重不足、布局不合理,又直接影响了专业学位点的申报,这些无疑都加剧了学科建设的难度,再加上省里财力有限,导致学校在省内高校的龙头地位和作用受到了严重冲击。②

6. 学科的综合优势和人才培养的复合性特色不突出

综合性大学必须要体现出“综合性”的特色和优势,但是 A 大学认为,自身正是在这方面还存在很大的差距,同时又有着巨大的潜力。在对学校校长的访谈中谈到③:

> 我们必须要在“综合”的“合”上大做文章。从我们的“综”里单一拿出来某一个学科,其实力都有可能无法同单科性高校相比,这时候优

---

① 根据 A 大学 1999 年至 2005 年教代会校长报告整理。
② 对 A 大学学科处处长的访谈,2011 年。
③ 对 A 大学校长的访谈,2011 年。

势反而成了劣势,所以只有"综"没有"合"是不能打造我们的核心竞争力的。"综"是门类众多,学科齐全,布局合理,"合"是交叉融合,系统整合,形成合力。"综"是"合"的基础,"合"是"综"的升华,从"综"到"合"是一个从量变到质变的过程。应该说我们现在有了"综"的基础,但是还没有真正形成"合"的力量。所以原因就是"合"的优势还远远地没有发挥出来,这同样是我们当前亟待研究和解决的一个重大课题。

我们学校的发展还离不开"复合型"这一实际情况。学校的学生构成类型多样、纷繁复杂。从类型上,有全日制的、成人函授的、夜大的、脱产的,研究生在职申请学位的。全日制学生包括从初中起点的中专生、到大专生、独立学院层次的本科生、校本部本科生、硕士研究生、博士研究生,一直到博士后研究人员。基于这样的实际情况,再加上地方经济建设多层次的人才需求,我们绝不能把学校的发展定位到单一的学术性上,或职业性上,更不能是技能性上,而是要在"复合型"上做文章,走人才培养"多元化"的战略。

第三节　学术战略选择

组织方向的制定过程一般从对外部环境的机遇与不利的估计开始,包括变化程度、不确定性和资源的可获性。最高管理层也应估计内部的优势与劣势,来明确与其他组织相比所具有的特有能力。① "下一步是以外部机遇与内部优势正确配合为基础,来确定总的使命和官方的目标,然后形成具体的经营目标和战略来决定组织如何完成其总的使命"。在组织目标和战略的制定过程中,高层管理者的作用是重要的,因为管理者能够解释不同的环境和制定不同的目标。1999 年之后,我国大学越来越注重战略规划的制定,并开始实施战略管理,通过科学的战略制定,为大学发展描绘未来蓝图,为组织人员提供努力的愿景。基于对外部环境和内部条件的分析,这一时期,A 大学正是通过一系列的战略举措和目标措施规划统揽学校的发展,为学校组织结构的变革调整提供了基本的方向和框架。

一、学校规划的制定

发展规划能够从战略上思考学校未来一段时间的发展目标和方向,并

---

① Charles C. Snow and Lawrence G. Hrebiniak, "Strategy, Distinctive Competence, And Organizational Performance," Administrative Science Quarterly 25(1980):pp.317–335.

提出具体的战略举措。1999 年之后,A 大学先后制定了三个综合性发展规划,即 2000 年制定了《面向 21 世纪建设与发展规划》,2005 年制定了《"十一五"建设与发展规划》,2010 年制定了《"十二五"建设与发展规划》。此外,这一期间在学校一些重要会议或重大工作时期,也及时对学校的发展进行战略思考。

1999 年上半年,A 大学的原任领导班子已经认识到发展规划对学校发展的重要性,认为:

> 制定学校发展规划是非常必要的,是关系到学校今后改革、建设与发展的大事。为推进学校改革与跨世纪发展,要抓紧时间制定学校 2000—2005 年的发展规划。学校要求各院系、各党政部门也要尽快制定本单位发展规划。当时 A 大学学校领导已经意识到,未来 5 年学校的发展、招生的规模以及学校的教学设施都会出现困难,要谋划学校教学和人才培养的长远发展,包括专业调整、教学改革,乃至涉及成人教育的发展,是大发展还是限制发展,以及研究生教育的发展,增加多少硕士、博士点。对科学研究也开始高度重视,主要的科研指标要达到多少,以及相应的师资队伍建设情况、干部队伍建设和思想政治工作等。①

1999 年新领导班子上任后,开始谋划学校的新发展。1999 年 11 月时任主管教育的副省长到 A 大学视察,促成了学校开始系统设计学校的发展规划。

> 副省长来校视察时说 A 大学一定要有危机感,新的班子调整后要把学校的 5—10 年发展规划拿出来,这次副省长来校视察对学校发展规划的制定起了很大的指导作用,并且还谈了很多具体的意见。之后,A 大学成立发展规划领导小组,由校长任组长,学校的职能部门包括教务处、科研处、研究生处、人事处、外事办公室、设备处、基建处、产业处、总务处、房地产管理办公室、组织部等部门参加进来,以校长向省长的汇报提纲为基础,认真分析研究本部门所涉及指标的现状及近期(2002 年)、中期(2005 年)、长远(2009 年)的发展目标和措施。②

---

① 对 A 大学时任校长的访谈,1999 年。
② 对 A 大学综合办公室负责人的访谈,1999 年。

　　组织规划的制定,一个重要的内容就是对组织的定位或者说长期发展方向和目标的确定。A 大学是地方综合大学,而且是全省龙头示范学校,当时在制定规划时确定一个什么样的总体目标至关重要。当时主管教育的副省长来 A 大学视察时专门谈到了 A 大学的定位,提出 A 大学的定位是国内一流大学,代表全省的最高水平。根据省领导这一提法,A 大学当时组织专门的人员研究国内一流大学的标准,逐一对照 A 大学的各项指标,提出具体的量化指标。时任 A 大学党委书记对当时的学校定位提出了四项要求①:

　　　　一是要解放思想,建立在实事求是的基础上的解放思想,不要故步自封;二是要实事求是,从学校的实际情况出发;三是以发展的眼光来定位,既要考虑学校发展、超常的发展,同时照顾左右,综合衡量;四是照顾省委、省政府给予的厚望。

　　根据省长的讲话精神,规划领导小组 2000 年 1 月起草了《A 大学面向21 世纪建设与发展规划》。这一规划先后六易其稿,征求了北京大学等外校高等教育权威专家的意见,报经省长审阅,最后经过学校教代会正式通过,形成了正式的《A 大学面向 21 世纪建设与发展规划》。

　　2004 年 6 月 A 大学召开了六届一次教代会,这次教代会被认为是新的学校领导班子任职五年来的一次总结会议,也是对之后一段时期学校发展的再一次战略谋划。在这次会议上,学校对目标定位、主要任务、发展战略进行了进一步地深入思考和分析,特别是提出了学校建设国内一流大学需要经历的三个阶段,明确提出了要实现向具有国内较高水平和鲜明特色的教学科研型大学的战略转变。这次会议对学校的发展规划,有着重要的转折意义。

　　　　新班子开展工作五年,学校发展发生了很大的变化,发展的思路越来越清晰,同时比较省内外高校的发展,提出了新的发展阶段和目标思路,总结了学校的工作,对未来四年做出了描绘。虽然不是学校的正式发展规划,但同样具有非常重要的意义。②

---

① 对 A 大学综合办公室负责人的访谈,2000 年。
② A 大学校长访谈,2011 年 9 月。

从 2005 年启动制定的《"十一五"建设与发展规划》,是 A 大学这一时期出台的第二个正式的规划文本。比较前面的规划文本或战略构想,这一规划的制定程序更为严密,内容也更为具体全面:

> 2005 年 6 月,启动"十一五"发展规划编制工作,学校成立了专门的领导小组,办公室设在重点工作办公室。领导小组下设若干工作小组,原则上分别由分管校领导牵头负责。对学校"十五"规划执行情况进行全面回顾与总结。召开了系列座谈会,在充分征求学校各有关方面和专家意见的基础上,提出了学校"十一五"建设与发展规划。2007年 4 月 9 日,学校研究通过了"十一五"期间的《学科建设与发展规划》《本科专业建设与发展规划》《师资队伍建设与发展规划》《科学研究发展规划》《校园建设与发展规划》五个专项规划。"十一五"规划还经过了教育部组织的专家论证。①

从进入 21 世纪之后我国高等教育发展的整体特征来看,一个重要的趋势就是越来越注重大学战略规划的制定与战略管理的实施。这一时期,教育部开始重视大学发展规划的制定,部属高校纷纷制定发展规划,并且要求各省教育厅要加强对大学发展规划的指导。自此之后,我国大学规划的制定,逐渐形成一种制度化举措。这种制度化还体现在学校内部专门职能部门的设立。2000 年时期,A 大学设立了"重点办公室",属于一种临时机构,负责当时学校的几项重点工作(比如校庆筹备、省大学生运动会等)和发展规划的起草工作。2008 年,在党政机构调整中,成立了专门的发展规划与政策法规办公室(之后又成立了省部共建办公室,两个部门合署办公),成为学校常设部门,负责学校发展规划的制定、组织和实施工作。

此外,大学发展中的重大活动或工作也有可能成为学校思考发展目标和提出新的战略举措的机会。如 2005 年该省的职工医学院并入 A 大学,2007 年接受教育部本科教学水平评估,在这些重要节点学校都会对发展思路和举措进行思考,并根据变化的情况进行修正调整。

二、目 标 定 位

对大学进行目标定位是一个不断探索和修正的过程,管理者要根据不断变化的外部环境和内部情况进行调整,才能够使确定的目标更科学、更符

---

① A 大学综合办公室负责人访谈,2010 年 10 月。

合实际情况,而且确定的目标更为清晰具体。目标定位描述了学校的发展远景,是学校发展的总的奋斗方向。在此目标的指引下,学校还应制定具体达成目标的战略措施和保障措施。

本研究通过选取几个典型的规划文本,反映 A 大学自 1999 年之后对学校发展目标和定位的战略选择:一是《A 大学面向 21 世纪建设与发展规划》;二是 2004 年和 2006 年 A 大学教代会的校长工作报告;三是《A 大学"十一五"建设与发展规划》;四是 2007 年教育部本科教学评估中对学校的定位思考。

1.《A 大学面向 21 世纪建设与发展规划》对学校的定位

2000 年,A 大学经过深入调研、周密论证,并经省政府批准,制定了《A 大学面向 21 世纪建设与发展规划》。关于制定这一规划的目的和初衷,提出:世纪之交,面对科学技术的迅猛发展和知识经济的悄然兴起,为了主动适应日益激烈的高等教育竞争,更好地为"科教兴省"战略提供人才和智力支撑,秉承校训传统,开始宏观思考和战略设计 A 大学未来发展。在这一规划中,A 大学提出了"融入地方,立足本省,面向全国,放眼世界,加快改革,超常发展"的办学理念,确立了"以学科建设为龙头,坚持教学、科研并重,全面推进素质教育"的办学思路,明确了把学校建设成为"促进全省经济建设、科技进步和社会发展的具有鲜明特色的国内一流大学"的奋斗目标,成为这一时期指导 A 大学发展的纲领性文件。

根据上述理念,《A 大学面向 21 世纪建设与发展规划》进一步具体提出了学校的总体目标和具体目标:

> 总体目标是:从 2000 年起到 2010 年,经过 10 年左右的建设和发展,使 A 大学的整体办学规模有大的突破,办学条件得到根本改善,教育质量、科研水平、自我发展能力和办学效益得到显著提高,成为促进 H 省经济建设、科技进步和社会发展的具有鲜明特色的国内一流大学。

具体的办学目标主要体现在四个方面:

> (1)实现办学规模的新突破。到 2005 年,全日制在校生规模由现在的 9459 人达到 36000 人,其中校本部 15400 人,新校区和校外二级学院 20600 人;到 2010 年,全日制在校生规模达到 45000 人,其中校本部 16800 人,新校区和校外二级学院达到 28200 人。
>
> (2)实现办学层次的新突破。到 2005 年,博士点由现在的 5 个达

到 10 个,硕士点由现在的 32 个达到 45 个,专业硕士学位点 1—2 个,并设立 1—2 个博士后科研流动站,建立研究生院;省级重点学科由现在的 9 个达到 15 个,实现国家级重点学科零的突破;省级重点实验室由现在的 2 个达到 5 个。到 2010 年,博士点达到 25 个,硕士点达到 55 个,再设立 1—2 个博士后科研流动站;省级重点学科达到 20 个,国家级重点学科达到 3 个;省级重点实验室达到 10 个,实现国家级重点实验室零的突破。

(3)实现科学技术研究的新突破。到 2005 年,学术论文水平在全国高校的排名由现在的 50 名左右达到前 40 名,科技总经费及科技实力在全国高校的排名由现在的 130 名左右提高到前 100 名;到 2010 年,学术论文水平达到全国高校排名的前 35 名,科技总经费及科技实力达到全国高校排名的前 90 名。

(4)实现办学水平的新突破。到 2005 年,按省委、省政府的要求力争使学校综合实力达到中国高校排名的前 100 名,进入全国综合性大学前 25 名;到 2010 年,达到中国高校排名的前 50 名,进入全国综合性大学前 20 名。①

2. 2004 年和 2006 年教代会校长报告对学校发展战略的阐述

由于 A 大学的新任领导班子对学校进行了科学的谋划,并且采取了较为有力的举措,使得 A 大学在 2000 年之后各项事业迈上了快速发展的轨道。在办学实践中,A 大学不断地探索和思考学校的办学定位、发展目标、战略举措等关系到学校未来和发展道路的问题。在 2004 年 A 大学六届一次教代会上,进一步提出了建设国内一流大学要经历的三个阶段,并明确提出向教学科研型大学转型的战略目标:

第一阶段从 2000 年到 2004 年,是我们建设国内一流大学的起步发展阶段;第二阶段从 2005 年起到 2008 年,是重点提高阶段,要大力提高学校的内涵质量,上层次,出精品,创特色,精心打造学校品牌;第三个阶段是全力冲刺阶段,实现建设国内一流大学的最后跨越。

今后四年学校的总体目标是:以提升内涵质量为核心,使学科实力、教育质量、科研水平、办学效益和自我发展能力得到显著提高,实现

① 《A 大学面向 21 世纪建设与发展规划》,2000 年 9 月。

向具有国内较高水平和鲜明特色的教学研究型大学的战略转变。①

"三步走"战略和向"教学研究型大学"转变战略地提出,进一步指明了学校的发展方向,明确了各个阶段的中心任务和重点工作,成为推动 A 大学建设与发展的又一战略构想。

2005 年 11 月,A 大学以正式跨入"省部共建大学"行列为标志,实现了学校办学历史上的重大突破。同年,原省职工医学院整建制并入 A 大学,组建了 A 大学医学部,拥有了三级甲等附属医院,A 大学的学科资源更加丰富,并促进了优化组合。站在更高的发展平台上,A 大学在 2006 年 1 月六届二次教代会上适时提出了"积极推进从规模、效益、质量、结构向质量、结构、效益、规模协调发展的平稳过渡,全力提升学校的内涵质量,全面打造学校的质量品牌和形象品牌"的战略部署,学校的建设与发展进入了一个重要的战略转折期。②

3. A 大学《"十一五"建设与发展规划》提出的学校目标定位

这一战略规划的突出特点是进一步明确了学校的类型定位、办学层次定位、学科领域定位、办学特色定位和服务面向定位,相比前期的发展规划而言,更加准确和细致地对学校发展进行了比较系统深入的思考,强化了学校的优势和特色,对进一步推进结构创新和制度创新产生了重要影响:

(1)学校类型定位:教学科研并重,为建设国内一流的教学研究型大学打下坚实的基础。

(2)办学层次定位:以本科教育为基础,本科教育与研究生教育并重,稳定发展成人教育和职业教育,大力发展留学生教育。

(3)学科领域定位:以重点学科建设为龙头,在巩固发展文理学科优势的基础上,促进文理融合渗透、理工医交叉结合的多学科交叉融合、协调发展的学科结构体系。

(4)办学特色定位:文理融合渗透,理工医交叉结合,两大课堂互动互补互融,培养高素质创新型人才。

(5)服务面向定位:立足 H 省,辐射全国,为社会经济发展培养多层次、高素质的创新型、复合型和应用型人才;大力开展科学研究,推动

---

① A 大学六届一次教代会校长报告,2004 年 6 月。
② A 大学六届二次教代会上的校长报告,2005 年 12 月。

科技成果的转化,兴办有特色、效益好的科技文化产业。①

4.2007 年教学评估对学校发展定位和目标的阐述

到 2021 年建校百年时,把 A 大学建设成为具有鲜明特色的国内一流的教学研究型大学。使学校成为 H 省培养高层次人才的摇篮、知识创新和科技服务的重要基地、战略决策和政策咨询的“思想库”、引领全省社会文化潮流的重要阵地,继续发挥在 H 省高等教育中的龙头和示范作用,为把 A 大学建设成为国内一流大学打下坚实的基础。学校类型定位为教学研究型;办学层次为以本科教育为基础,积极发展研究生教育。②

三、战 略 措 施

总体而言,A 大学基于对学校这一时期内外环境的分析,不断调整和修正目标行为和总体目标,这一时期的目标定位选择集中在以下三个方面:

第一,确定了建设国内一流大学的总体目标,确立了超常发展的总体战略。A 大学作为全省的龙头示范大学和唯一的综合性大学,曾被省政府确定为比照“211 工程”重点建设大学,2002 年和 2005 年先后被教育部和省政府确定为重点支持大学和省部共建大学,A 大学的发展逐渐上升到政府意志,代表全省高校的最高水平。就内部而言,A 大学则按照高水平大学的目标进行规划设计和建设,逐步确立自身的社会地位、社会角色,提升自身的办学水平和社会荣誉。

第二,完成从教学型大学向教学研究型大学的战略转变。A 大学于2004 年提出了“三步走”发展战略,提出到 2008 年左右向教学研究型大学转向的战略。从一所教学型大学向教学研究型大学的转变对大学的教学科研工作提出了新的要求,尤其是学科专业和学位点的建设、科研水平的提升被认为是实现这一转变的重要基础和主要标志。

从教学型大学向教学研究型大学的转变是近年来很多地方大学的战略选择。在我国高等教育分类中,经常把大学分为研究型大学、教学研究型大学、教学型大学和高职高专四种类型。尽管人们对这几类大学的基本内涵和划分标准还有一定的争议,但是对每种类型的基本特征逐渐形成一些共

① 《A 大学“十一五”建设与发展规划纲要汇编:2006—2010》,2007 年 2 月,第 7 页。
② A 大学 2007 年本科教学评估校长报告,2007 年 12 月。

识。综合学界的研究分析,与教学型大学相比,教学研究型大学在以下四个方面的特征会更加明显:一是教学与科研并重,学校内部活动从"教学"一个中心转向"教学与科研"两个中心,科研水平成为衡量教学研究型大学的重要指标;二是在人才培养上实现本科教育与研究生教育并重,研究生培养达到一定的规模,有较强的培养硕士和博士研究生的能力;三是在学科建设上重点学科、优势学科突出,注重培育和发展新兴、交叉和边缘学科;四是有较强的社会服务功能,能够以技术应用和科研成果为地方经济社会发展提供有力服务。从 A 大学 1999 年之后的战略选择与转变中,正是一个从单纯注重教学功能的教学型大学向教学研究型大学转变的过程。

第三,从规模增长向质量提升的战略转变。A 大学于 2006 年提出了"积极推进从规模、效益、质量、结构向质量、结构、效益、规模协调发展的平稳过渡,全力提升学校的内涵质量,全面打造学校的质量品牌和形象品牌"的战略部署,学校的建设与发展进入了一个重要的战略转折期。从规模战略向质量战略的转变,对教学、科研水平提出了新的要求。人才培养模式的转变、学科专业建设、学科建设任务艰巨,科学研究水平提升,对教师队伍提出了新的要求,人才培养更加注重综合性、创造性、适应性。

这一时期,A 大学围绕确定的战略目标,重点通过以下途径推进学校的建设与发展。

1. 加快重点建设步伐

这一时期,怎样争取得到教育部和省政府的更为有力的政策和资金支持一直是 A 大学的战略重点之一。主要集中在"三个争取":一是争取成为省部共建大学,二是争取进入国家"211 工程"大学行列,三是争取成为省政府重点支持的 2—3 所高水平大学之一。A 大学希望通过这种方式,确立学校的社会地位,提升学校办学层次,构建新的发展平台。在对学校主要领导的访谈中,就多次谈到这几次主要的战略举措:

> 学校领导先后去教育部跑了几次,几次由省政府主管教育副省长约见教育部部长,省委省政府态度很明确,支持 A 大学建设省部共建大学。成立省部共建领导小组和工作小组,由一名副校长带领学校办公室专门谋划此事。学校多次争取省委、省政府和教育部的支持,在 2002 年教育部和财政部重点支持的基础上,在 2005 年正式确定为省部共建大学。①

---

① A 大学校长访谈,2011 年 9 月。

2004 年参加暑假中外大学论坛后,感触很深,认为学校的差距明显。教育部马上启动第三轮"211"工程院校选择,省里重点支持 1—2 所大学,不能直接指定,可能要启动评估。省里领导也没有倾向性,要进行评估,聘请专家组进行评估。我们一方面把学校状态摸清,包括社会影响、哲学社会科学的优势,尽快挖掘总结,给省里汇报,让他们了解。也给专家准备好相关的介绍材料。二是要早动手,争取主动,成立一个专门机构,这是一项长期工作,把职责界定清楚,在重点建设上起重要作用。①

2005 年的时候,省里确定要重点建设 1—2 所大学,当时有动向扶持 A 大学和另外一所大学,财政厅有个意见了。所以我们马上着手做工作,哲学社会科学是我们的特色,要说足了,要论证,赶快成立机构,工作组先干起来再说。当时提出马上与职工医学院合并。②

2. 大力加强学科建设

1999 年 12 月,A 大学制定了《学科建设与发展规划》;2000 年 9 月,制定了《面向 21 世纪建设与发展规划》,实现了 A 大学办学理念、办学思路和办学模式的全面变革与创新,在学校历史上首次确立了"以学科建设为龙头"的建设与发展指导思想。学校领导认为,《面向 21 世纪建设与发展规划》明确了学校的发展目标和思路,如何完成既定的发展目标,实现学校的超常发展,把学校建设成为国内一流大学,首先应从学科专业和学位点的建设工程入手。学科专业与学位点的规模与质量是一所大学办学水平高低的标志。学科专业与学位点建设工程的成与败,将直接影响到其他工程的建设。2001 年,A 大学成立了学科建设领导小组,集中领导和全面负责学校的学科建设工作。各学院(中心)也相应成立了由院长(主任)任组长的学科建设领导小组,全面领导和组织本单位的学科建设工作。

2004 年,经过精心谋划,积极协调和沟通,A 大学与教育部学位与研究生教育发展中心评估所达成协议,共同研究制订《学科建设与发展规划》,使其成为国内第一家委托国家权威机构制定学科建设发展规划的高校。到 2004 年 12 月历时 9 个月,课题组形成了近 30 万字的研究报告,报告通过大量的指标数据,包括国内、省内及学校学科专业的各项指标数据,对学科建设的历史、现状及存在的问题进行了客观的、系统地分析,用数据说话,为学

---

① A 大学校长访谈,2011 年 9 月。
② A 大学校长访谈,2011 年 9 月。

校确定学科建设与发展的近期和中期战略目标、战略重点及战略措施提供了可靠依据,也为学校学科建设步入良性轨道提供了重要参考。

加强学科建设成为这一时期 A 大学的重点战略,学校关于学科建设的理念和思路体现着学校总体发展战略的精髓。学校所采取的很多制度措施和结构创新都是和这种战略相关联的。下面这段学校领导在一次正式场合中的讲话很好地反映了关于学科建设的总体战略。

突破壁垒,促进学科交叉融合,实现优势互补。高等教育的实践证明:只有通过不同学科之间的综合交叉、借势互补,才能在学科的创新过程中形成合力。A 大学具备了综合性大学学科齐全即"综"的优势,但交叉融合即"合"的优势却远远没有发挥出来。像我校这样的学科众多而又相互分散的大学,真正打破学术壁垒、学院壁垒,实现学科的交叉融合、提高资源的利用率是一件十分艰难的事情。面对这些客观现实,显然急功近利是难以实现可持续发展的,关键是要找准问题,建立可持续发展的长效机制。2000 年,学校根据实际情况提出了一条新的发展思路:即以现有优势特色学科为基点,软化学科边缘,鼓励学科外延发展,带动和促进相关学科的成长。首先实现硕士点量的增长和积累;其次通过学科群的整合、集成,培育出更多的博士点,提高办学层次和水平,从而实现质的飞跃。我们把学科建设工作的重点放在了调整学科发展的布局上:一是以建设学科群为目标,以形成集成优势为目的,重点发展已有一定基础的一级学科,以期密集度增加后,发生量变到质变的堆积效应。二是针对工科等应用性学科较弱的状况,加强应用学科的建设力度;三是抢占全省至今仍然空白的学科,保持我校在某些学科的领先地位。在国务院学位委员会第八次、第九次、第十次博士、硕士学位授权审核中,我校以学科结构和布局的调整为导向,精心论证和组织每一次学位点申报。几年来,硕士点的建设成效已经大为显现,硕士点的发展呈现出有序、快速和可持续发展的态势。博士点的增速尽管不是很快,但保持了持续增长的态势,新增的 5 个博士点也是在学科结构优化,以及在一级学科下硕士点的数量达到一定密度后产生的,这证明了我们学科建设思路的正确性,突破壁垒、软化学科边缘、促进学科交叉融合,使我校学位点发生了聚类效应。

我们探索的就是这样一条综合性大学学科建设规模、结构、质量协调发展的新路子。我们现在所做的还只是学科间的初步整合,接下来工作的着力点会放在"实质的合"上,真正突破从"学科分散"到"学科集成"转型的瓶颈。作为像 A 大学这样的学科面较宽、底子薄、基础差的综合性大学,博士点的建设更是一个艰难的厚积薄发的过程,既需要相应的支撑学科硕士点在数量上的积累,更需要合成学科内涵质量的提高,建设的周期虽然需要长一些,但是,综合性大学学科建设的潜力和成效将会逐渐显露出来①。

3. 努力提高教学质量

2000 年,在《A 大学面向 21 世纪建设与发展规划》中提出了综合素质教育工程,全面提高学生的综合素质。加强创新精神和实践能力的培养,建立创新教育实验室,引导和组织学生参加科学研究和科技创新,培养学生的创新能力。2006 年在《"十一五"建设与发展规划》中提出了实施"教学改革和质量提升工程",着力提高人才培养质量。在加强重点实验室建设的同时,加强基础课实验室和新兴学科实验室的建设;提高实验室的使用效益,实验室面向全体学生开放;改革实验室管理体制,加强实验教学中心建设。这一时期教育部所组织的两次本科教学水平评估则在制度层面直接推动了 A 大学对教学质量的重视和一系列政策措施的出台,推进了学科专业建设和教学组织建设。

4. 着力提高科研水平

2005 年 A 大学着重提出了科研战略的重点:实施科技创新战略,提高学科的知识创新和技术创新能力。具体强调了实施的路径,一是实施精品科研战略,加大奖励扶持力度,产生具有原创性的标志性科研成果,使某些学科在全国形成影响,个别学科在全国居于领先地位。二是积极探索科研组织管理的新模式。一方面发挥原有研究所(研究中心)历史积淀深厚的优势,巩固和保持研究所(中心)在某些研究领域的鲜明特色和领先地位,争取成为国内该领域的研究中心;另一方面,组建跨学院、跨学科的研究中心,发挥多学科的群体优势。三是以项目促研究,以研究促发展,充分发挥综合性大学优势,发扬集体攻关的优良传统,鼓励各个学科积极参与申报国家或省部级重大课题,组织力量攻克难题,通过科研项目带动和促进重点学科的发展。四是加强学科基地建设,集中力量建设高水平的、有特色的科研基地,尤其是重点实验室的建设。

通过分析 A 大学 1999 年之后面对的外部环境和内部条件的变化及管理者在一定的认知、判断、分析的基础上所作出的选择,可以看出这一时期

---

① A 大学校长访谈,2010 年 5 月。

大学组织环境的变迁与学术战略之间的内在联系。

第一,这一时期大学组织的外部环境变化剧烈,尤其是高等教育大众化给大学组织的发展带来了直接的冲击,与之相伴,大学还不得不面对来自办学资源紧张、教育质量保证,办学实力提升、竞争加剧等诸多压力,这使大学的管理者不得不将自己的注意力集中于确定发展的目标方向以及如何才能达到这种目标,即进行一种战略选择。

第二,由于在快速变化的环境中影响大学组织的因素是全方位、多方面的,但限于管理者的认知能力,他们不可能考虑到所有的因素和细节,这时往往会把注意力聚焦于某些方面。在 A 大学中,可以看出,管理者更多将国家政策调整、地方政策支持、兄弟高校资源竞争作为考虑的重点,尤其对如何确定在本省高校中的龙头地位做出更多的分析和判断。因为对于地方大学来讲,一旦确立了在本省的领先地位,往往会得到更多的资金和政策支持,同时也是进一步获得国家支持的前提条件。

第三,管理者在确定一定阶段发展规划的过程中,一般会经历一个逐步合法化的过程,一方面力争获得政府部门的批准或认可,如 A 大学在 2000 年制定《面向 21 世纪建设与发展规划》的时候,将规划的制定上升到政府行为;在 2006 年制定《“十一五”建设与发展规划》时,则通过教育部专家论证的方式提升其权威性;2006 年之后,A 大学则设置了专门的发展规划管理机构,并且在规划的制定过程和规划体系构成方面更加体现其合理性和合法性。另一方面,提升其内部合法性程度,往往都要经过严格的程序,需要广泛听取各方面人员的意见,形成相对一致的意见。

第四,学术战略的确定是一个逐步调整和清晰的过程。从这一时期 A 大学做出的学术战略来看,其主要经历了一个从模糊到清晰、从宏观到具体的过程。2000 年确立的“建设国内一流大学”的目标定位显然是一个长远并且相对模糊的定位;到 2004—2005 年期间,则明确提出了学校从教学型大学向教学研究型大学转变的战略;到了 2010 年时期确立的新规划则对学校的目标定位、层次定位、类型定位、学科定位等又有了系统清晰的认识,并且对建设怎样的国内一流大学道路的认识也更为清晰、客观,这反映了大学管理者对大学战略选择规律地把握更为科学。通过这样一个不断调整的过程,为利用何种有效的手段和措施达成目标提供了明确的指向。同时,管理者们将会面临新的问题,就是如何将这些学术战略通过一种怎样的方式落到实处。尽管这一目标和战略实施会受到各种因素的影响,但构建一个什么样的内部结构和运行机制,则是 A 大学的管理者们不得不面对的一个关键课题。

第四章 学院制的基本管理结构

学院制度的建设是现代大学制度的内在要求。我国在20世纪50年代高等教育领域院系调整之后,高等学校基本上建立了校、院、系三级管理模式。从80年代后期特别是进入90年代后,在大学外部和内部诸多要素的影响之下,我国教育部直属高校逐渐兴起学院制改革。胡仁东研究认为,"学院制的兴起有着深刻的现实背景:第一,计划经济向市场经济的转轨加强了大学与社会的直接联系,增强大学基层办学活力成为一种强烈的价值诉求,由于学院比系级建制具有更大的学科包容性,因而可形成较强的办学能力。第二,大学自身内部管理体制改革的需要,以学校控制和配置为主要特征的大学组织,在办学规模逐步扩大、市场竞争日趋激烈的环境下,要求控制权由学校向基层学术组织适当让渡的诉求越来越高,而学院制正是顺应这种时代变化而得到推进。第三,学科发展空间的拓展推动着学院制的发展,按学科群组建学院成为大学学院制的一般选择,这样会更好地促进学科自身的发展"[1]。

A大学的学院制起源于1999年新的学校领导班子调整之后对高等教育发展形势的判断和对学校组织结构的改造。新的领导集体上任之后,制定了《A大学面向21世纪建设与发展规划》,确立了新阶段学校的目标定位及相应的学术战略。为实现这一发展目标,A大学启动了内部管理体制改革,其中包括党政机构改革、后勤社会化改革和教学科研机构改革。其中,通过教学科研单位改革,确立了学院制的基本管理结构,以适应学校的总体发展战略。本章主要描述这一转变的原因和过程,学院制的运行模式,学院制模式下基层学术组织—学系的运行,以及实施学院制带来的一些新问题。

第一节 学术管理结构的历史状况

一、校-系-教研室管理体制

1999年之前,A大学实行校—系—教研室三级管理体制,虽然也有个

---

① 胡仁东:《大学学院制:生成与变革》,《中国人民大学教育学刊》2017年第2期。

别称为学院的教学单位,但当时的学院实际上也是和学系一样的教学组织,属于学校中层单位,教研室是学系之下的基层教学组织。这种结构形式为当时全国很多高校普遍采用。校—系—教研室管理体制是和当时A大学的定位、功能联系在一起的。在同一位已经退休老教师的谈话中可以看出:

> 20世纪90年代时期,学校的定位是教学型大学,主要任务是人才培养,包括专科学生和本科学生,教师们也主要是把课教好。科学研究并没有得到高度的重视,学校只设有少数几个和系平级的直属科研机构,各系很少设立独立的研究机构,属于典型的教学型大学组织管理模式。学系的设立基本上是按照学科专业设置的,系的下面是教研室,教研室则是按照专业方向或课程进行设计,教师们都要归属到各自的教研室,主要是按照系里的要求完成课程教学任务。有的教师也开展一些科学研究,但更多是个人行为,教师业绩考核、职称评定对科研也没有过高要求,所以教师们并不像现在这样重视研究工作,学系的任务基本上是教学为主,学校的硕士点比较少,我们承担的大部分是本科生或专科生的教学任务。①

根据该校校史记载,A大学1999年时设有18个学系(其中12个系,6个学院),下设83个教研室(或相当于教研室的系)。②

表4-1 1999年A大学学系设置情况

中文系	历史系	哲学系	教育系
法律系	信息管理系	新闻学系	艺术系
数学系	化学系	物理系	汽车工程系
外国语学院	经济学院	工商管理学院	生命科学学院
电子信息工程学院	计算机科学学院		

在这些系或学院的下面是承担教学任务的若干教研室。

> 中文系:中国古代文学、中国现当代文学、外国文学、语言学、文艺理论、写作、文秘、大学语文8个教研室。

---

① 对管理学院某退休教师的访谈,2010年9月。
② 资料来源:《A大学史》,第337—384页。

历史系:中国古代史、中国近现代史、世界史、旅游管理、考古5个教研室。

数学系:分析、几何、代数、力学、概率、方程与计算6个教研室。

化学系:7个教研室。

物理系:普通物理、普通物理实验、无线电、理论物理、原子核物理、光学、固体物理、教学法8个教研室。

教育系:教育学、学前教育、应用心理学3个教研室。

哲学系:哲学原理、中国哲学、西方哲学、自然辩证法、逻辑学、社会学6个教研室。

法律系:法理、民法、诉讼法、经济法、政治学、刑法和法律史7个教研室。

信息管理系:图书馆学、档案学、信息学3个教研室。

新闻学系:新闻、广播电视、广告和中外文化4个教研室。

外国语学院:英语、日语、俄语、法语4个教研室。

生命科学学院:生物科学、生物技术、海洋科学3个教研室。

经济学院:经济学、计划统计、财政金融、工业经济、会计学、国际经济6个系和1个基础部研究室。

工商管理学院:企业管理、会计、财政经济3个教研室。

电子信息工程学院:设有6个教研室。

计算机科学学院:设有3个教研室。①

由上可以看出,当时A大学校-系-教研室管理体制,其特点主要是:一是学系的划分是按照很狭隘的单一学科并且主要是二级学科设立的,如信息管理系、新闻系;而教研室的划分则是以专业方向甚至课程设立的,如数学系的力学教研室、哲学系的西方哲学教研室、法律系的法律史教研室。过窄的系和教研室的划分沿袭了长期以来我国高校学科专业建设的传统,和1997年国家本科专业目录调整前的本科设置相对应。二是在教学型大学模式下,学校功能单一,学系的任务主要是教学,本专科教学任务重,研究生规模很小,科学研究对学校和每一个老师来说还没有真正受到重视。三是学校采取了一种集中管理的模式和运行机制,行政权力和学术权力都集中在学校,学系只需要按照学校领导或相关职能部门的要求执行好教学任务、维护好教学秩序就可以了,人、财、物的权力几乎没有,学科建设任务也很少

① 《A大学史》,第337—384页。

提及。A 大学的这种基本管理模式,具有一般组织管理中科层结构模式的典型特征,也有人称之为"专业科层结构",这种结构既反映了当时 A 大学自身的历史和特色,在一定程度上也代表了当时我国很多大学的管理模式。

二、科研组织的历史状况

科学研究是现代大学的一项重要职能。A 大学作为一所地方综合性大学,有着重视科学研究的办学传统,尤其是文理基础学科的研究水平在全省高校一直居于领先水平,有些学科甚至居于全国前列。"党的十一届三中全会以后,A 大学的科学研究工作获得新的生机,先后恢复和组建了十多个专门科学研究机构。1980 年学校成立科学研究处,专门负责全校科学研究工作,一些学术刊物也相继公开出版。同时,学校恢复了校学术报告会制度和校学术委员会制度。自 1987 年开始,建立和实施了科学研究基金制度和优秀科学研究成果奖励制度"。①

但在 20 世纪末之前的相当长一段时期,人才培养是 A 大学的主要职能,教学工作是学校中心工作,科学研究工作长期处于次要地位,仅有少数几个独立的专门研究机构,比如历史所、古籍所、日本问题研究所、人口所、静电所等。这几个最早成立的科研机构,是不依附于任何学院或学系的独立二级单位,其主要任务是科学研究,人员的编制也是科研编制。这一时期,虽然其他个别学系也设立了研究室或研究所,但整体上数量少、规模小,而且基本上附着在学系或教研室上面,很少有大的课题研究和项目研究,更多的是教师个人开展独立的科学研究。

第二节　学院制改革的背景与目标选择

学院制是 20 世纪 90 年代以来我国很多大学在内部管理体制改革中所作出的选择,其主要目的是适应大学发展的趋势,合理划分学校内部各层级之间的权力,定位不同层次结构的功能。1999 年之后,A 大学在应对环境变化和战略调整的进程中,就是从改革内部管理体制入手的,其中的一项重要改革措施是通过学院制的确立从而实现了学校基本管理结构的转变。

一、改革谋划与启动

1999 年 A 大学新的领导集体上任之后,确定了学校的发展目标和战略

---

① 《A 大学史》,第 257 页。

重点。为了实现这一目标,学校班子所采取的主要措施就是推进内部管理体制改革。时任组织部长谈到:

> 为什么要推行学院制,首先要放到当时学校推进的内部管理体制改革背景中看,在确立了学校新阶段的战略目标之后,如何才能实现,对当时的内部管理体制提出了要求。我们主要通过三大改革为实现战略目标提供保障。这三大改革分别是党政机构改革、后勤社会化改革和教学科研单位改革。对实施学校学术战略而言,教学科研单位的改革是关键,改革的目标是建立学院制。①

根据校史记载:1999 年 8 月,H 省委任命 A 大学新的领导集体。新的领导集体在做了充分调研之后,制定出"融入 B 市,立足 H 省,面向全国,放眼世界"的发展战略。按照《A 大学面向 21 世纪建设与发展规划》确定的"超常发展,建设国内一流大学"的发展目标,争取到 2010 年把 A 大学建设成为具有鲜明特色的国内一流大学。② 在 A 大学历史上,2000 年的这次改革被称为"三大改革"或被有关媒体报道为"三大战役",而学院制的确立是 A 大学 2000 年启动的学校内部管理体制改革的重要内容之一。

2000 年,学校先后进行了党政管理机构、后勤社会化、教学科研单位改革三项重大改革,改革的具体内容已经载入该校校史:

> 这次改革,贯彻落实《高等教育法》和全省教育工作会议精神,按照"转换机制、优化结构、增强活力、提高效益"的原则,进一步解放思想,转变观念,引入竞争机制,建立起一套既适应社会发展又符合高校特点的内部管理体制和运行机制。通过学校内部管理体制改革,精简党政管理机构和机关工作人员,优化党政管理干部队伍结构,提高工作效率和工作水平;改革和调整教学、科学研究组织方式,促进教育资源合理配置和有效利用,增强教学科研实力;深化后勤管理体制改革,推进后勤服务社会化。③

---

① 对 A 大学时任党委组织部部长的访谈,2010 年 4 月。
② 《A 大学史》,第 206 页。
③ 《A 大学史》,第 207 页。

二、学院制选择的动因

2000 年初,A 大学基本确定了内部管理体制改革的目标和思路。根据学校规划,A 大学确立了建设国内一流大学的目标,并试图以内部管理体制改革作为突破口。2000 年上半年进行了党政机构改革,这是第一阶段。2000 年下半年推进教学科研单位改革,主要目标是构建学院制的管理模式。

时任党委书记 Z 书记是整个改革的重要策划者和领导者,2000 年初,在一次学校重要会议上,Z 书记讲道:

> 　　教学科研单位改革工作量大、牵涉面广、困难也是最大,是我校整个改革系统工程中的重头戏,它的成功与否,会关系到整个学校改革的成败得失,关系到学校的发展与稳定。
>
> 　　我校的目标是在十年内建成国内一流大学,以我校现有水平,要建成一流大学,必须超常即跨越式发展。而我校现有的教学科研管理模式已经远远不能适应这种发展的需要,伴随着矛盾越来越尖锐,问题也越来越突出。因此,必须推动新一轮的内部管理体制改革,非改不可,无论如何也避免不了。早改革,早主动;晚改革,就被动;不改革,就没有出路。①

Z 书记的讲话显示了当时 A 大学管理层面对教学科研单位改革的决心和实现战略目标的必然选择。要通过教学科研单位的改革为实现学校的目标提供新路径。

分析 A 大学实施学院制改革的动因,可以看出主要来源于两个方面的压力,一是外部高校的发展经验和竞争态势,二是学校内部实现新发展的迫切要求。

1. 外部高校的发展经验和竞争态势

外部高校发展的模式为 A 大学提供了借鉴。当时实行学院制成为很多高校改革的趋势,而且很多的大学通过学院制改革实现了很好效果。A大学 Z 书记在全校改革动员大会上对此进行了分析:②

---

① A 大学时任党委书记在教学科研单位改革会议上的讲话,2000 年。
② A 大学时任党委书记在学校教学科研单位改革动员大会上的讲话,2001 年 3 月。

　　新世纪来临之际,千帆相竞,百舸争流,当前国内外高校咄咄逼人的改革与发展态势,形势逼人,应使我们更清醒地认识到,进行教学科研单位改革的必要性和紧迫性,这是大势所趋,势在必行。从国外高校来看,国际上知名大学大多都是实行学院制,它有效地解决了大学内部"集权—分权"的关系,科学、有效地设置学院制实体化运行模式,从而使学校内部资源得到优化配置,学科建设得到长足发展,形成了各自显著的办学特色。

　　显然,Z 书记的认识和判断与当时国外大学学院制的建设与发展趋势是一致的。大学里的学院制肇始于 12 世纪 70 年代初建立的巴黎大学,当时巴黎大学按科学知识设有神学院、文学院、法学院、医学院 4 个学院。后来,英国的牛津大学、爱丁堡大学等先后实行学院制。虽然设置学院的依据有所不同,但在英国 45 所综合性大学中有近 30 所大学是以学科类型为依据设置学院的。① 在美国,许多一流大学如哈佛大学、康奈尔大学等在建立之初就开始推动学院制,设有文理学院、商业管理学院、行政管理学院、设计学院、教育学院、法学院、神学院、医学院等。② 第二次世界大战结束以后,科技发展迅速,学科分化与综合并行,大量边缘学科涌现,传统学科内涵发生了质的变化。以传统学科为基础建立的学院已经不能适应学科发展的形势要求。在这样的背景下,许多国家如法国、德国、日本等国家的大学纷纷进行学院制改革,改革的要求是多学科综合,美国的学院最初就是以多学科综合为基础而建立的。③

　　Z 书记还进一步分析了国内高校推行学院制的情况,也成为 A 大学实施学院制管理模式的重要动因。他认为:

　　　　从国内高校来看,继 20 世纪 80 年代和 90 年代初的两轮改革高潮后,高校内部管理体制改革目前进入第三个高潮阶段,许多重点大学也都进行了校内院系调整,通过实行学院制,逐步理顺了校、院、系(所)的关系,分清职责,实现了治事用人相结合,形成了学校的优势与特色。④

① 黄祥林:《学院制改革与高校内部教学科研机构重组》,《延安大学学报》2004 年第 3 期。
② 王学海:《学术权力概念及学术权力主体辨析》,《黑龙江高教研究》2004 年第 3 期。
③ 陈连根:《试论学院制改革中的放权问题》,《湖州师范学院学报》2006 年第 5 期。
④ A 大学党委书记在学校教学科研单位改革动员大会上的讲话,2001 年。

　　这种认识和判断也是基于对国内高校发展趋势和内部体制改革的思考。有研究认为,我国的现代大学从建立之初就受到西方大学模型的影响较大,所以一开始实行的就是学院制。但是到了 20 世纪 50 年代,国家对大学结构进行了调整,我国的大学普遍实行校、系两级管理体制。20 世纪 90 年代以来,我国研究型大学纷纷撤系建院,一般都开始实行校院系三级管理。在这种组织结构中,学校一级的工作重点主要是制定发展战略和发展规划,制定相关的方针政策,对学院实行宏观管理;学院在财务、人事、学位评定等方面享有较大的自主权;系为基本学术单位,没有行政权力,只负责组织具体的教学和科研活动。经过近年来的改革和调整,目前中国高等学校的学院设置基本处于相对稳定时期。①

　　2. 大学内部发展的迫切要求

　　A 大学新班子认识到自身学校的管理体制已经不适应新的战略要求,新的战略目标要求与之相适应的管理结构相匹配。在新班子看来,通过学院制结构的建立而形成新的运行方式和机制,可以实现学术战略和结构之间的匹配。为此,Z 书记谈道:

　　　　从我校目前的实际情况来看,随着社会主义市场经济的发展、学校办学规模的扩大和办学内涵的拓展,现行的学校内部管理体制存在着诸多不适应的地方,以校本部为决策中心,以系负责组织教学、科研这一分工模式越来越不适应新形势的发展:一是当前高校内部管理趋向综合化、多元化,随着办学规模的扩大,校级领导即使借助职能部门来管理众多的系科,也显得吃力而无法保证管理到位。过去我们学校只有几千学生,按照规划 2005 年达到 3 万 6 千人,2010 年达到 5 万人。只有如此才能适应高等教育大众化的需求,而我们现在的管理体制,学校管得过细,巴掌再大也捂不过来,不利于学校优化管理。二是权力过多地集中在学校层面,学院的管理功效和办学积极性调动不起来,带来的必然是学校领导管得过细,职能部门管得过死,院系一级却是疲于应付,整个学校的运转效率极低。随着办学规模的扩大和学科专业的增加,教学科研等基层单位数量增多,工作性质差异很大,管理者难以进行有效的协调。三是现有的学科专业分类过细,再加上系与系之间鸡犬之声相闻,老死不相往来,不容易形成学科互补与交叉优势,不利于

---

　　①　李福华:《研究型大学院系设置的比较分析与理论思考》,《清华大学教育研究》2005 年第 6 期。

新学科、新专业的生成与快速成长,也不利于学生综合素质的提高,与素质教育的要求不相适应。四是不能充分利用有限的教学资源,发挥最佳的办学效益,学科分割管理,实验设备、图书资料尤其是教师资源条块分割,重复配置,造成教学资源的浪费。①

三、学院制的目标选择

对于刚刚起步的新班子,确立一个什么样的学院制改革目标成为当时需要作出的重要决策。面对来自外部和内部的压力,实现新的战略目标需要从管理体制的改革入手,寻找有效的组织路径。A大学的新班子对当时国内外大学学院制的构成与运行曾进行了专门研究,特别是针对本校的实际,需要提出一个明确的目标,建立起基本管理模式与学校学术战略之间的对应关系。基于新班子对当时形势和学院制本身的认识,提出了学院制改革的目标。Z书记分析认为:

当时我们下了很大的功夫专门研究学院制的问题,教务部门、办公室广泛搜集关于学院制的相关资料,并且还专门派出了几个调研小组分别到有关院校进行调研,回来之后几次开会分析,到底哪种模式更适合我们学校。A大学有着自己的情况,历史和现状同其他学校不一样,既要借鉴学院制模式的优点,又要考虑到学校的实际。当时我们是本着有利于促进学科发展、提高教学科研水平,充分利用学校教育资源、增强学校社会服务功能的原则,进行校、院、系管理体制改革,调整教学科研管理组织方式,明确校、院、系各自的管理职能,降低管理重心,调整管理跨度,规范管理行为,实行学院的实体化运作。这样做不仅分担了学校一级的负担,使学校领导腾出手来谋划学校大的发展之路,调整大的格局,抓一些事关学校发展的大事,而不是像当时那样被鸡毛蒜皮的小事缠住手脚,同时也有利于发挥学院的积极性和管理功效,协调学院内部及学院之间、各学科各专业之间的工作,还有利于突出学院的学科优势与特色,更有利于强化教学科研两个中心的功能,增强高校的综合实力,也为学生跨学科选修、实施全面素质教育提供条件。因此,进行教学科研单位改革,摆脱传统办学意识、办学模式、办学方法,创建符合现代化高校发展的管理模式与体制,是我校当时教学科研单位改革

---

① A大学党委书记在学校教学科研单位改革动员大会上的讲话,2001年3月。

的必然抉择。应当说,教学科研单位改革是一次组织创新和管理创新,更是一次办学模式和体制的创新,要通过理顺学校内部管理组织的关系,形成科学决策、自主管理、有效监督的机制,从而提高学校教学科研组织的规模效益和整体管理效益,确保学校实现超常发展、建设国内一流大学的目标。①

经过一系列分析论证之后,A 大学确立了教学科研单位改革的目标原则,并以学校正式文件形式出台实施。确定了教学科研单位改革的指导思想是:

> 巩固和加强基础与优势学科,大力发展应用学科,发挥综合大学的优势,谋划发展交叉学科与边缘学科,组建以学科群为基础的二级学院。从社会发展的需要和学校整体发展的战略目标出发,以优化、加强、充实、发展学科为目的,将相近学科联合归类,对现有院、系、中心、所等进行有机合并、调整,组建二级学院,实行校院二级管理体制。使学院成为按照学科性质相近,由若干一级学科组成的教学、科研及科技开发实体。

A 大学在教学科研单位改革、组建二级学院中坚持了以下原则:

(1)有利于建立与国家新颁布的学科专业调整方案相适应的学科专业组织机构;有利于建立合理的学科专业结构,促进教学与科研相结合,促进学科建设。通过调整,改变学科分类陈旧、缺乏整体规划、院系设置与国家现行专业设置不相适应的状况,使传统学科得以改造和创新,新兴的交叉学科和边缘学科迅速生长和发展,逐步建立起文、理、工、经、管、法等协调发展的学科布局。

(2)有利于提高学校整体办学水平和效益。改变课程、实验室、图书资料以及人员岗位重复设置或不合理的设置,使各种教育资源得到优化配置和充分利用,增强学科的整体科研实力和联合攻关能力,全面提高办学水平和效益。

(3)有利于理顺关系,强化校内管理,调动各方面的积极性。通过调整,改变目前学院和系小而多、校级管理幅度过大、过细的现状,为教

---

① A 大学时任党委书记在有关会议上的讲话,2010 年 5 月。

学、科研及人事调整提供有效的组织机构。学院内部按专业设系,使系成为在学院领导下以完成教学科研任务为主的教学科研基本单位;学院根据专业方向及科研任务建立研究所,使研究所成为在学院领导下,以组织和承担科研任务为主,并承担部分教学工作的基层组织,形成在二级学院领导下,系、所共办专业的局面。

(4)有利于全面贯彻党的教育方针,落实以人才培养为根本的思想。切实转变教育观念,提高教育教学质量,全面实施素质教育,使学生在德、智、体等各方面得到全面发展。

A 大学的学校领导在不同场合多次强调组建二级学院尤其要注意两个方面的问题:第一,要实现真"合",而不是"明合暗不合"。教学科研单位的合并、重组,实行学院制,不是简单的"1+1=2",不仅要做到机构合、人合、物合,更重要的是实现"真合"和"心合",使学院通过运行真正成为办学的有机实体和统一整体,达到"1+1>2"的效果。通过合并和调整,使学院以学科建设为龙头,通过对人、财、物等资源的统筹配置,促进院内学科的交叉、渗透和综合,培养新型学科或形成更强的分支学科;发挥学院协调管理的优势,促进学科教学、科研的持续发展,提高综合实力;第二,要进行创新。实行学院制是一项新生事物,必须通过教学科研单位改革,积极探索学院实体化运转模式,进行人才创新、学科创新、体制创新和机制创新,实现改革与发展的新飞跃。

第三节　学院制改革的实施

一、教学科研单位改革试点

"学院制改革的目的是通过改革,重组、调适完善大学内部组织结构,进一步强化大学的功能机制、提高管理效率和办学效益,更好和更有效地履行大学的社会职责"[1]。A 大学教学科研单位的改革是从试点学院开始的。1999 年 8 月,学校领导班子进行了较大幅度的调整,新的领导班子谋划学校的发展,并提出推进教学科研单位改革,其主要内容是探索学院制管理模式。为了做好教学科研单位改革工作,学校首先从试点开始,以期积累一定的成功经验,然后再大范围铺开。

---

[1]　陈伟:《学院制改革:大学内部结构重组与调适的途径》,《上海高教研究》1998 年第 7 期。

　　试点学院选定为生命科学学院。1999 年 10 月,A 大学研究成立生命科学学院,旨在促进生物科学的发展。对当时负责制定改革方案的组织部部长的访谈:

　　　　生命科学学院要作为教学科研机构改革的试点,在管理模式上,以院为实体,同时赋予系以较大的发展空间;学院下面的研究所不能设专职科研人员;鼓励学院的科研人员积极从事教学工作,尤其是为本科生上课;要保护好已形成的优势学科和特色学科,做好学术骨干的稳定工作。实行校、院两级管理,院为实体。当时生命科学学院有一个独立设置的省级重点实验室——中试基地,基地有 33 名人员,加上生物系的职工一共达到 100 多人。因为中试基地为 H 省重点实验室,所以其与生物系合并也需要征求省科委的意见。按照计划,新成立的生命科学学院为实体,系为教研室。学院下面研究所设置有三个:动物、生物工程、海洋研究所。成立后的研究所,不设专门编制,滚动发展。学院可以根据需要设置研究所。对学院的定位为教学科研型。学校的想法是实现超常规发展,走出特色发展路子,建立学院示范单位。目的是通过试点总结一些经验,但当时改革非常迫切,新的领导班子亟待拿出综合改革方案,特别是省政府关注学校的改革,主管副省长督促学校制定发展规划,要采取超常规的改革措施,加快学校的改革发展步伐。为此,初衷是试点,但后来便并入到一起改革了。①

　　A 大学对学院制是边试点,边调研,边制定改革方案。试点效果没有显示出来,后来便一同纳入学校统一改革规划之中,试点和改革几乎是同步进行的。

二、改革方案的酝酿与制定

1. 制定过程

　　改革方案是推行改革的基本依据,是将战略落到实处的具体表现,其制定过程是一个复杂的决策过程。对于改革方案出台的过程,A 大学校长谈道:

　　　　这次教学科研机构改革,从开始酝酿、策划,到精心组织和具体实

---

　　① 对时任 A 大学党委组织部长的访谈,2010 年 10 月。

施,历经了半年多的时间,并广泛听取了院系领导、学术委员会委员、学术带头人和教职工代表的意见。从收集到的来自各方面的反馈意见看,全校师生员工对这次院系改革给予了极大的关注和支持,我们希望通过院系调整,为进一步推行校院两级管理体制,以及人事分配制度改革顺利推进奠定基础。①

时任主管教学的副校长回忆道:

当时我们大约派出去了十多批人,去调查一下其他高校在实施学院制之后的利与弊。每路人马都写一个调查报告。有位院长专门写了一篇关于信息管理系发展的前景分析,写得很好。调查反映,当时安徽大学搞得比较彻底,一下调成的动作较大的有武汉大学、华中师范大学。我们学校教学科研单位改革从 2000 年 5 月份开始酝酿一直到年底才操作完毕。当时确定的基本思路是:一要解放思想,实事求是;二要积极推进,稳妥进行。从 2000 年 5 月到 7 月,教务处先后组织召开中青年骨干教师、系主任、总支书记参加的有关会议;科研处牵头召集各研究单位征求意见。方案的出台还是希望坚持从群众中来的思想。当时学校先拿出了一个初步方案,再返回到群众中去,然后开展教育思想观念大讨论,10—11 月完成院系调整,基本上是按照这样一个思路和计划实施的。②

教务处是 2000 年 A 大学具体承担制定学院制改革方案的主要部门,当时的主要参与者、时任教务处有关负责人在谈到制定方案时的基本情况时说:

我们起草小组在制定方案的时候,有几个基本想法:一是强调优化资源配置、资源共享;二是考虑学科优势互补,强与弱,老与新,有利于学科建设。学校争进"211"的时候,我校的学科群都未形成,这关系到对学校办学思路及特色的认同与形成。三是从省属综合性大学的学科专业建设和发展的实际出发。四是努力做到"规模、结构、质量、效益"的协调发展与共同提高(成立的学院一般不得少于 2 个本科专业和 1

---

① A 大学校长在教学科研单位改革动员大会上的讲话,2000 年 10 月。
② 对时任主管教学副校长的访谈,2011 年 4 月。

个研究生专业）。五是坚持成熟一个、建设一个、发展一个的方针。①

2. 改革方案制定过程中的矛盾和问题

显然，A 大学学院制改革方案的出台经历了较长时间的调研、讨论和研究，体现了改革的复杂性和艰巨性。学校也是多次召开会议，研究学院制改革中的问题，这其中涉及学校传统、人员利益、学科建设、院校关系等多方面因素。以下几方面的问题在方案制定中表现比较突出：一是在观念、思想上对改革存在着较大的阻力。学院制改革是教学科研单位的一次重组过程，其中涉及到学科、资源、人事等方面的重新整合，并且涉及到很多人的切身利益，每个学系甚至每个教师都有不同的态度。如何克服这种阻力，成为当时领导层需要面对的首要问题，这也是顺利推进改革的前提。在有关的学校会议上当时党委书记 Z 谈到，"通过各系主任座谈会发言可以看出，院系调整的阻力很大。很多系主任习惯了现状，观念跟不上，看不到改革的优势。所以第一，要求系主任更新观念，更新思想，必须开展教育观念大讨论；第二，要大胆积极地推进，成熟一个发展一个，成熟是在积极推进的基础上的成熟，而不是自然地等。不是搞和不搞的问题，而是一定要搞，如何搞的问题。"时任副书记 W 也谈到"情绪要考虑，但不能迁就，改革要千方百计向前推进"，"院系调整很关键，难度也大，要慎重点儿，再多投入些，那些看准了的，就一定要做合并的工作"。

二是改革带来的人际关系问题尤其引发领导层的关注。改革表面上是学科专业之间的合并，但最终要落实到干部和教师上面，需要靠人来完成。因此，管理者不得不考虑到改革中复杂的人际关系问题。例如在谈到当时法律系和哲学合并到一起组建一个学院时，管理层认为两个系的人际关系在历史上比较紧张，很难合在一起，需要做大量的思想工作。学校党委书记认为，"院系合并一定要考虑到我校实际的、具体的人际关系问题。历史上合合分分的，造成了遗留的实际问题也较多，合并之后关键是人的问题"，尤其是对于学科带头人，党委书记一再强调要做好学术带头人、老专家的工作，"要把学科专业合并的优势给带头人讲清楚，从学位点建设和学科建设来说，合与不合很不同。要让他们往前走，不能'小国寡民'，人际关系要解决，院系合并也要实现，这条路子必须要走。给大家做工作，讲形势"。

三是学系和专业合并的设计如何更科学、更符合实际的问题，是改革中的一个焦点。根据 A 大学改革的出发点，相关专业的合并，进而形成以学

---

① 对时任教务处有关负责人的访谈，2012 年 3 月。

科群为基础的学院设计是改革的第一步。党委书记 Z 认为这种合并要考虑到三个因素:一是考虑到优势互补,也包括考虑到将来的学科群建设;二是要考虑到尽管现在弱小,但将来可以形成学院的问题;三是要考虑一些学科专业的独立性、实际性的问题。通过几个座谈会,也反映了人们对合并的不同态度。当时召开了四个座谈会,系主任座谈会更倾向于保守,强调自己干;青年教师座谈会比较接受学科专业的重新组合;带头人有一定的抵触情绪;总支书记座谈会上大家都比较支持。在具体的合并问题上,考虑到了许多具体的实际问题,如研究机构与相关学院的合并问题;建立学院的标准问题;文、史、哲几个专业是否合并在一起的问题。如在哲学与法律系合并的问题上,就存在不同的观点,校长 W 认为两者应该合并,"应让法律人才奠定哲学基础,尤其是律师,如果没有哲学功底是当不好的"。而有的的副校长则认为,"两者从学科上比较远,可以考虑哲学与马列教研部的合并"。

三、改革方案与学院制的建立

2000 年初,A 大学在出台的《内部管理体制改革方案》中提出:改革和调整教学、科研组织管理方式,重新组合教育资源,改革办学管理体制,制定《关于实行二级学院制的改革意见》和《A 大学二级学院设置及实施意见》。根据学科建设和社会经济发展的需要,结合学校实际,将相近学科联合归类,对院、系、所、中心等教学、科研业务机构进行有机合并、调整,重新组合,建立若干个学院,实行校院两级管理体制。根据学校的规定,对新的管理体制进行了说明:

　　实行校院两级管理体制后,学校的主要职能是把握好办学方向,加强学校宏观管理,制定学校发展规划,为教学科研创造良好的政策环境,筹措办学经费,指导、协调和考核学院工作。学院是学校内部的二级办学管理实体,承担相对独立的行政管理职能,在学校党委和校长领导下,对全院工作实行统一管理。学校支持学院在改革和发展中扩大其办学自主权,加大学院在统一组织教学科研、学科建设、队伍建设、自主分配和包干使用经费、人员考核、聘任、奖惩等方面的权力和责任,进一步调动学院作为二级办学管理实体的积极性。学院可按学科专业性质设系,也可根据科研和对外服务的需要设立研究所(中心),负责教学、科研等具体业务工作。二级学院所设系(研究所、中心)是学院领导下的教学科研基层组织,不作为一级办学实体,不承担行政管理职能,系主任(所长、中心主任)不定行政级别。①

2000 年 9 月,A 大学制定了《关于二级学院管理体制的若干意见(试行)》,对学院制管理模式下的组织结构及运行机制做出了详细的规定。

2000 年 10 月,A 大学以正式文件的形式公布了院系合并的结果。提出:

> 为优化 A 大学资源配置,理顺校、院、系关系,进一步提高学校的管理水平、办学质量和效益,在原有建制的基础上,进一步将学校现有学科进行调整、合并和重新组合,建立若干个二级学院,实现校院两级管理。
>
> 中文系与历史系、古籍所合并,组建人文学院;
>
> 新闻系更名为新闻传播学院;
>
> 法律系和哲学系合并,组建政法学院;
>
> 经济学院与日本问题研究所、人口研究所及金融专业合并,组建新的经济学院;
>
> 工商管理学院与信息管理系及旅游专业合并,组建管理学院;
>
> 教育系与高等教育研究所、电教中心合并,组建教育科学学院;
>
> 艺术系更名为艺术学院;
>
> 数学系与计算机科学学院合并,组建数学与计算机学院;
>
> 物理系与静电研究所、固体发光研究室合并,组建物理科学与技术学院;
>
> 化学系与理化中心合并,组建化学与环境科学学院;
>
> 汽车工程系与工程力学专业、工业设计专业合并,组建机械与建筑工程学院;
>
> 宋史研究所更名为宋史研究中心;
>
> 外国语学院、生命科学学院、电子信息工程学院、质量技术监督学院、实验学院、成人教育学院的名称与建制不变。

这样,通过调整,A 大学设有 15 个二级学院,1 个研究中心,这里不含质量技术监督学院、实验学院、成人教育学院以及联合办学的几个学院。

---

① 《A 大学关于实行二级学院制的改革意见》,2000 年。

第四节　学院制结构与运行

2000年9月，A大学制定了《关于二级学院管理体制的若干意见》，对学院制管理模式下的组织结构及运行机制作出了详细的规定。在实际运行过程中，一方面，新的学院制运行机制使A大学的基本管理结构逐步实现了从传统的校、系、教研室三级模式向校院两级管理模式的转变，表现出了学院制管理模式下的基本特征；另一方面，在推行学院制的进程中，仍然存在很多的矛盾问题以及学院制引发的新情况。

一、学院的职责

"学院制是指大学以学院为管理中心，学院具有实体性、主体性、自主性特性的大学内部组织结构形式和管理模式，即在学院设置中体现实体性，在学院事务运行中体现主动性，在学院内部管理中体现自主性"①。在A大学，二级学院作为学校办学实体，学校对其职责进行了较为清晰的界定，和此前的学系相比，二级学院的职责不论是在范围上还是在工作要求上都有很大的不同。从案例大学的规定来看，将原来统揽在学校层面或相关职能机构的职责，部分下放或分解到二级学院。具体来讲，A大学的二级学院几乎包含了学术活动的全部内容，甚至部分行政管理的职责也放在了二级学院。这种较为清晰的职责界定，是二级学院履行其职责的基本依据。划清学校和二级学院之间的职责划分，有利于学院自主办学，也有利于学校对二级学院进行考核和评估。

二级学院的主要职责：

1. 重点学科建设和研究生工作。学院全面负责本院的学科建设和研究生培养工作，包括：（1）学院在学校发展规划和建设目标指导下，具体负责制定本学院的发展规划和学科建设的分阶段目标和实施步骤，统筹协调学院学科建设的各项工作。（2）在研究生培养工作中，学院按照国家和学校的有关规定自主设置专业课程和选修课程；自主组织硕士研究生答辩委员会和硕士研究生答辩；自主遴选或淘汰硕士生指导教师；向学校提出推荐或取消博士生指导教师资格的意见。（3）学院按学校有关规定自主管理学校下拨的学科建设经费。

---

① 杨如安：《学院制的内涵及其特性分析》，《教育研究》2011年第3期。

2.本科专业建设。学院全面负责本院的本科专业教学管理和教学质量,包括:(1)根据学校整体规划及社会需求,学院负责制定本科专业的建设与发展规划,并报学校审批;(2)根据学校对教学工作的总体要求,负责指导所属各系教学的组织、安排、考核、评估等工作,组织开展本学院的教学改革。(3)学院自主管理学校下拨的教学经费。

3.科学技术工作。学院在学校科研和科技开发规划的指导下领导本学院的科技工作,包括:(1)制定本学院科学技术工作的发展规划、年度计划以及与学校政策相配套的科技工作管理办法;组织协调科研力量,申报项目,承担并保质保量完成学校下达的科研指标;统一管理所属的科研机构。(2)学院可自主组织教师承揽课题,草拟对外科技合同;对本学院教师承接的横向课题进行管理。(3)可根据需要成立隶属于本学院的科研机构。

4.人事管理。学院各类人员的编制数由学校下达,学院负责本院教职工队伍的管理安排、调整补充和培养提高工作。

5.财务管理。学校实行"学校统筹分配,学院分块管理"的财务管理体制。

A 大学对二级学院界定了五项主要职责,其中三项是学术管理工作,涉及到学科建设与研究生培养、本科专业建设与教学管理、科学研究工作。对每项工作从规划到管理的任务做了明确的规定,同时也界定了学校对学院各项学术工作的指导和监督。另外两项分别界定了学院在人事管理和财务管理方面的职责,一些具体的行政管理工作也下放到了二级学院。

伴随着这一时期 A 大学从教学型大学向教学研究型大学转变,在二级学院的职责中对学科建设与研究生培养、科学研究工作有了更具体、明确的要求。比如,A 大学将学科建设和研究生培养的工作作为二级学院的首要职责,强调了学科建设和研究生教育在提升学校层次和水平方面的重要作用,学校开始将学科建设和研究生工作列为学院的第一项任务。如要求各学院要在学校发展规划和建设目标的指导下,制定学院的发展规划和学科建设分阶段目标和实施步骤,统筹协调学院学科建设的各项工作。学校也将研究生培养工作作为学院的重点工作,要求按照有关规定自主设置专业课程和选修课程,自主组织硕士研究生答辩委员会和研究生答辩,自主遴选或淘汰硕士生指导教师,向学校提出推荐或取消博士生指导教师资格的意见。在科学技术工作方面,要求学院要组织协调科研力量申报项目,组织教师承揽课题,根据需要成立隶属于学院的科研机构等,从工作的职责上加大了科研工作的力度。可以看出,二级学院在学校的学术活动中,与以往只承担教学任务不同,新的结构之下,学科建设、研究生培养、科研工作都成为学院的重点工作,这种职责的界定也表明了学院是办学的实体,也是实现学校战略转型的重要保证。

在实际运行中,A大学的一些院长对近十年来学院的学科建设和研究生教育工作感触颇深。管理学院院领导在谈到这些工作时讲道:

> 现在的学院实际上就是一个无所不包的办事机构,学校什么工作几乎都要学院来做,比如教学工作,所有的课程建设、教学安排、学生实习、教师选聘等等,最终都要落实到学院头上。管理学院规模最大,有11个本科专业,下设五个系,教师100多名,这些年学校学生规模增长很快,仅本部管理学院的学生就达到2000多人,我们的老师还要负责给独立学院相关专业的学生上课,教学组织协调任务非常重。尤其是学校这几年接受教学评估,更是加重了教学的负担,教师们主要精力都用在教学上,就是这样还不能很好满足教学需要;相应的教学管理任务都落在主管教学院长、教学秘书和系主任身上,学校总是强调教学工作是中心,像管理学院这样的大学院,教学工作更是重中之重,当然这在一定程度上也影响了科研和学科建设工作的进展。①

化学与环境科学学院的院领导认为:

> 这些年化学与环境科学学院的学科建设任务和研究生培养工作一直是重头,不管是学位点的申报和重点学科建设,还是研究生培养,都明显感觉任务的繁重,比如每隔两三年就要组织一次硕士、博士点的申报工作,不管是前期的准备还是申报期间的联系和攻关,都要花费学院大量的精力。1999年以来这段时期化学与环境科学学院在学科建设上明显上了一个台阶,比如我们2003年获准设立化学一级学科博士后科研流动站,2003年又取得应用化学硕士学位授权点、材料物理与化学硕士学位授权点、物理化学和药物分析硕士学位授权点,2006年取得高分子化学与物理博士学位授权点、化学一级学科硕士学位授权点、环境科学硕士学位授权点;化学学科也成为H省强势特色学科。按照学校的规定,学院有学科建设领导小组,由院长任组长,学校的相关职

---

① 对A大学时任管理学院院领导的访谈,2012年12月。

能部门还要指导和检查。不仅在申报阶段,建设阶段的任务也是很重的,因为学院在学校属于学术水平比较高的学院。学院的研究生规模已经达到 400 多人,研究生的教学和培养环节基本上都要学院来组织和协调,其中学位点的组长要发挥组织协调作用,学院要有一名分管领导,还要有一名研究生秘书做具体的工作,这些工作是非常琐碎的。①

可以看出,在 A 大学的战略转型过程中,二级学院作为学校的办学实体,在学术活动中无疑承担着最重要的职责,各项教学、科研、学科建设、研究生培养工作从规划到组织实施会具体落实到每一个学院上面,学院的办学活力和实力无疑成为决定学校最终学术水平的关键,但是这种活力和积极性真正地发挥出来,还需要在运行机制上,尤其在权力运行上赋予学院更大的自主权。

二、校、院关系中的权力问题

学院制的本质是二级学院要成为真正的办学实体,要有更大的自主性,同时也意味着必须要赋予二级学院相应的管理权力,否则即使对学院职责界定得再清楚,学校不把真正的权力下放下来,学院也很难推动工作。在 A 大学实施学院制的过程中,权力下放问题是一个焦点问题。根据学校的初衷和方案,一个重要的内容是要把实质性的权力放到学院,但是经过十年的运行,这一问题仍然没有很好地得到解决,这也成为影响学院制进一步深入实施的瓶颈。A 大学某学院的党委书记在谈到这一问题时,从三个方面进行了举例说明:

一是在研究生招生问题上,学校研究生学院掌管着一切环节和标准,学院、学科点只成了落实单位,几乎没有权力,比如在招生的指标上、录取的标准上,除了参加全国统一考试外,学校还要设定严格的英语考试,而且在面试时学院的自主性也很小,根本体现不出学院的意志和导师的意志。二是在人事问题上,每年学校都要制定"一刀切"的人才引进标准,而且在引进的程序上,人事处、人才工作领导小组、学校校长办公会、常委会要层层过关,甚至是学术委员会也要插手进来,而其中真正了解某个学科专业的人还是学院,学院相关专家的意见最重要,但由于权力层层把控,学院真正看中的人往往很难引进,倒是一些不怎

---

① 对时任化学与环境科学学院院长的访谈,2012 年 4 月。

么需要的人最后进来了。在人事问题上，还有各学院岗位设定都是一个标准，学院都要有一个教学秘书、一个科研秘书，其实各学院的规模不一样、工作任务量也有很大差别，如有的学院学科建设任务重，硕士点、博士点、重点学科点多，每年要接受多次学科评估、学位点评审，科研秘书又要兼做学科秘书、研究生秘书，根本忙不过来，但是学院没有权力进入，也没有权力调整，只能聘临时人员，其实学校把学院内部的岗位设置、用人标准放到学院是一点儿问题没有的。三是在财务上，学院更是基本上没有一点权力，近年来几乎都是学校集中管理，学校的课时费、科研费都是一个标准，日常教学运行费用也很有限，学院想做什么事也根本没有资金，学校财务部门会限制得很严格，学院的积极性怎么能发挥出来。学校几乎每年都说要放权，但是十年过去了，行政管理的权力还是都在学校层面，具体的工作任务放下来了，上面千条线，下面一根针，各职能处室总是开会布置、检查工作，院长们根本应付不过来，不知道为什么放权就这么难。①

三、学院决策机构：党政联席会

在 A 大学二级学院内部管理决策中，实行党政联席会议制度，制定了《A 大学二级学院党政联席会议议事规则》，由党政联席会讨论和决定学院的重要问题。访谈中的院长和书记们对这一制度基本上持肯定态度，认为目前比较符合学院的实际，尽管各学院在具体实施过程中有一定的差别，但整体上运行状况还是比较好的。

A 大学规定了学院党政联席会议"对学院重要行政事务进行决策，讨论决定本单位教学、科研、学生工作及开发、管理等工作中的重要事项。党政联席会议由学院党委正副书记、正副院长参加，必要时可吸收有关人员列席会议。党政联席会议一般由院长主持。会议议题由院长和院党委书记征集，由院长和院党委书记共同协商确定。"访谈中，化学与环境科学学院的党委书记讲道：

> 我到这个学院任党委书记已经 7 年，期间换了三任院长，在和三任院长搭班子的过程中，我们学院的党政联席会制度贯彻得还是很好的。几任院长和我之间都互相信任，其实这是开好党政联席会议的前提。

① 对 A 大学某学院党委书记的访谈，2013 年 2 月。

会前,我和院长一般都要进行沟通,行政工作本来是院长负责的,但是这几任院长都比较尊重我的意见,提前我们两个人都要对每一议题先交换一下看法,最好达成比较一致的意见,再拿到会上讨论,这样做就比较稳妥了。当然,各个学院也不一样,有的学院院长和书记的关系就搞不好,会前不商量,不沟通,拿到会上大家意见和矛盾就出来了;有的院长愿意自己做主,一些重要事件也不拿到会上议定,最后的决策书记也不知道,往往更容易出矛盾。参加的人员,要根据具体的议题,除了班子成员都要参加以外,有的还要吸收系主任或学科带头人参加,取决于讨论哪方面的问题。至于说议题谁来征集,在我们学院倒不是很重要。但是不管什么议题,除了院长、书记提前沟通外,还要根据议题的内容由分管领导牵头进行调查研究,最好多听取一下群众的意见,而且要拿出具体的意见或解决问题的方案。

在 A 大学,学院内重要的事项一般都要经过党政联席会议讨论决定,重要事项包括"学院的发展规划,学期或年度工作计划;教学、科研、管理方面的改革方案和重要的改革措施,各种规章制度的制定和修订;师资队伍建设和学科专业建设的规划及实施方案,专业的调整改造和新专业的设立;教学、科研、科技开发计划的制定和修改;学院内设机构的调整变动,以及这些机构人员的推荐和任免;人事安排问题,如教职工的调出调入,毕业生的留校,教职工工作岗位的变动,教职工的出国、进修、攻读学位等;教职工专业技术职务的评聘工作及教职工的聘任、续聘和解聘;预算内和预算外经费的安排和较大额度经费的支出;学院内劳务费、奖金、津贴等分配方案的制定;学院内各种条例的制定,决定或向上级推荐表彰人选,对院内人员作出行政处分决定,或向上级报请行政处分意见和建议;学位点的申报,重点科研项目的申报,重要学术活动的安排;教职工考核工作的安排和考核结果的确定;招生计划的制定,推荐免试研究生人选;思想政治工作和精神文明建设工作中的重要事项;学生工作中的重要事项"。

访谈中,部分学院院长和书记介绍了召开党政联席会议时的情况,经济学院院长被大家认为是一个比较民主的院长,他所在的学院召开党政联席会时,参加会议的人员都要围绕议题畅所欲言,积极发表意见,表明态度。经济学院院长认为:"这很必要,每个人都有自己权利,每个人的意见都可能对决策有利,至少要给大家创造一个民主的氛围,最后的决策还要坚持民主集中制的原则。有时候少数人有不同的意见,我们也要尊重,毕竟每个人的出发点不一样,我们也要认真考虑,吸收其中合理的成分,在充分讨论的基础上,再根据多数人的意见作出决定。"①对于经过党政联席会议定后所形成的决定,院长、书记们普遍认为,"既然会上做出了决定,每个人虽然可以保留自己的意见,但还是要服从的,经过党政联席会作出的决定,个人是不能修改的,一般没有特殊情况班子也不再另议,这样做也是维护了班子的权威"。

四、内部领导体制和岗位设置

在 A 大学,二级学院内部一般设有院行政、院党委、院办公室、院团委几个机构。其中,院长一人,副院长一至二人,院党委书记一人,副书记一人,院办公室主任一人,院团委书记一人。其他党政管理干部的岗位和职数,由学院在学校核定的编制和干部职数内决定设置聘任,一般设有教学秘书、科研秘书,有的还设有行政秘书、党委秘书职位。

作为办学实体,一般认为二级学院院长是整个学院的负责人,尽管二级学院也设有党委,只有党委书记,但从分工来讲,学院的院长要对学院的行政工作负总责,而书记则是党建工作的负责人,主要是发挥党委的政治核心作用。所以,在访谈中,很多书记对院长的角色和自身的定位还是有一个比较客观的认识,如物理学院的书记就认为,"虽然学院有院长和书记两个一把手,但无疑院长是灵魂,是学院开展工作的核心,一个好的院长,既要有较高的教学和学术水平,更要有胸怀,能够把大家团结起来,带动起来,书记在这样方面要主动配合支持院长的工作。"根据 A 大学的学院制方案,学院下设系、所等教学科研组织,系、所设正职一人,副职由学院根据具体情况设置。系所在正副职均由教师担任,不定行政级别。A 大学试行校、院二级管理,行政工作集中在学校和学院,系、所为教学科研组织,不承担行政职能。

五、内设咨询参议机构

A 大学二级学院设立院务委员会、学术委员会、学位评定委员会、教学工作指导委员会等咨询参议机构,建立和完善了各项机构的组成及运行,在学院决策咨询和发展中承担着重要的功能和作用。

在 A 大学制定的《二级学院学术委员会工作细则》中规定:院学术委员会是院级学术评审、咨询机构;院级学术委员会委员要具有较高的学术水平;委员会视学院教师总人数的多少由 7—9 人组成;委员会委员由院长提出建议名单,广泛征求教师意见,由院党政联席会议审定;委员会设正、副主

---

① 对时任经济学院院长的访谈,2013 年 1 月。

任各一名,秘书一名。主任一般由院长担任,委员每届任期三年,连任一般不超过两届;院级学术委员会每学期至少召开一次会议。院学术委员会的工作职责主要是:负责对本院学科建设发展方向提出建议或咨询,负责开展学术交流,活跃学术思想,促进学科发展;反映广大教师对科技工作的意见和要求,接受委托承担项目评估、成果鉴定、专业技术职务资格评审等任务。

A 大学制定了《二级学院学位评定委员会工作细则》,院学位评定委员会是院级学位与研究生教育评议、咨询机构。委员会委员要具有较高的学术水平,任期 2—3 年。委员会设主席、副主席各 1 人,秘书 1 人,主席一般由院长兼任,但必须是校学位评定委员会委员,学校学位评定委员会委员是学院学位评定委员会当然委员。委员会由院领导提出候选人名单,报送校学位评定委员会批准。具有两个以上一级学科的院委员会,委员名额的分配应既考虑到学科的不同,又考虑到副高职以上的人数。院委员会会议每学期至少召开一次,由正副主席召集。院委员会的工作职责包括了向校学位评定委员会提出本单位拟授予学位的名单及有关材料;对以研究生毕业同等学力申请学位人员提交的材料进行同等学力水平认定;遴选本单位硕士生导师,向校学位评定委员会推荐博士生导师并提供有关材料;提出处理本单位授予学位有争议和其他有关事项的建议。

第五节　学院制结构下的学系组织

学系是今天大多数大学组织中最重要的基层学术组织。大学基层学术组织是指大学纵向结构中承担教学、科研、咨询服务职能的最低层次的正式组织,是相对于学校这个高层和学院这一中层而言的。伯顿·克拉克认为,在大学内部,"稍窄一些的群类,即一般称之为讲座、研究所和学系的群类,是基本的建筑材料或操作单位"。

一、学系的发展变化

在校-系-教研室结构模式下,教研室是学校教学组织的基层单位,教研室大部分是按照课程或较窄的学科来划分的,如 A 大学中文系的中国古代文学、中国现当代文学、外国文学、语言学、文艺理论、写作、文秘、大学语文八个教研室基本上是按照课程划分的,而信息管理系图书馆学、档案学、信息学三个教研室基本上是按照较窄的学科领域划分的。不管划分的形式如何,当时的教研室其实都具有类似的结构和功能,也就是将教师们根据专业或课程划到某一个教研室,开展某个专业或某门课程的教学。通过上面对 A 大学的教研室设置情况,也大致可以看出学校的学系结构:A 大学覆盖的学科面比较广,基础学科比较多,系的设立主要以这些基础学科为依据;教师以完成教学任务为主,理科学生设有部分实验课,文科学生以课堂讲授为主;采用传统的教学方式和教学组织形式。这种结构形式功能单一,结构简单;教师以个人教学为主,人际关系简单;在管理方式上以行政管理为主,教研室不设行政级别,教研室主任没有行政权力;学校采取集中管理的模式,学系主任或院长的权力也很有限。

2000 年,A 大学进行了教学科研机构改革。根据决策者的设想,学校首先主要根据一级学科设置若干学院,学院内部再按专业设若干个系,使系成为在学院领导下以完成教学科研任务为主的教学科研基本单位;在这一基础之上,学院可以根据专业方向及科研任务建立研究所,使研究所成为在学院领导下,以组织和承担科研任务为主,并承担部分教学任务的基层组织,形成在二级学院领导下,系所共办专业的局面。[①]

根据 A 大学制定的管理制度,在二级学院下设系、所设置[②]:学校实行校院二级管理,行政工作集中在学校和学院,系、所为教学科研组织,不承担行政职能。二级学院主要按本科专业二级类学科或专业设系,系的设立要符合国家新颁布的本科和研究生专业目录,有一定的社会需求,且具备相应的师资力量和教学科研设施,具有一定的学术水平,每个系至少包容一个本科专业。学系负责本科专业基础课、专业课、选修课的教学。

按照这一模式,A 大学形成了校-院-学系三级教学科研结构形式,其中的学系成为学校的基层教学组织。虽然按照学校要求,由系和所共办专业,均具有教学科研职能,但相互之间还是有所侧重,即学系更多的承担本专科教学任务,而研究所则主要承担科学研究的任务。在本研究中,也是根据这一侧重点将学系作为最基层的教学组织进行研究。

经过 2000 年院系调整之后,A 大学基本的教学科研结构实行校院二级管理体制下学校-学院-系三级结构模式,学院为办学实体,学院下设各系,有的系下面还有教研室,形成三级或四级的结构模式,不管是教学组织的横向结构和纵向结构都呈现出明显的分化趋势,规模扩大,层次增多。从2000—2010 年十年间,A 大学的学科专业数量从 45 个增加到 87 个,共增加 42 个本科专业,之后本科专业数量比较稳定。本科专业数量的急剧扩张,带来了各学院学系数量的快速增加。

---

① A 大学党委书记在学校教学科研单位改革动员大会上的讲话,2000 年 10 月。
② 《A 大学关于二级学院管理体制的若干意见》,2001 年 10 月。

A 大学本部各学院学系的设置情况：

文学院。设 1 系：中文系，系下设 8 个教研室

历史学院。设 3 系：中国史系、世界史系、考古文博系

新闻传播学院。设 4 系和 1 个公共教研部：新闻学系、广播电视新闻学系（附设播音与主持专业方向）、广告学系、编辑出版学系、中外文化教研部

经济学院。设 4 系：经济学系、统计学系、国际经济与贸易系、金融系

管理学院。设 7 系：会计系、财政系、工商管理系、图书馆学系、档案学系、信息管理工程系、旅游管理系

外语学院。设 5 系：英语系、日语系、俄语系、法语系、朝鲜语（韩语）系

教育学院。设 4 系：教育学系、学前教育学系、应用心理学系、教育技术学系

政法学院。设 4 系：法律系、哲学系、政治学与行政学系、社会学系

艺术学院。设 5 系和 1 个教研部：艺术设计系、音乐系、美术系、影视系、动画系、艺术教育教研部

数学与计算机学院。设 3 系：计算机科学与技术系、数学系、信息与计算科学系

物理学院。设 2 系 1 部：物理系、信息科学与技术系、基础教学部

化学与环境科学学院。设 3 系：化学系、材料科学系、环境科学系

生命科学学院。设 5 系：生物科学系、生物技术系、生物信息学系、生物工程系和海洋科学系

电子信息工程学院。设 3 系 1 部：通讯与电子工程系、电子科学与技术系、自动化系、基础教研部

建筑工程学院：设 3 系：建筑学系、工程力学、土木工程系

二、学系发展与分化的主要特点

总体上呈现两个特点：

一是数量增加。随着学校招生规模的迅速扩大，学校的本科专业数量迅速增加，系的数量也相应快速增长。这一时期，A 大学加大了调整学科专业设置的力度，追踪适应经济建设和社会发展对人才的迫切需求，适时增加社会急需的学科专业。随着本科专业数量的增加，学院内部系的设置数量

迅速增加,大量新的依托二级学科建立的学系不断产生。这一时期,A 大学由于扩大规模的需要带来本科专业数量的增加,成为学系数量发展较快的主要原因,直接促进了学系的分化发展。根据这一时期的几次会议记录记载:

> 1999 年申报新专业时校长谈到申报新专业的指导思想:搞我们自己特色的,重新研究我校作为唯一的综合性大学的特征,综合是学科与学科之间的综合,既有社会效益,又有经济效益。党委书记则强调要多报专业,面向 21 世纪的学科专业,看好社会需求就申报。时任教务处长认为:增加学科专业类型覆盖面,学科结构形成学科群。教务处副处长认为:海洋技术等都是面向 21 世纪的,但院系没有积极性,学校也要求申报,学校鼓励各学院多报专业,导致本科专业数量迅速增加。2002 年 9 月在研究增设本科专业问题时,学校认为目前专业数量规模仍然不适应发展的要求。校长强调,目录内专业,尤其是经济、管理、艺术,面向应用学科,重点发展,多覆盖硕士点。不要考虑是哪个学院的,只要能批下来都可以。以基础学科带动应用学科和交叉学科的发展。①

如艺术学院,1999 年只有音乐学和艺术设计两个专业,学院也仅有音乐系和艺术设计系及一个公共艺术教研部。之后艺术学院加快了本科专业建设,这一时期也是我国艺术学专业大发展的重要时期,社会对艺术类人才的需求越来越大,很多考生都看好艺术类的专业。2000 年增设戏剧影视文学专业,2002 年增设绘画专业,2003 年增设动画专业,2004 年增设广播电视编导专业,这几年几乎是每年增设一个专业,新上一个专业就相应增加一个系,专业和系的设置基本上是一对一发展的。目前设有艺术设计系、音乐系、美术系、影视系、动画系五个系,总共六个本科专业,2004 年以后本科专业设置和学生规模基本上稳定了。经过近十年的发展,艺术学院已经发展成为 A 大学卓有特色和实力的学院。

在 A 大学,管理学院是全校最大的学院,2000 年学校在教学科研机构改革中将管理类专业整合到一起,成立了管理学院。由于管理学是一个大的学科门类,所以管理学院内部各学科之间的差别比较大,涉及到工商管理、公共管理、图书情报管理等专业。当初成立之时学院有 7 个专业,设置了 3 个系。这些年学院发展非常迅速,学生规模增长很快,本科专业数量增

---

① 根据 A 大学有关会议记录整理,2001—2002 年。

长也就很快,目前已经有 13 个本科专业,设置了 7 个系:会计系、财政系、工商管理系、图书馆学系、档案学系、信息管理工程系、旅游管理系。

二是学系的结构调整。

专业结构调整影响到学系的结构,大量应用性专业产生,使得这一时期 A 大学学系的组成结构出现了很大的变化。根据相关学校会议记录和文件记载①:

> 2000 年 4 月学校在申报新专业时,学校领导提出认为,学生规模要不断扩大,2005 年要达到 3 万人。要实现规模的扩大,就要拓展新专业。现在专业老化,作为综合性大学,应尽快办出一些社会需求强,有发展潜力的新专业。化学、生命科学、数学与计算机科学学院、物理学院等,应尽快办出新的专业。教务处要多做工作,尽快调整学科专业。新上专业,要考虑学生就业面广,在市场上抢手的专业。2001 年,学校拥有本科专业 49 个,五年中新增设本科专业 31 个,截至 2005 年,学校设有本科专业 80 个,涵盖 10 大学科门类。2001—2005 年间,A 大学根据全省经济社会发展和产业结构调整对专业人才的需求,发挥综合性大学多学科优势,以传统基础学科专业为基础,优先发展了信息科学、生命科学、新材料科学、金融、贸易类等专业,学科专业基本覆盖了全省基础产业、支柱产业、高新技术产业和社会的主要领域。同时,对社会需求较少的专业实行了减招或隔年招生。专业结构布局不断得到优化,基础学科专业与应用学科专业的比例为 3∶7,文理渗透、理工医结合、多学科交叉、特色鲜明的学科专业格局基本形成。

A 大学教务部门负责人谈道:

> 2000 年以来,学校积极做好专业建设工作,通过创建新办专业,建设一批国家级特色专业建设点,逐渐优化专业结构。学校新增本科专业 38 个,其中包括 6 个医学类专业,新增 38 个专业中的 37 个为社会急需的应用型热门专业,极大地改善了学校的学科专业结构。2005 年,原我省的一所职工医学院并入学校,使学校学科门类增加到十个。学校现有本科专业 87 个,涵盖哲学、经济学、法学、教育学、文学、历史

---

① 根据 A 大学有关会议记录和文件整理。

学、理学、工学、医学和管理学十个学科门类,覆盖了我省基础产业、高新技术产业、社会文化产业等主要领域,基本形成了"文理渗透、理工结合、多学科交叉、特色鲜明"的学科专业格局。①

三、学系的设置模式

在 A 大学,系的设立由学院决定,各学院发展也很不平衡,学院的专业数量、历史传统、学科布局、人员情况等因素都会影响到系的设置。系的设置也呈现出多样化的趋势,主要形成了以下四种模式:

第一种:二级学院全部由各专业学系构成。每个学院所设学系,基本上按二级学科设系,当然,由于学科的差别和专业数量的差别,各院系的数量也不一样,有的学院下设 7 个或更多的系,而有的学院则只有一个系。系的分化主要还是本科专业数量的增加以及学科领域、学科范围的扩张引起的。社会对高校人才培养提出了新的要求,专业设置近年来发生了很大的变化,许多新型学科、应用学科的专业应运而生。A 大学历史上属于综合性基础性大学,基础学科和专业比较多。近年来,随着学科专业的转型和结构调整,加大了新兴和应用学科的建设力度。伴随着这类专业数量的增加,系的数量和类别呈现明显的分化和增长情况,出现了很多新的系。如教育学院下设 4 系:教育学系、学前教育学系、应用心理学系、教育技术学系。化学学院也分化出化学、材料科学、环境科学 3 个系。建筑工程学院设有土木工程系、工程力学系和建筑学系 3 个系。

第二种:既有承担专业教学任务的学系,也有承担专业公共课任务的学系,形成了专业系和基础系并存的局面。比如文科的艺术学院、新闻传播学院。如新闻传播学院,设有 4 个本科专业,即新闻学专业、广告学专业、广播电视新闻专业、编辑出版专业,相应下设 4 个系,即新闻系、广告系、广播电视新闻系、编辑出版系,除此之外还专门设置了 1 个公共教研部,即文化教研部,其主要功能是面向全院开设公共基础课或选修课。类似的还有物理科学与技术学院,除了学系之外也设置了基础教研部;电子信息工程学院除了设有通信与电子工程系、电子科学与技术系、自动化系三个学系外,也设立了基础教研部。而艺术学院的艺术教研部则是面向全校开设艺术素质修养课,与前面几个学院的基础教研部有所不同。

第三种:大部分学院的系为基层教学组织,属于校院系三级管理结构,

① 对 A 大学时任教务部门负责人的访谈,2011 年 3 月。

但也有个别学院系的下面有教研室设置,比如中文系。中文系隶属于文学院,虽然学院也办有 4 个专业,但仅有 1 个系,在系的下面则是保留了 9 个教研室:古代文学教研室、语言文字学教研室、现当代文学教研室、文艺理论教研室、中国古典文献学教研室、世界文学与比较文学教研室、文学与写作教研室、文秘教研室、对外汉语教研室。再如历史学院,2009 年之前也是只有一个系,即历史系,下设中国古代史、中国近现代史、世界史 3 个教研室。在 A 大学,中文系和历史系都曾是学校二级单位中具有较大影响的学系,在国内高校中也有一定影响,中文系和历史系都是省级人才培养和科学研究基地。实施学院制之后,仅设中文系和历史系,且更多的是为保持综合性大学中文系或历史系的传统,以及和国内其他大学保持一致。后来历史学院的学系设置发生了新的变化,2010 年也相应成立了 3 个系即中国史系、外国史系和考古文博系,这一变化更多是考虑了学科建设的需要。

四、结 构 运 行

根据 A 大学出台的管理制度,实行校院两级管理体制,学院下属的系成为基层教学组织。学院是学校内部的二级办学管理实体,承担相对独立的行政管理职能,在学校党委和校长领导下,对全院工作实行统一管理。学院按本科专业二级学科或专业性质设系,也可根据科研和对外服务的需要设立研究所,负责教学、科研等具体业务工作。二级学院所设系(研究所)是学院领导下的教学科研基层组织,不作为一级办学实体,不承担行政管理职能,系主任不定行政级别。

学系主要以二级学科为组织单位,负责指导、组织本学科的基本教学活动,包括招生计划、课程体系、师资配置等各项工作。学系之下一般至少要有一个本科专业,系的名称基本上和本科专业名称相一致。A 大学规定了学系的具体职责,包括:根据社会需要,提出专业结构调整方案,拟定专业培养方向和目标,提出培养方案、课程设置和教学计划;落实本单位的教学、科研和实验室建设;组织教学方法的研究,进行教学改革,采取措施确保教学质量的提高;根据承担的教学科研等任务,拟定教师与技术人员评聘的建议和意见;提出本系人员的业绩考核意见;对教学情况和效果,科研课题进展情况进行检查和监督。

学系设系主任一人,副系主任由学院根据具体情况设置。正副主任均由教师担任,不定行政级别。① 系主任主要采用上级任命的方式,由学院任

---

① 《A 大学关于二级学院管理体制的若干意见》,2001 年 10 月。

命。一般由本学科具有教授职称且有一定威信的专职教授担任。随着系的数量扩大,出现了一批年轻的副教授担任系主任。系主任一般要适当计算工作量,但只有很少的报酬,不过这一角色往往是晋升副院长的重要条件。也有的系主任由院长或有关职能部门的领导兼任。

系主任是系的核心,承担着协调者、组织者的角色,虽然没有行政级别,但却发挥着行政管理的作用。他们既要考虑系的教学工作,也要关注科研工作。学院一般都是通过系主任布置重要工作。系主任一般是学院学术委员会成员。系主任直接和每位教师联系沟通,属于网络式沟通模式。系主任和教师之间地位基本上是平等的,至少系主任们是这样认为的。

研究者曾对信息管理工程系、中文系、化学系、哲学系、生物系的部分系主任进行了访谈,对 A 大学学系的运行有了更进一步的了解:①

系主任没有什么行政权力,只是完成一些服务性工作,基本上也不计工作量,但可以通过这一职位密切与教授们之间的关系,相互联系的机会多一些。系里的老师常常在一起讨论问题,学校各学院形成一个传统,每周有一个下午一般是每周四下午召开职工大会,布置有关工作或进行职工教育,各系在学院大会之后一般有问题要商量,如制定教学计划、教学大纲、教学考核、人才培养方案,及其他教学中的重要事情。随着网络的发展,系主任充分利用网络和大家沟通完成工作,大大提高了工作的效率。决策一般是大家投票,体现公平。如若有教师需要,则事先说明,大家一般会照顾,体现了良好的合作关系。有的系主任不是学术权威,学术权威在系的决策中仍然有很大的作用,系主任一般都尊重,甚至学院院务会议也尊重学术权威的意见。系里一般都有传帮带的传统,年轻的老师一般有年长的老师指导,很快成熟起来。同一个系的老师之间不仅是工作关系,生活当中往往也是密切的朋友,个人的一些事情系里老师们也会积极帮助。学系在大学里是最小的工作群体,满足了教师多方面的需要,有的老师甚至一辈子在一个系工作,对系的感情甚于对学院乃至学校的感情。

---

① 根据部分系主任访谈记录整理,2012 年 4 月。

五、运行效果

A 大学中的学系,主要还是教学组织,承担着教学任务。科研活动虽有,但气氛并不浓厚,这和 A 大学的性质和传统有关,所以系里教师们集体讨论的更多是教学中的有关问题,很少就科研进行讨论。

从学系发展的数量和结构来看,这一时期,A 大学的学科专业及相应的组织结构产生了很大的转变。学系的数量增加,学生规模扩大,应用性学系的产生,人才培养模式和目标、教学大纲、课程体系等发生相应的变化。系作为最基层的教学组织,直接支撑着学校的教学活动。在这里,传统学科得到改造,新兴学科得到加强,综合性大学的学科覆盖面和结构得到较好的发展。系的网络共同构成了学校的学科结构体系。有时以系的名义对外组织活动,更为学术界所认可,比如历史系、中文系、档案学系、会计系、新闻系等。

总体上讲,系在学科发展过程中曾起过重要作用,它将志趣和专长相同的一批教师集合在一起,使他们在共同的学术领域中相互砥砺,共同促进学术的发展,并通过教学将他们对世界的认识、态度和研究方法传递给下一代,使得人类的知识宝库得以丰富和发展。但它的不足之处也是不容忽视的,那就是它以牺牲一般性、广度、交叉和多学科合作研究为代价。在美国极少数很小的实验性学院里,系的设置被视为对于整体性的破坏,是不应采用的。而在美国的另一类院校,其中尤以社区学院为多,正在兴起一股较大的学术单位取代系的运动。①

A 大学情况也明显出现了这种弊端,学校领导已经意识到并多次强调要采取一定措施和机制打破学科专业、学系之间的壁垒:②

> 我校学科资源严重分散,分摊到各系,资源的有效性降低;容易形成以系为单位的小团体,系的利益高于学院和学校的利益;争夺资源,系主任的学术地位、资历决定系的地位;不利于交叉学科的成长;不利于综合性人才的培养;不利于综合问题的解决;大学内部由于学科的界限,加之结构之间的距离,导致了不同的教学科研单位之间基本上处于不相往来的局面,各学院各自为政,部门之间边界清晰,而且各学院内部的各系之间甚至也分割得较为明显,每一个系都有自己特定的群体、

---

① 赵曙明:《美国高等教育管理研究》,湖北教育出版社 1992 年版,第 37 页。
② A 大学校长在学科建设研讨会上的讲话,2004 年 8 月。

利益,从事专业化的教学和研究,教学科研单位内部分化也是十分明显,教师们只是在一个很窄的学科领域里从事教学科研。这些现象在我校很多学院和学系中都不同程度的存在着。

为了实现学校确立的发展目标和学术战略,A大学通过教学科研单位重组改革的方式确立了学院制的基本管理模式,这种模式与传统校系教研室管理模式相比无论是在学院的定位、职责、结构、运行等方面都发生了很大的变化,形成了校院两级管理体制。学校更加侧重宏观管理功能和学校公共资源、公共服务的提供,而学院则根据社会对人才培养和科学研究的需求承担具体的办学功能。从总体上讲,这一时期A大学学院制的管理模式适应了学校的学术战略,学校教育质量、科学研究和学科建设水平的提升最终都是通过学院来完成的,而且这种模式和综合性大学的学科特点也是相适应的。

但是,在A大学学院制的运行过程中,由于学校在权力下放、职责界定等方面并没有作出明确的界定,学院制的运行出现了诸多问题,在一定程度上限制了学院自主性的发挥。尤其是学校层面集中控制和管理的模式没有发生根本性转变,学院在人事、财务和资源管理等方面的自主权力非常有限,同时,在规模扩大和办学层次提升的双重压力下,教师的教学和科研任务都明显加大,学校又没有及时出台相应的解决措施,教学和科研的矛盾也比较突出。在学院内部,党政联席会和学术委员会、学位委员会等机构之间的关系也需要进一步协调,而学院所属各系之间的壁垒仍然存在,这些都制约了学院制功能的有效发挥。因此,从A大学反映的情况看,还属于一种不彻底的学院制,大学的管理者要真正发挥学院制的作用,仍需要进行持续不断的调整和改革。

第五章 学位与研究生教育的
战略与组织分化

学位与研究生教育①是大学发展的重要内容,尤其是对于研究型大学或教学研究型大学而言,学校硕士、博士学位点的数量以及研究生教育水平是其学术水平的重要标志。A大学在从教学型大学向教学研究型大学转变的过程中,将学科建设、学位点建设及研究生教育作为学校发展的重要战略,相应地在学位与研究生教育管理组织方面进行了持续调整和变革。

第一节 学位与研究生教育发展战略

一、研究生教育地位的提升与战略选择

A大学是在H省高校中较早开展研究生教育的学校。"A大学培养研究生可以追溯到1958年,当年化学、物理、数学、中文等专业均招收研究生班,每班10—20人。1978年开始正式招收研究生。"②

1999年之前,A大学的研究生教育管理体制是各学系负责制,由各学系负责研究生教学和研究生管理的全部工作,学校在党政机关部门中设置研究生处,侧重于研究生教育的宏观管理和检查监督,不直接负责研究生的教学事务和学位授予工作。这种职能式的管理形式适于研究生规模不大的情况,对推进当时研究生教育的发展起到了重要的作用。到20世纪90年代,随着A大学逐渐开始重视加强研究生教育,申报了更多的硕士点和博士点,1999年7月,提出"要制定研究生教育发展规划,学位点数量要与学校整体发展规模相适应"的发展目标。

1999年,A大学专门召开会议,研究了研究生教育发展问题。在研究生教育模式上,起初还是沿袭了之前的管理体制,强调在研究生教育管理模式上,学校职能管理部门是研究生处,主要工作是宏观调控,要下大力完善

---

① 这里沿用了传统的学位与研究生教育的概念,主要指研究生层次的教育和以学位点建设为主要内容的学科建设。而一般意义上的学科建设则涵盖人才培养、科学研究等诸多领域。

② 《A大学史:2001—2010》,A大学出版社2011年版,第235页。

评估指标体系,强化研究生培养的质量意识。对于研究生教育的发展,提出了三条要求:一是今后学校的建设与发展要把研究生教育作为必不可少的一部分统筹考虑。二是研究生教育发展规划要征求各院系、教务处及导师的意见。三是要强化研究生外语教学,改革研究生外语教学方法。① 可以看出,到1999年,A大学已经逐渐认识到研究生教育对于学校实力提升的重要性,尽管当时研究生规模不大,但是已经将其列为学校整体工作的重要部分,并且开始着手制定研究生教育发展规划。管理层这种认识的转变与措施的加强,隐含着对研究生教育战略地位的判断和新的学术战略的逐步构建。

2000年初,A大学制定了《研究生招生五年发展规划》、《发展研究生教育学科专业五年建设规划》、《研究生教学改革计划基本思路》,提出:2005年要达到建立研究生院的基础:硕士点达到50个,博士点达到10个以上,研究生在校生1000人以上。要在2005年基本具备成立条件,研究生的规模和质量上去了,学校的影响就大了。② 学校管理层对研究生教育在学校发展中战略地位的认识进一步明确。

这一时期,A大学对研究生教育的认识出现了重大转变,将研究生教育列为学校发展的重要内容,开始注重学校办学层次的提升,这对于长期以教学为主的地方高校来讲是一次重大突破。也是在这一时期,我国研究生教育整体发展也在发生着重大的变化,A大学的办学理念适应了当时高等教育特别是研究生教育发展的趋势。

时任研究生处处长在访谈中讲道:

> 当时全校18个院系中,只有法律系和信息管理系两个系没有硕士点,2000年要力争实现法律系、信息管理系学位点零的突破。学校提出到2005年博士点数量要达到10个以上,硕士点达到50个以上,在校研究生达到1000人以上,基本具备建立研究生院的条件,今后几年将是研究生教育大发展的时期,我们一定要抓住机遇,不断扩大研究生的规模,提高研究生的培养质量,提高学校的办学层次。③

2000年,A大学在《面向21世纪建设与发展规划》中专门论述了研究

---

① 根据A大学有关会议记录整理,1999年。
② 根据A大学有关会议记录整理,1999—2000年。
③ 对时任研究生学院院长的访谈,2011年9月。

生教育的发展目标与战略,将这一目标和战略正式落实到学校的纲领性文件中。提出:

> 实现办学层次的新突破。到 2005 年,博士点由现在的 5 个达到 10 个,硕士点由现在的 32 个达到 45 个,专业硕士学位点 1—2 个,并设立 1—2 个博士后科研流动站,建立研究生院。

同时,提出了发展研究生教育的具体措施:

> 大力发展研究生教育。抓住机遇,努力创造条件,增设新的学位点,重点增设我省经济建设、社会发展和科技创新急需的学位点。积极开拓 MBA 等专业硕士的培养,并开展本硕连读和硕博连读工作。在校研究生人数要力争大幅度增长,到 2010 年,校本部研究生人数与本科生数之比达到 1:2.5。加强现有 5 个博士点和 32 个硕士点的建设,在导师队伍规模、教学质量、管理水平等方面都要有新的突破;拓展已有学位点新的或跨学科的研究方向,促进增设新的学位点。大力开展在职人员以研究生毕业同等学力申请硕士学位工作,到 2003 年使在学人员由现在的 1500 人达到 2000 人左右。

通过这一规划,对学校研究生教育发展的数量、类型、质量、结构均提出了要求。2001 年 1 月,A 大学校长在教代会上再次强调了学校研究生教育发展的战略重点:

> 立足 H 省,大力发展研究生教育,提高学校的办学层次。今后几年将是研究生教育大发展的时期,我们一定要抓住机遇,不断扩大研究生的规模,提高研究生的培养质量。适时建立研究生院。要拆除相关学科之间的隔墙,加快研究生导师的培养和聘任,鼓励相关学科的教师参与研究生的培养。真正的优势学科对相关学科应具有较强的辐射和带动作用,应从优从速生长出新的或跨学科的研究方向,促进增设新的学位点。积极争取与国外名牌大学和国内外重点科研机构联合开展研究生教育,培养高素质人才。①

---

① A 大学五届二次教代会校长工作报告,2001 年 1 月。

二、学科建设战略上升为学校战略

随着现代高等教育的发展,学科建设在大学中的地位和作用逐渐被人们所认识,学科建设水平越来越成为大学实力的标志。伴随着学校定位的转型,A大学对学科建设工作在学校发展中地位的认识也经历了一个不断明确、加深和强化的过程。

2000年,A大学在《面向21世纪建设与发展规划》中首次提到了要加强学科建设工作,但其主要内容还仅仅限定在重点学科建设方面,同时首次提出了"学科群"的建设理念和思路:

> 加强重点学科和文科基地建设,带动全校学科的发展。继续加大省级重点学科的建设力度,到2005年,现有的省级重点学科要全部达到国内先进水平,并从现有校级重点学科中遴选一批基础好、水平高、发展潜力大、我省经济建设急需的学科专业申报省级重点学科。到2005年,争取省级重点学科达到15个。重点建设中国古代文学、中国古代史、教育史、动物学、生物技术、分析化学和光学等学科,力争达到国家级重点学科水平。对重点学科实行"滚动发展",建立学科建设与发展的淘汰机制。要以重点学科为骨干,经过重点建设,形成整体优势明显的哲学与法律、经济与社会发展、新闻传播、教育科学、文学与艺术、历史与文化、数理科学与化学、生命与生态、材料科学与技术、信息科学与技术、管理科学十一大学科群。同时,继续加大对两个省级文科基地的建设力度,在资金、设备、师资方面适当倾斜。①

2003年,A大学在国家第九次申报硕士、博士学位点的工作中,并没有取得预期的成效,从学校领导到各学院都把这次不成功的申报工作作为一次教训来看待,学校连续召开了几次小范围的学科建设分析会,总结学校学科建设的优势和劣势,各部门和学院分别讲述自己的成败得失。通过这次深刻的研讨和论证,从学校领导到各学院、各部门对学科建设的性质、任务有了更加明确的认识。同年暑期,学校专门召开了学科建设研讨会,学校党政主要领导都作了重要讲话,部分学科点的带头人作了经验介绍,并邀请了国内专家作了专门讲座。经过一系列分析、研讨乃至争论,学校对学科建设在大学发展中的地位、作用和学校学科建设的发展定位、目标和措施有了更

---

① 《A大学面向21世纪建设与发展规划》,2000年9月。

明确的认识,学科建设开始成为学校发展的重要内容。学科龙头地位正式在 A 大学得到确立,学科战略成为学校发展的重要战略。也正是从 2003 年开始,为了强化学科建设工作,A 大学每年都要召开学科建设研讨会,成为了一个制度性的重要会议。

从 1999—2006 年这一段时期,伴随着 A 大学学位点数量的增长和学科实力的逐渐增强,学校办学层次得到了明显提升,A 大学校长谈到①:

> 1999—2005 年期间学校实现了办学层次、规模和效益协调发展。更为重要的是,几年来我校研究生报考生源和办学规模发展势头强劲,标志着我校在校学生层次结构呈现了良性态势,这是我校办学水平向更高层次攀登的重要衡量指标。回顾一下"十五"期间我校一本学生规模与研究生规模发展的比例情况:2001 年为 10.2∶1,2002 年为 7.9∶1,2003 年为 5.7∶1,2004 年为 5.3∶1,2005 年研究生规模达到 3500 人,一本学生与研究生的比例为 3.77∶1,到 2006 年,研究生规模超过 4000 人,一本学生与研究生比例接近 2.5∶1。

2006 年,A 大学在《"十一五"建设与发展规划》中明确了建设国内一流教学研究型大学的目标定位,其中在分析学校存在的主要问题和困难时,第一个就是有关学科建设的,提道:学科建设形势依然严峻,突出表现在国家重点学科和国家重点实验室亟待实现零的突破,博士学位授权点和博士后科研流动站在数量上也仍需进一步增加。可以看出,在 A 大学从教学型大学向教学研究型大学转变的过程中,学科建设战略日益突出,并逐渐成为统揽学校发展的龙头工程。与此同时,学校对学科建设和研究生教育的目标和措施提出了更为具体的要求:

> 学科建设,到 2010 年,一级学科博士点由现在的 1 个增加到 5 个以上,二级学科博士点由现在的 12 个达到 18 个以上;一级学科硕士点由现在的 12 个达到 20 个以上,二级学科硕士点由现在的 127 个达到 150 个以上,专业硕士学位点由现在的 3 个达到 6 个以上;博士后科研流动站由现在的 4 个达到 6 个以上;省级重点学科由现在的 12 个达到 14 个以上,力争实现国家重点学科零的突破;省级重点实验室由现在的 7 个达到 10 个以上,力争实现国家重点实验室零的突破。

---

① 对 A 大学校长的访谈,2011 年 10 月。

　　继续大力发展学位与研究生教育,提高学校的整体办学层次。加强现有博士点和硕士点的建设,拓展已有学位点的覆盖面,促进新学位点的生长和申报。重点增设我省经济建设、社会发展和学术创新急需的博士和硕士学位点,使我校研究生学位点的层次和数量再次实现较大幅度的提高和增长。加强现有博士后科研流动站的建设,申请增设新的博士后科研流动站,并增加博士后科研流动站的进站人数。积极开展本硕连读和硕博连读工作的试点,探索高校研究生培养的新模式。积极拓展研究生培养类型,大力发展专业学位研究生教育,拓展招生领域,扩大招生规模。到 2010 年,研究生数与校本部本科生数之比达到 1:2.5。①

表 5-1　A 大学一级学科硕士学位授权点建设情况②

批准时间	批次	名称	备注
1998 年	第七次	光学工程	工学
2005 年	第十次	理论经济学	经济学
		马克思主义理论	法学
		教育学	教育学
		中国语言文学	文学
		新闻传播学	文学
		历史学	历史学
		物理学	理学
		化学	理学
		生物学	理学
		计算机科学与技术	工学
		管理科学与工程	管理学
2010 年	第十一次	哲学	哲学
		应用经济学	经济学
		法学	法学
		心理学	教育学
		外国语言文学	文学

---

① 《A 大学"十一五"建设与发展规划纲要》,2006 年。
② 数据来源:《A 大学史:2001—2010》,2001 年,第 296 页。

续表

批准时间	批次	名称	备注
		艺术学	文学
		数学	理学
		力学	工学
		仪器科学与技术	工学
		电子科学与技术	工学
		控制科学与技术	工学
		环境科学与技术	工学
		临床医学	医学
		中西医结合	医学
		药学	医学
		工商管理	管理学
		公共管理	管理学
		图书馆、情报与档案管理	管理学

三、学位与研究生教育组织的发展

A 大学在这一时期的发展过程中,陆续出现了三个学位与研究生教育的管理组织:

一是研究生学院,被看作是具有一定行政管理职能的教学单位,承担着研究生教育的招生、学生管理和研究生教学的管理工作,具体的研究生教学由各个学位点所在学院组织管理,各个学院设有主管研究生教育的副院长、负责研究生教育的具体事务性工作科研秘书。

二是学位委员会办公室,是学校直属机构,承担着学校学士、硕士和博士学位的授予工作,并且还承担专业硕士研究生和在职人员申请硕士学位研究生管理工作。

三是学科建设与管理处,作为学校的党政职能部门之一,负责学校的学科建设工作和学位点的申报、导师遴选工作。

实际上,由于具体的研究生教学任务放在各学院的学科点,在 A 大学整个学科与研究生教育系统中,是四个机构之间的相互联系,即研究生学院、学位办、学科建设与管理处和各个学院的学科点,它们各自承担着学位与研究生教育这个体系中的不同任务。

从组织变迁与分化理论的角度分析,这种组织形式的动态变化反映了这一时期学校在学位、学科建设与研究生教育发展中的不断调整与变革。第一,研究生规模迅速扩大,需要新的组织管理形式,在向研究生学院制度转变过程中产生了研究生学院管理模式。第二,这一时期,A大学要抓住争上学位点的机会,加大内部组织和外部联络力度,整合学校资源,需要专门协调和管理机构,学位办公室应运而生,从研究生学院中分化出来。第三,随着学科建设地位的逐渐增强,学校的学科战略需要统一的规划和发展,重点学科、学位点建设、导师队伍建设等成为影响学校发展的关键,学校向教学研究型大学转变需要加大这方面的投入力度,成立了学科建设与管理处,统筹建设和管理学校的学科建设资源。

第二节 研究生学院的创建与运行

到20世纪末,研究生处一直是A大学研究生教育和学科建设的职能管理部门,研究生教学和学生管理由各个学系具体负责。1999年之后,伴随着学校对学科建设的重视和研究生教育规模的迅速扩大,为了有效统筹学校研究生教育资源,加强对研究生教学和学生的管理,成立了具有行政管理职能的教学组织——研究生学院。研究生教育的教学和管理由此从各学院分化出来,由研究生学院直接负责研究生教育的业务工作,各学院在研究生学院的统筹指导下具体承担研究生的教学工作,而研究生的学生管理则由研究生学院直接负责。

一、主 要 背 景

2000年,A大学进行了校内管理体制改革,研究生教育的管理体制此时并没有发生变化,研究生处依然是作为学校职能处室之一,全面负责对全校研究生教育和学科建设的统筹管理,当时其职责被具体界定为:

> 负责组织编制、实施研究生培养方案、教学大纲、教学计划及各项规章制度;研究生招生录取;研究生教学内容及课程体系改革;研究生教材建设、教学督导;负责研究生学籍管理;组织研究生、第二学士学位生与本科生的学位授予;起草、实施学科建设发展规划;重点学科的申报、检查及评估;制定重点学科经费的使用与项目管理;组织研究生学位授权点及博士后流动站的申报;组织研究生指导教师的遴选、聘任与解聘;研究生课程进修班的管理;在职人员以研究生毕业同等学力申请硕士学位;研究生业务经费管理;组织研究生的学术活动;学位评定委

员会的日常工作。

此时包括研究生教学与管理、学科建设与管理、学位授予的管理职能全部在研究生处。十年之后,这种情况显然发生了明显的变化,上述三大部分的工作已经被分别划归研究生学院、学位办公室、学科建设与管理处三个不同的教学或管理部门负责。

时任研究生学院党委副书记在访谈中谈到设立研究生学院的背景时认为:①

> 1999 年之后,国家实行严格的研究生学院制度,研究生学院成为很多重点大学学位与研究生教育管理的基本制度。A 大学是 H 省省属重点综合性大学,在 H 省高校最早开展学位与研究生教育,学位与研究生教育的实力在 H 省名列前茅。但是,当时按照国家建设研究生院的标准,H 省没有一所大学具备条件。建立研究生学院成为当时很多大学的目标,也意味着学校办学层次的提升,是大学实力的一种标志。1999 年高等教育扩招之后,随之带来的是 2003 年毕业生数量的增加。在 2002 年的时候,为了迎接第二年毕业生数量激增,需要做好相应的准备,其中一个重要的趋势就是考研的学生数量会大幅增加,会面临着研究生教育的大发展。这样,本科扩招也推动了研究生的扩招,当然这也是国家对高层次人才建设的需要。H 省作为教育大省,需要跟随国家发展战略步伐,抓住机遇扩大研究生教育阵地,但又不具备研究生院条件。为了做好思想和战略、组织上的准备,各高校积极探索,后来省教育厅同时批准 A 大学、某某大学、H 省师范大学和 H 省工业大学分别建立研究生学院,既作为一种应对研究生教育大发展的战略准备,也作为将来向研究生院过渡的一种组织体制。

1999 年之后,积极发展研究生教育成为 A 大学的重要战略,主要体现在以下几个方面:办学层次的提升,研究生教育规模的扩大,成为学校从教学型大学向教学研究型大学转变的重要标志;加速高层次人才的培养,促进大学科学研究的发展,提高研究生教育管理的规范化和标准化建设水平;加强学科建设和学位点的建设,尤其下大力加强硕士点、博士点的建设,促进学校科研水平的提升。由此,通过加强研究生教育,一方面培养更多的高层

---

① 对 A 大学时任研究生学院党委副书记的访谈,2012 年 12 月。

次人才,另一方面大力促进科研工作的开展,是提高大学学术能力的重要举措,是提升办学层次、社会声誉的重要标志。

二、研究生学院的建立

2001年3月,A大学谋划并研究了成立研究生教育学院的有关问题,在学校有关会议上,对这一问题进行了专门研究:

> 目前,国家尚未放开对研究生学院的审批,H省工业大学、某某大学、H省医科大学、A大学拟向教育厅申请成立研究生学院类似的组织机构。其中,H省医科大学建立了研究生学院,而且成立了学位办。我们也到省相关部门积极运作,基本同意我校建立研究生教育学院。我们可以参考医大和某某大学的方案制定。研究生学院的机构设置情况,涉及到干部及研究生管理如党支部建设管理等,是收回研究生教育,还是像现在一样放在学院,关键是管理体制。如果学生管理放在学院,那涉及不到研究生学院建党委、党支部问题。以前学生管理都集中放在研究生处,学生与系脱钩,后来就放下去了,各有利弊。如果按研究生教育学院的成立来说,应该建立相应机构,集中管理比较好。研究生学院就是一个办学实体,这也是多数专家的意见。①

2002年,A大学进一步完善研究生教育管理体制,解决了研究生管理和研究生学院内部机构设置的有关问题:

> 2002年1月,制定了加强和改进研究生党建与思想政治工作的意见。研究生管理问题,放到学院管理还是容易乱。原来研究生处管理时,抓得很紧,后来放到了各学院管理就出现了很多的问题。现在随着形势发展,又改为研究生学院管理,要管理好,行之有效。主管科研副校长认为:过去出现的主要问题是各学院出现失控。归到学院后,有的学院抓得紧,但有的学院管理比较松懈,现在统一起来好管理。2002年3月研究了研究生学院的设置问题,既保留了研究生处职责,又增加了学生方面的管理职能。②

---

① 根据A大学有关会议记录整理,2001年。
② 根据A大学有关会议记录整理,2002年。

A 大学首任研究生学院院长在谈到这一过程时讲到①：

　　2002 年 5 月,学校正式成立研究生学院,撤销了研究生处。当时研究生学院设立了五个办公室,分别是招生科、培养办(兼管学位工作)、综合办公室、研究生工作部、学科建设管理办公室(兼管学位点申报)。与研究生处管理模式相比,研究生学院管理还是有很大的不同。研究生处只是一个行政职能部门,担负着单一的行政管理职能,具体的研究生教学组织、学生管理都由各院系来组织,属于纯粹的管理机关性质,之前研究生规模小,管理可以分散。发展到研究生学院组织形式,则转向了一个兼有行政管理和教学职能的综合组织结构,学校对它的准确定位是具有一定管理职能的教学科研单位,它要承担起研究生教育的行政管理、培养、学科建设、学位授予等全部工作,如在教学上要统一牵头制定教学大纲、推进教学改革、制定教学标准、组织公共课教学等基础平台建设。在研究生规模迅速扩大的情况下,可以统筹学校资源做好这项工作,这样就实现了从分散管理与教育向集中管理与教育的转变,现在看来实现了较好的管理效果。

　　2002 年,A 大学接受了 H 省硕士学位研究生教育质量评估,校长在报告中提道:近几年来,我校研究生教育发展较快,办学层次、教育质量和整体实力都有明显提高。目前,我校已有 6 个博士学位授权点,44 个硕士学位授权点,覆盖九大学科领域。研究生教育规模不断扩大,2001 年在校研究生总数达到 1173 人,列全省第一位。学校结合实际情况,充分挖掘自身潜力,在扩大研究生教育规模的同时,采取一系列保障措施,保证研究生教育教学质量稳步提高,在学科建设、教学管理、科学研究、人才培养等方面都取得了较大成绩。

　　在研究生学院成立时负责招生工作的副院长认为,内外因素的共同作用推动了学校在组织体制上的变革②：

　　我是 2011 年底到研究生学院分管招生工作的,当时 2002 年招生的人数不到 400 人,第二年就招到了 650 多人。后来连续 3 年呈阶梯状发展,越往后规模越大。10 年时间里研究生教育实现了跨越式发

①　对 A 大学首任研究生学院院长的访谈,2012 年 12 月。
②　对时任研究生学院主管招生副院长的访谈,2012 年 12 月。

展,我们学校的学位点数量大幅增长,我认为当时研究生学院的设立满足了学校研究生教育大发展的需要。这种快速的发展主要有内外两个方面的因素:一是从国家层面来讲,从教育大国向教育强国的转变。其中研究生教育的定位明确,实施过程中起到了主要作用,具有战略地位,学位与研究生教育在国家创新体系建设和科技强国战略中地位日益提升。当时 H 省为了满足更多人的需求,在全日制研究生数量非常有限的情况下,还创造了一种所谓的"地方粮票",称作"同等学力在职申请研究生班",报名的人数也很多,在很大程度上满足了学生们的需求。二是从学校内部因素来讲,主要是在学校的定位和战略上,我们是 H 省高校中的龙头和示范大学,在新一轮的竞争中,要抢占制高点,实现新突破,在研究生教育中要领跑,这就需要迅速发展,要实现内部结构、层次、类型的变革,这种结构调整是自身变化的需要。当然,研究生教育的发展也是我们校内很多学科带头人的迫切期待,是这些中坚力量自我提升的需要,一线教学科研工作者内生成长的需要。学校有长期研究生教育的历史,经过长期积累和学养积淀,形成了严谨的治学作风,一代一代传承下来的治学精神也驱动着学校向更高层次攀升。

三、结 构 运 行

研究生学院成立之初,由 A 大学主管研究生工作的校领导兼任研究生学院院长,设常务副院长主持日常工作。分管校领导担任研究生学院院长有利于协调学校各方资源,提高研究生学院的战略地位,在学校整体发展中发挥更大作用。后来,研究生学院、学位办、学科建设与管理处分别独立后,主管领导不再兼任研究生学院院长职务,而是由一名学校领导同时分管研究生教育、学位和学科建设、学位管理三部分工作,通过这种方式实现三部分之间的整合与协调。

研究生学院是学校研究生教育的职能主管部门,具体组织实施学校的研究生招生、培养、党建、就业等工作。参与制订学校有关研究生教育的各项政策,开展研究生教育研究工作;根据国家计划、科技发展和社会需要,研究制订和落实学校研究生教育发展规划和招生计划,并组织实施;配合学校就业指导中心,做好研究生就业管理工作。研究生学院同时具有业务职能和行政管理职能。研究生学院设有招生、培养、教育管理、办公室四个职能科室。在各学院设立主管研究生工作的副院长,另设一名科研秘书负责具体事务。各学科组具体承担研究生的教学任务,实行学科点负责人制度。

四、功能发挥

A 大学研究生学院是一个具有一定行政管理职能的教学单位,特别是在学位管理职能和学科建设职能分化出去之后,此时的研究生学院更加强化了教学功能和研究生的管理职能,研究生学院的各项工作和科学研究关系不大,和学科建设关系也相对分离,研究生学院的职能也就变得相对较窄。但是,从 A 大学研究生教育组织的整体变迁来看,当时研究生学院的建立则有利于统筹管理学校研究生教育资源,这种管理体制的创新有助于规模扩大情况下研究生教育的发展。1999 年之后,A 大学的研究生教育得到了较快发展,其中学术性研究生教育的发展规模增长迅速,学位点建设成效比较明显,在 A 大学校史中将这种变化称为"博士后科研流动站实现历史性重大突破,博士学位授权点实现重大跨越,硕士学位授权点实现规模扩张"。① 可见,这一时期 A 大学研究生教育整体发展呈现了良好势头。

这一时期,研究生学院的功能主要集中在创新研究生培养机制,为社会培养高层次复合型人才方面。在访谈中,时任研究生学院院长认为②:

> 近年来,研究生学院以研究生培养质量为根本,以创新为主线,全面启动和实施研究生教育创新工程,出台了一系列旨在提高研究生创新能力的新举措,在研究生招生、培养、思想政治教育、学位管理、就业等方面形成了日益科学完备的管理体制,逐步形成了有利于高层次创新型人才培养的新机制。主要体现在:
>
> 建立了研究生导师遴选、培训及综合评价机制,实行动态管理,进一步优化导师队伍,目前已形成了一支实力雄厚、结构合理并具有创新精神的研究生导师队伍。积极推行"双导师制",一方面进一步加大交叉学科选聘导师的力度,另一方面从重点大学、政府部门、科研院所及大型企业选聘一批具有丰富实践经验和较高理论水平的校外高层次人才充实导师队伍。全面修订研究生培养方案和教学大纲,优化课程结构。坚持"宽口径、厚基础"的原则,组织修订教学大纲,注重创新意识、创新能力和实际工作能力的培养。按照"科学、规范、拓宽"的方针更新教学内容,建立了"宽松型"教育结构和综合型课程体系,从而为培养研究生的创新能力奠定了基础。打破学科专业间的壁垒,鼓励并

---

① 《A 大学史:2001—2010》,第 135—137 页。
② 访谈 A 大学研究生学院院长,2010 年 11 月。

实施研究生跨学科、跨专业选课,这一改革措施对扩大研究生的知识面,吸收相近或相关学科领域的新成果,解决本学科领域的难题起到了积极作用,实现了研究生培养由单一封闭型向复合开放型的转变,由单纯知识灌输向强化创新能力的转变。加强学术研究与交流,营造创新氛围,每年举办各类学术讲座数百场,多名优秀研究生被资助参加国内外的学术交流活动。建立健全研究生教育质量评估制度,1997年学校开始对学位点进行首次评估,并在此后的多次评估中均取得良好成绩。在全国较早建立研究生教育督导制度,研究生教育督导员对研究生的招生、培养、思想政治教育、学位授予等研究生教育全过程进行全方位的监督和检查,有效地保证了研究生教育教学质量的提高。为不断完善研究生教育质量保障体系,实行"红黄牌"警示制度,建立健全中期筛选等制度,实行优胜劣汰,对思想品德好、成绩优秀、科研能力强的研究生推荐提前攻读博士学位,对学习成绩较差或明显缺乏科研能力的研究生实行延期毕业或终止学业。

第三节　学位与研究生教育组织的分化

一、学位点申报与决策反思

2003年,A大学在申报新一轮的硕士、博士学位点过程中,并没有如愿以偿,成效不是很理想。为此,A大学校长专门撰文分析了学校整体发展问题和对学科建设的思考,其中谈道:

> 要实现学科建设的突破,必须在实现学校整个管理体制的科学化和有序化上下大力气。要解放生产力,首先生产关系必须要适应生产力的发展。孤立的就事论事,"贴补丁"的做法已无济于事。所以,下一步我们应抓紧时间酝酿,做好几件与其紧密相关的大事。尤其在用人、管理体制和机制上一定要有大的创新和突破。将学校的学科建设管理体制进一步完善,根据研究生规模迅速扩张的情况,将研究生的管理和学科学位的建设职能分离是极为必要的,要有常设机构常年运筹、运作此事。第二,校院体制上借学院班子调整的机会,也要大胆革新,分解压力。学院要有专职人员负责专业、学科建设和设备、科研统筹管理,学院正院长必须将主要精力投入到对外学术交往、对内学术研究、

队伍规划和学科建设上。也可以考虑在有条件的学院试行行政管理与学位学术管理分离模式,两权鼎立,各尽所长,因为我们的干部既有交往能力、学术水平,又有行政管理能力的太少。分工可以考虑第一类是行政和日常事务管理;第二类是学位、学术、研究生管理;分别由两位专家型人员负责。总之,我们在学院班子建设上要突出决策、管理的科学和民主,落实责任制,以充分发挥班子每一位成员的能力和工作积极性为原则,为防止推诿和扯皮,实行垂直与条块结合方式,强化学校领导分块协调。第三,加大学校财务的统调、统监、广筹的管理和开源力度,真正将有限的资金用到刀刃上。①

二、学位办公室的独立设置

学位办公室是学校学位委员会的办事机构,长期以来一直设在研究生处和研究生学院,并没有独立设置机构。在加大学位点申报力度的背景下,A 大学专门成立了学位办公室,将其从研究生学院独立出来,成为学校的一个党政职能管理部门,学位管理工作的地位在学校得到进一步提升。

A 大学首任学位办主任在谈到这一背景时认为:

> 学位办公室成立的背景是 2003 年学校学位点申报时提出的问题,需要进一步加大对学位点申报的支持力度,尤其是加大外联攻关力度,需要直属学校领导和管理。当时校长在中央党校学习,2003 年学位点申报成绩不理想,六月份召开了学科建设总结会,暑假召开了学科建设工作会议,学校明确要进一步强化学科建设功能和学位点的申报,认为这是学校转型的必然需要。这一时期学位办公室的重点工作是申报学位点,包括硕士点和博士点,并对全校的学位授予工作承担管理职能,负责在职人员申请学位问题,负责专业硕士学位申报及管理工作。专业硕士和学术硕士是分开管理的,研究生学院负责学术性研究生的教育和管理。学位办是专业硕士的管理部门,各办学单位具体承担教学工作。学校成立几个专业硕士研究生中心,如 MPA 中心、MBA 中心、法律硕士中心、教育硕士中心,这时专业硕士的数量还较少。很快到 2003 年 12 月,学校研究了学位办与研究生学院职能分工问题,提交常委会研究。2004 年 2 月就研究了学位办公室的建制,并通过了《A 大

---

① A 大学校长关于学校整体发展和学科建设的思考,2004 年。

学学位办公室工作职责》,把开题报告、优秀论文推荐划归研究生学院管理。研究生学院重点在培养学生,学位办重点在加强外联,申报学位点。学位办公室设在学位委员会和学科建设领导小组之下。[①]

学位办公室从研究生学院分离出来,也得到了研究生学院领导的认可,认为这一机构的单独设立适应了当时学校建设的重点要求。时任研究生学院党委书记谈到[②]:

> 学位办分化出来的主要原因,还是在学校研究生教育发展过程中,学位点建设和学科建设任务日益加重,作用日益凸显。2004年之前的大众化扩招引来研究生教育的大发展,当时学校的学位点数量虽然每次申报都有增长,但根据我校的学科基础,仍然存在很大的空间,发展潜力巨大,需要迅速扩大学科阵地。申报学位的工作当时一下子就重了起来,当时2001、2002年的时候还没有体会到,但是后来发展非常快,学位点申报、审核、组织联系等成为了学校的重要任务。这样就有必要由专门机构来承担,需要对管理机构进行调整,从研究生学院中将学位学科管理功能分离出来,成立了一个机构,承担全校学位与学科建设组织管理职能。这种分离是当时学校适应发展形势和自我成长的需要,也和学校的性质有关。当时,学校作为综合性大学的学科优势如何发挥,如何打破学科壁垒、学院壁垒,如何调整、挖掘、整合学校内外资源,如何打破部门、学院界限,专门设计、策划组织学位点申报工作,都需要抓紧解决,研究生学院的重点可能在教学和培养环节,对申报建设的精力投入也不够,采取一种专门化的组织形式对完成特定的任务可能更为可取。

三、应用型研究生教育的发展与管理

研究生专业学位教育是学位与研究生教育的重要组成部分,是高等教育水平和实力的重要体现,是培养高层次应用型专门人才的重要渠道。

1. A大学专业硕士发展的基本脉络

由于政策受限,A大学的硕士专业学位申报长期受到制约。2004年,A

---

① 对A大学首任学位办主任的访谈,2012年11月。
② 对A大学2004年时期研究生学院党委书记的访谈,2013年1月。

大学被批准为公共管理硕士（MPA）、法律硕士、工程硕士（计算机技术、光学工程两个领域）培养单位，实现了培养专业学位研究生的历史性突破，成为全省首批开展公共管理硕士（MPA）、法律硕士研究生教育的高校，也是当时省内唯一具有法律硕士专业学位培养资格的学校。2005 年，公共管理硕士（MPA）报考人数达到 276 人，在 36 所新增院校中居第 3 位，在全国 83 所 MPA 培养单位中列第 20 位。2006 年，学校工程硕士新增电子与通信工程领域。2007 年，被批准为工商管理硕士（MBA）、教育硕士培养单位，工程硕士新增电路工程和控制工程两个领域。2009 年新增艺术硕士、汉语国际教育硕士，工程硕士新增仪器仪表工程、软件工程、化学工程三个领域。2010 年，国家对硕士专业学位授权进行改革，由省级学位委员会审核，报国务院学位委员会审批，新增 12 个硕士专业学位，工程硕士新增 3 个领域。新增硕士专业学位点数量位列全国第六名，是新增数量位列全国前 10 位的唯一一所地方高校。鉴于 A 大学在硕士专业学位研究生教育方面的成功经验和先进做法，2010 年成为 H 省唯一一所被教育部批准为国家开展专业学位研究生教育的改革试点高校，法律硕士成为试点类别。

2. 专业硕士学位管理模式

A 大学的专业硕士学位与学术型研究生的管理分别属于两个不同的系统。如前所述，研究生学院是学术型研究生教育培养系统的职能管理部门和教学统筹部门，各学科组承担着教学任务。但专业硕士学位的职能管理部门在学位办公室，由学位办公室负责这一任务的统筹管理和组织协调工作。

A 大学实际负责专业学位教学实施的单位分属于各个相关学院，并且相关学院下设专门的专业硕士学位教育中心，比如 A 大学 MPA 教育中心、法律硕士教育中心等。各教育中心负责组织教师授课、答辩、学生管理等工作。一般由相关学院的院领导担任中心主任，并且聘任一名办公室主任及一名秘书，负责中心的日常行政管理工作。

学位办公室的秘书在区分专业硕士与学术硕士的区别时，谈到了首届公共管理硕士、工程硕士和法律硕士开班时的情况①：

> 在人才培养方面，不同于学术型研究生的是，专业学位的建设更能够直接得到相关部门领导的重视和支持，也体现了这种类型的研究生教育与实践部门的紧密结合。如 2006 年 3 月，公共管理硕士教育指导

---

① 对 A 大学学位办公室秘书的访谈，2012 年 3 月。

委员会成立和首届 MPA 研究生开学典礼时,省政协副主席、全国 MPA 专业教育指导委员会秘书长、省委组织部副部长、省人事厅厅长、省学位委员会副主任等都来参加了。工程硕士 2006 年 3 月开学典礼时,省学位委员会秘书长、省信息产业厅培训教育中心主任来了。法律硕士 2006 年 5 月举行法律硕士教育中心成立和首届法律硕士研究生开学典礼时,全国法律硕士专业学位教育指导委员会第一副主任委员、中国法学会副会长、法学教育研究会会长、省委政法委副书记、省委政法委秘书长、省人民政府法制办主任、省高级人民法院政治部主任、省人民检察院政治部主任、省司法厅副厅长、省学位委员会秘书长都前来参加。后来,在专业硕士的导师队伍中,明显加大了来自实践一线的高层管理者和技术人员担任导师,这在学术型研究生教育中是没有出现过的,而且专业硕士的论文和考核更侧重对实践问题的分析。

四、学科建设战略的深化与学科建设管理处的建立

2008 年 A 大学谋划成立学科建设与管理处,从学位办中分化出来,专门负责学科建设与管理工作,形成研究生学院、各学院、学位办、学科建设与管理处共同开展研究生教育与管理的局面。2008 年,出台了《A 大学关于对部分行政机构及教学单位设置进行调整的通知》,决定成立学科建设与管理处。其具体职责范围被界定为:

> 负责制定学校学科建设总体规划,指导各教学科研单位做好本单位的学科建设发展规划,并督促各单位根据学科发展规划做好学科建设工作。负责学校现有国家重点(培育)学科,H 省强势特色学科,省级重点学科,博士、硕士学位授权点学科布局结构的调整优化;研究制定促进学科建设与发展的制度、措施与办法;负责国家级重点学科、博士后科研流动站,H 省重点学科,博士、硕士学位授权点,专业硕士学位点的定期申报、评估及相关工作;负责 H 省强势特色学科、H 省重点学科建设经费和学校自筹学科建设经费的管理工作;定期对《A 大学关于选聘博士生指导教师实施细则》《A 大学关于选聘硕士生指导教师的补充通知》《A 大学关于遴选硕士生指导教师实施细则》等文件的实施情况进行调研、修订完善,并聘请专家论证;根据《A 大学关于选聘博士生指导教师实施细则》《A 大学关于选聘硕士生指导教师的补充通知》《A 大学关于遴选硕士生指导教师实施细则》等规定及学校工作

安排,对研究生导师进行遴选聘任;建设研究生指导教师动态管理机制,对现有研究生指导教师的自身素质及科研、教学水平进行动态绩效评估、质量监控。

表 5-2　A 大学 2001—2010 年硕士专业学位授权学科建设情况①

批准时间	学科名称
2004 年	公共管理硕士
	法律硕士
	工程硕士:光学工程、计算机技术 2 个方向
2006 年	工程硕士:新增电子与通讯工程 1 个方向
2007 年	教育硕士
	工商管理硕士
	工程硕士:新增控制工程、集成电路工程 2 个方向
2009 年	艺术硕士
	汉语国际教育硕士
	工程硕士:新增仪器仪表工程、软件工程、化学工程 3 个方向
2010 年	工程硕士:新增材料科学与工程、制药工程、生物工程 3 个方向
	金融硕士
	应用统计硕士
	国际商务硕士
	保险硕士
	资产评估硕士
	社会工作硕士
	农业推广硕士
	会计硕士
	翻译硕士
	新闻与传播硕士
	出版硕士
	图书情报硕士

① 《A 大学史:2001—2010》,第 301 页。

学科建设与管理处的成立,是特定时期学校学术战略在组织结构上的反应。当学科建设的重要地位被大学管理者所认识后,必然要加强对它的投入和管理。学科建设成为一项专门的管理工作,从研究生教育和学位工作系统中独立出来,成为专门的职能管理部门。在谈到专门设立学科建设管理处的主要原因,时任校长认为主要有四个方面的原因①:

　　首先,学科建设成为大学的一项日常工作,学校加强了对学科建设的统筹规划力度,体现在大学实力的竞争归根到底是学科实力的竞争,尤其是 A 大学已经逐渐从教学型大学向教学研究型大学转变之后,对学科建设的统筹规划管理就显得非常必要,需要对学科建设实行动态的管理,学科建设的任务明显加重,需要协调方方面面的关系。第二,在教学研究型大学中,学位点的数量和质量至关重要,需要专门的机构统筹协调、组织各学院加大申报力度,可以有效地把各学院组织起来,加强相互之间的联系和联合申报的力度。学科建设管理处成立之后,在组织各学院申报硕士、博士学位点上的力度明显加大,效果也增强了,逐渐摆脱了 A 大学在省内高校不利的竞争局面。之前在全省 6 个具有博士学位授予权的学校中,A 大学的博士点数量最少,到 2011 年已经上升到第二位。第三,重点学科建设成为重点,尤其是国家重点学科一直没有实现,成为 A 大学发展的最大劣势,导致其地位往往被质疑。成立之后的学科建设管理处的一个重要任务就是组织相关力量冲击国家级重点学科,需要进行内部的筛选、建设和组织申报,明确建设的目标。另外,H 省高等教育发展的一个重大战略是强势特色学科的建设,全省在六所高校设立了 24 个强势特色学科,作为 H 省重点建设的学科向国家级学科冲击。A 大学建有历史、化学、生物、汉语言文学四个强势特色学科,除了加大重点建设力度外,还要组织评估,最终确定少数进行建设,相关高校则被确定为省内建设高水平的大学,获得更多的资源和更高的社会地位,各高校都在加大这方面的建设与管理力度。除此之外,省级重点学科、校级重点学科的建设任务也明显加大,这些都需要专门的职能管理部门组织协调。第四,在博士、硕士学位点数量较快增长的情况下,导师的遴选和建设任务加大,对导师实行动态管理成为日常工作。

①　对 A 大学时任校长的访谈,2013 年 2 月。

由此可见,学科建设管理处这一组织机构的设立是和这一时期 A 大学的战略重点紧密联系在一起的,当学校的阶段性重点建设任务逐渐完成之后,步入正轨,也许还会和相关部门合作,但是在转型时期,还确实需要这样一个部门来统筹管理,而且这个部门还是核心职能部门,这和学科建设的龙头地位相联系,也是建设教学研究型大学建设期间的一个重点。

表 5-3　2001—2010 年博士后科研流动站建设情况①

批准时间	学科名称	备注
2003 年	中国语言文学	
	化学	
	生物学	
	光学工程	
2007 年	历史学	
	教育学	

表 5-4　2001—2010 年博士授权学科建设情况②

批准时间	批次	学科名称	备注
1984 年	第二次	中国古代史	
1986 年	第三次	教育史	
		中国古代文学	
1998 年	第七次	光学工程	一级学科
2000 年	第八次	动物学	
2003 年	第九次	世界经济	
2005 年	第十次	中国哲学	
		思想政治教育	
		汉语言文字学	
		中国近现代史	
		高分子化学与物理	

① 《A 大学史:2001—2010》,第 295 页。
② 《A 大学史:2001—2010》,第 295 页。

续表

批准时间	批次	学科名称	备注
2010 年	第十一次	化学	一级学科
		中国语言文学	一级学科
		哲学	一级学科
		历史学	一级学科
		管理科学与工程	一级学科
		新闻传播学	一级学科

表5-5 2001—2010 年国家级、省级重点学科建设情况①

级别	批准时间	学科名称	备注
国家重点(培育)学科	2007 年	动物学	
省强势特色学科	2005 年	化学	
		光学工程	
		历史学	
		生物学	
省级重点学科	1985 年	中国古代文学	
		分析化学	
	1994 年	中国古代史	
		计算机应用技术	
		生物工程	
		世界经济	
		光学与材料物理	
		外国教育史	
	2001 年	动物学	
		高分子化学与物理	
	2005 年	中国哲学	
		统计学	
	2010 年	中国现当代文学	
		应用化学	

---

① 《A 大学史:2001—2010》,第 302 页。

五、组织分化的矛盾和问题

如前所述,伴随着 A 大学从教学型大学向教学研究型大学的转变,学科建设和研究生教育战略开始被学校所重视,最终发展成为学校的重要学术战略,学科建设与研究生教育的水平成为衡量办学水平的重要标志。从另一个角度来讲,A 大学这一时期不论是学位点的数量还是研究生的规模都实现了较快的增长,成为学校适应环境要求并得以成长的重要体现。但是,在转型发展过程中,本来在大学内部作为一个系统的学科建设与研究生教育系统,在 A 大学却是由几个相互独立的内部组织(研究生学院、学位办、学科建设管理处、各学院)在运行,这种运行模式在一定程度上也许和 A 大学采取的学术战略或特定时期的特殊要求有关,但是在实际运行中不可避免的出现了一系列新的矛盾和问题。

1. 三个管理部门和各学院、学科组之间的关系

在 A 大学,研究生学院、学位办、学科建设与管理处实际上都扮演着一定的职能管理部门的角色,真正的学科建设和研究生培养工作是放在各二级学院及学院内部的学科组,为此在学院内部往往都设有一名主管科研工作的副院长,同时该副院长也会分管研究生教育工作,而学科建设的责任往往是由院长来承担的。在具体的管理人员上,学院的科研秘书往往同时担任着研究生秘书和学科建设的秘书工作。三个管理部门虽然分工不同,但是从工作性质上来讲,都属于学位与研究生教育系统的一部分,其内在的联系是无法分开的,很多工作是相互联系的,这就造成了学院要同时接受三个几乎性质相同管理部门的领导和管理,在一些具体的工作如科研工作统计、导师情况、课题情况等方面同时接受来自三个部门的指令,造成工作的重复甚至冲突,尤其是科研秘书和学科组长对此有很大的抱怨。在访谈中,某学院的科研秘书谈到这种管理模式时表现出了无奈:"三个部门,一会儿这个部门要材料,一会儿那个部门要材料,甚至有的时候同时开会布置任务,许多工作都是重复的,现在学科建设和研究生的工作任务这么重,我有时真不知道该如何应付这么多重复的工作。最担心的是三个部门的要求和标准有时还不一样,我要随时向导师组甚至每一个老师要材料,管理的效率实在太低了。"可以看出,尽管三个管理部门的设立适应了当时学校某种学术战略的要求,但是由此造成的系统分割、管理分散,实际上给基层学院带来了重复、繁重的工作,本来属于一体化的管理系统变成了三个相互独立的部门来承担,造成的结果是管理效率的下降和新矛盾、新问题的产生。

2. 学位与研究生教育系统构成部门之间的关系

在 A 大学,学位与研究生教育系统的分割不仅造成了管理部门和基层学院的矛盾,更为突出的是三个部门之间的关系问题。尽管三个部门都有比较明确的职责分工,但是很多具体的工作是紧密相关而无法分开的,那么这种过细的部门分工所带来的是在一些具体的环节上分工不明、责任不清,相互之间扯皮、推诿,互相抱怨的现象就会由此而生。

A 大学尽管在学校领导分工当中有一名副校长分管学位与研究生教育工作,也就是同时分管了研究生学院、学位办公室、学科建设管理处三个部门,希望通过这种机制来协调三个部门之间的关系,但是仍就避免不了冲突和问题的出现。如在访谈中某导师组长认为:

> 在研究生导师的选聘问题上,学校将此项工作放在学科建设管理处,之前一直在研究生学院,而导师使用则在研究生学院,意味着研究生导师的选聘与使用由两个不同的部门承担,学科建设管理处往往是从学科建设的角度考虑导师的标准和选聘时间,而作为使用部门的研究生学院则要根据研究生的规模和教学实际确定导师规模和标准,这样在导师的标准、规模和工作的紧急度上就发生了矛盾。前几年学科建设重,就放松了硕导的标准,开始大批审批硕士生导师,一次就批准了 300 多名硕导,硕导的数量达到了 1000 人,而且还聘任了大批的外部教师,有的硕士点每年也就招七八个学生,而导师却有十多个,实际上根本需要不了那么多的导师。我觉得导师的选聘还是需要和研究生的规模、教学协调起来,现在研究生学院和学科建设处各干各的,矛盾不可避免。①

这一问题还出现在跨学科导师选聘上,A 大学实际上是鼓励学科之间的交叉,所以在学科建设管理处选聘导师的标准中,也是鼓励跨学科担任导师。但是研究生学院控制招生环节,反而在招生指标分配上只要求跨学科导师选择一个学科点分配指标,而且只能选择一个硕士点指导学生,两种管理标准造成了学科点之间的冲突,也影响到了跨学科导师的积极性和跨学科研究生教育的开展。

研究生学院某领导谈到这种管理模式的问题时,也认为会带来很多的问题:

①　对 A 大学某研究生导师组组长的访谈,2012 年 12 月。

这种机构的分化会带来很多的问题：一是机构林立，职责分散，责任分散，导致了在一些问题上的信息不对称，难以做到内部管理系统化，导师队伍建设、重点学科建设布局和研究生教育招生结构比例匹配度有待提高。过度的分化造成了各部分之间的相互干扰、内耗，容易政出多门。二是管理队伍无形中扩大、膨胀，管理成本提升。三是学校发展战略规划在执行层面被分割，难以实现一致性和无缝链接。这种管理模式下，就需要加强信息沟通和内部合作，消解信息冗余，促进协调机制，提高协同化程度与水平。①

3. 研究生教育与本科生教育之间的关系

1999 年之后，A 大学的本科规模和研究生规模都实现了快速增长，再加上学科建设任务的加重，对科研成果的要求也越来越高，教师们需要在更多的工作上投入精力。A 大学在从教学型大学向教学研究型大学转型过程中，研究生教育与本科生教育之间的矛盾也是管理者需要正视和解决的。一是教师的精力分配，出现了很多教师只愿意给研究生上课而不愿意为本科生上课的倾向，在一定程度上影响了本科生的教学质量；二是教学方式的冲突，A 大学有相当一部分教师是教学型的，习惯了本科生授课方式，而作为研究生的教学方式，更侧重于研究型，这两种不同的授课方式对教师来讲是一种挑战；三是本科生和研究生教学资源的冲突，研究生往往享有更好的实验、图书等教学、研究资源，尤其当研究生规模迅速扩大，而学校的资源还有限情况下，受挤压的往往是本科生。因此，在战略转型过程中的本科教育与研究生教育之间的平衡问题，是管理者不得不面临的新课题。

学位与研究生教育是教学研究型大学的重要组成部分，学科建设水平是大学办学水平的重要标志。从 A 大学这一时期的转型与成长来看，管理者逐渐确立了学科建设在学校整体中的战略地位，学位与研究生教育得到了快速发展。这种战略的转变和办学实力的增长适应了外部环境对 A 大学发展的要求，学校的社会声誉得到巩固和提升。特别是在学校争取重点建设进程中，对学位与研究生教育的要求更为迫切。出于特定的工作需求，A 大学选择了采用专门化的组织结构来回应，由此整个学校的学位与研究生系统分化成了研究生学院、学位办和学科建设管理处三个相互关联的部门，它们各司其职，在同一个系统的不同组成部分中发挥着各自的功能。

但是，这种系统的分化也同时造成了整个系统功能在一定程度上的紊

---

① 对 A 大学研究生学院某领导的访谈，2012 年 12 月。

乱,各部门各自为政,冗余信息增加,沟通不畅,既给二级学院带来了重复的劳动工作,同时三个部门之间也容易出现矛盾冲突,增加了高层管理者协调的难度。无疑,与研究生学院制度相比,A 大学的学位与研究生教育管理体制仍然还需要增强整合的功能。

第六章　科研提升战略中的专门组织发展

　　大学职能的发展是一个不断演进、变化的过程,经历了从单一人才培养职能到人才培养、科学研究双重职能以及人才培养、科学研究、社会服务等多元职能的演变。大学职能的扩展既是与其外部环境的要求相适应,也是与其内在学术组织结构密切相关的。随着大学具有科学研究的职能,在大学传统单一教学组织结构的基础上,就会出现各种不同形式的科研组织,从而形成更为复杂的大学教学科研结构。

　　从世界范围大学的发展历史看,大学组织职能随着时代发展而不断发展,大学科学研究的地位和作用也随时代发展而不断增强。随着近现代大学职能的发展演变,发达国家的大学基层学术组织的科研职能得到不断丰富和拓展,基层学术组织的结构形式日趋多样和灵活,基层学术组织的管理体制和运行机制也逐步趋于成熟和完善。① 中世纪的大学只承担教学任务,这种单一教学职能所要求的大学结构是简单的。随着科学技术水平的提高和科学技术转化为生产力周期的缩短,外部环境已经把大学变成它所需劳动力的供应站和技术创新的源泉。当大学的使命扩展到教学、科研和社会服务时,大学的结构变得比过去复杂得多了,表现在大学内部的分化程度提高了,不同部分之间的整合也就比过去难以实现。② 现代大学组织发展的一个重要特征,就是大学内部众多科研组织的设置,满足了大学科学研究的功能。"第二次世界大战后,随着大学承担科研任务的增加以及研究生教育的发展,大学的科学研究呈现出与教学相分离的趋势,表现在学科组织上就是在传统的以人才培养为中心的院系组织之外,建立了为数众多的实验室、研究所、研究中心、课题组、博物馆等组织,即使在院系内部,也设立了若干研究组织,呈现出教学组织与研究组织并驾齐驱的局面。"③如今,在众多的研究组织中,有些与本科生教学密切相关,秉持着教学与研究相结合的理念,有些则主要以研究任务为主。

　　20 世纪末之后,我国地方大学的科研功能在很大程度上开始得到强

---

① 方海明:《大学基层学术组织存在问题的原因与对策》,《浙江师范大学学报》(社会科学版)2006 年第 3 期。

② 阎凤桥:《大学组织与治理》,第 275 页。

③ 刘宝存:《国外大学学科组织的改革与发展趋势》,《教育科学》2006 年第 2 期。

化,科研工作日益成为大学的重要内容,科研组织也因此得到快速发展,成为大学适应环境变迁的重要表征。在 A 大学,1999 年之后,伴随着学校办学目标定位的调整和新学术战略的确立、实施,科研组织结构也经历了一系列重要变化。本章重点描述环境变迁背景下 A 大学的科研战略与专门性科研组织①的调整与适应。

第一节　科研职能的强化与科研提升战略

1999 年之后,A 大学确立了"建设国内一流大学"的目标定位,伴随着学校从教学型大学向教学研究型大学的战略转变以及内涵提升战略的实施,科学研究工作日益得到重视和加强,科研提升战略成为这一时期学校重要的学术战略之一。

一、办学理念的重要转变

作为一所地方综合性大学,A 大学有着重视科学研究的办学传统,尤其是学校文理基础学科的研究水平在全省高校一直居于领先水平,有些学科甚至居于全国前列。据记载,"党的十一届三中全会以后,A 大学的科学研究工作获得新的生机,先后恢复和组建了十多个专门科学研究机构。1980 年学校成立科学研究处,专门负责全校科学研究工作,一些学术刊物也相继公开出版。同时,学校恢复了建立校学术报告会制度和校学术委员会制度。自 1987 年开始,建立和实施了科学研究基金制度和优秀科学研究成果奖励制度"。②

但在上世纪末之前的相当长一段时期,人才培养是 A 大学的主要职能,教学工作是中心,科学研究工作处于次要地位,学校仅有少数几个独立的专门研究机构,比如历史所、古籍所、世界经济研究所、人口所、静电所等。这几个最早成立的科研机构,是不依附于任何学院或学系的独立二级单位,主要任务是开展科学研究,内部人员的编制是科研编制。这一时期,虽然其他个别学系也设立了研究室或研究所,但整体上数量很少、规模较小,且基本附着在学系或教研室,很少有大的课题或研究项目,更多是教师个人根据兴趣开展一些科学研究。

---

① 这里的专门性科研组织是一般意义上的大学内部的科研组织,在本研究中是相对于后面的跨学科研究组织而言的,由于跨学科研究是本研究的一个战略重点,为此单独进行分析,这里的专门性科研组织主要是某专业或学科之内的研究机构。

② 《A 大学史》,第 257 页。

1988 年 9 月,邓小平同志根据当代科技发展的趋势和现状,提出了"科学技术是第一生产力的论断"。1995 年 5 月,在全国科技大会上,国家正式提出了"科教兴国"重大战略。在这样的历史背景和时代要求下,我国大学尤其是国家重点大学的科研功能大大增强,而地方大学无论是在办学理念,还是在具体措施上都处于相对落后的局面。随着 20 世纪末"科教兴国"战略在更深层次上推进,特别是大学对科研功能认识的不断增强,我国很多地方大学逐步开始把科研工作列为学校工作的重要内容。

1999 年,A 大学提出了"育人是中心,教学是基础,科研是龙头,教学科研并重"的办学指导思想。把科研工作作为学校的"龙头"工作,体现了 A 大学高层管理者对科研工作在学校整体工作中地位和作用认识的深化。同时"教学与科研并重"办学思想的提出,也为进一步在政策、组织、制度层面加强科研工作提供了理念基础。随后在同一年,A 大学出台了《A 大学关于科技体制改革的若干意见》,提出:"深入理解'科学技术是第一生产力'的科学论断,深入认识科学研究在我校发展历程中特别是在当前时期举足轻重的作用。真正把'科研是龙头'的办学指导思想落到实处"。与此同时,A 大学建立一系列科研管理制度,加强对科研工作的统筹管理。但在 20 世纪 90 年代末,无论是 A 大学的科研氛围,还是科研水平、社会需求等方面还存在很大的差距,一系列科研政策和措施只是停留在表面,并没有真正实施起来。

二、科研战略上升为学校战略

2000 年 1 月,A 大学在学校教代会上认真分析了发展的优势和劣势,提出学校存在的四个方面明显劣势,其中之一就是科研实力不强,具体提出:"多年来,我校的科研与综合大学的地位不相称,与省委、省政府提出的教学科研型大学的目标有相当差距。突出表现为:缺少学术、科研带头人,科研意识不强,群体作用发挥得不好,组织和攻关能力较弱,拳头产品和特色研究方向较少,科研政策有待完善等"。当时,如何突破薄弱的科研现状成为 A 大学发展的一个难题。

2000 年 9 月,A 大学制定了《面向 21 世纪建设与发展规划》,提出了"建设国内一流大学"的目标定位,在学校的办学指导思想中,提出了"以学科建设为龙头,教学、科研并重"的理念,明确了科研工作和教学工作的同等重要性,都是学科建设的重要组成部分,教学和科研之间相辅相成,学校的科研功能再次得到强化。在确定科研工作的目标时,明确提出了科研工作的详细指标,将其作为衡量建设国内一流大学的重要标准:

要实现科学技术研究的新突破。到 2005 年,学术论文水平在全国高校的排名由现在的 50 名左右达到前 40 名,科技总经费及科技实力在全国高校的排名由现在的 130 名左右达到前 100 名;到 2010 年,学术论文水平达到全国高校排名的前 35 名,科技总经费及科技实力达到全国高校排名的前 90 名。①

在科研战略上明确提出了"知识和技术创新工程",并对其中关键任务做出了部署,其内容主要包括四个方面:

　　一是跟踪国际、国内学术发展的前沿,使学校成为 H 省知识创新、技术创新的重要基地。充分发挥重点学科的带动作用,瞄准国家目标、省内重大课题和市场需求,大力开展科学研究。二是加强基础研究和学术交流,使部分学科成为 H 省乃至全国基础研究的中心。三是加强学研产结合,大力开展应用研究和技术开发。四是加强科研基础设施和重点实验室建设,增强科技创新能力。②

由此可见,1999 年之后,A 大学明显对科研工作给予更高的重视,不断地根据环境的要求和形势的发展,提出科学研究的战略规划,以期强化科学研究在学校整体发展中的战略地位。2000 年 12 月,A 大学召开五届二次教代会,党委书记在总结讲话中重点强调了学科建设存在的问题和对策,提道:"要着力提高科研水平。学科发展的水平要靠科学研究水平支撑。我校与国内一流大学的另一差距是科研水平。要使科研上水平,首先要搞好科研基地建设。基地是学科建设的依托,现代学科建设都离不开基地,要十分重视和下大力气建设高水平的基地,推动学科发展"。这一观点,既阐明了科研工作对学校创建一流大学的重要作用,也说明了科研工作与学科建设之间的密切关系,并提出了科研工作的基本举措。

三、科研战略的进一步深化

2005 年,A 大学成功跻身"省部共建大学"行列,这一重要事件对学校的发展产生了重要影响,A 大学明确将其解释为"站在更高的发展平台上"。伴随着学校在 2006 年开始制定新的五年发展规划,科研工作无疑成

---

① 《A 大学面向 21 世纪建设与发展规划》,2000 年 9 月。
② 《A 大学面向 21 世纪建设与发展规划》,2000 年 9 月。

为新的发展平台上更为重要的组成部分。

在 A 大学所制定的《"十一五"建设与发展规划》中,对科研方面存在的问题有了更清晰的认识,指出:"学校缺乏在国内有重要影响力的高水平学术带头人,现有的科研队伍研究方向比较分散,团队意识有待提高,学术带头人培养、科研团队建设任务十分艰巨"。根据存在的突出问题,A 大学在科学研究的发展战略上更加强调了原始创新能力:"在保持我校传统优势和特色研究的基础上,整合校内资源,着力提升科学研究的原始创新能力,全力支撑学科建设与发展,为建设国内一流大学贡献力量"。"十一五"时期科学研究的总体目标是:"以创新团队和科研基地建设为重点,建立起有利于校内优秀人才脱颖而出,又适应 H 省经济建设发展需要的创新体系,在基础性研究、应用技术研究、成果转化等环节取得进展。"

A 大学"十一五"时期具体的科研任务和指标是:

> 制定、启动学校科研优秀人才培养计划和创新团队建设。遴选 50 名优秀人才进行重点培养,其中 20 名得到省教育厅优秀人才支持计划或教育部人才计划的支持,建成 6 支科研创新团队;各项科研指标显著增长,力争每年承担国家级研究项目 25 项以上,省部(委)级项目 70 项以上。每年获得省部(委)级以上奖励 30 项以上,力争实现国家级奖励零的突破;论著年均超过 1300 篇(部);2010 年科研经费达到 3000 万元;重点抓好科技创新平台建设,新建 2—3 个省级实验室(机器学习实验室,机器人与自动控制技术研究中心等),争取建成 1—2 个教育部重点实验室(动物学、分析化学、材料化学等),并力争在国家级重点实验室建设上有所突破。社会科学方面,X 研究中心、汉字研究中心争取建设成为教育部社会科学重点研究基地。中国古代文学、比较教育、近现代史、统计学、新闻与传播学、中国哲学等学科中,争取有 3—4 个进入 H 省人文社会科学重点研究基地。①

为了使新的科研战略得到实施,A 大学还进一步提出了组织形式的保障措施:②

> 有选择、有重点的支持引导和建立一批研究方向明确、有社会和经

---

① A 大学《"十一五"建设与发展规划》,2006 年。
② A 大学《"十一五"建设与发展规划》,2006 年。

济效益的专职科学研究机构。对于基础性研究,以科研团队为主要组织形式,优化团队知识结构、年龄结构,目标是出高水平成果。对于应用和开发研究,以专职科研机构为主要组织形式,实行以项目为纽带的灵活机制,与大中型企业技术工程中心相结合,选题重点放在针对H省经济发展和科技进步的领域,承担重大工程技术项目。对这些科研团队或者专职科研机构,定期进行评估和效益考核。

积极探索科研组织管理的新模式。一是发挥原有研究所(中心)历史积淀深厚的优势,巩固和保持研究所(中心)在某些领域的鲜明特色和领先地位,争取成为国内该领域的研究中心。二是组建跨学院、跨学科的研究中心,发挥多学科的群体优势。三是以项目促研究,以研究促发展,充分发挥综合性大学的优势,发挥集体攻关的优良传统。四是加强学科基地建设,集中力量,建设高水平的、有特色的科研基地,尤其是重视重点实验室的建设。

四、科研战略的规划与实施

科研战略上升到学校战略,对 A 大学的科研活动乃至科研组织提出了相应的要求。学校实施学院制之后,实际上学院被赋予主要的科研管理功能,如何将科研战略落实到学院和每位教师、科研人员上面,则需要在观念、管理、制度、组织方面采取新的措施。

基于 A 大学建设教学科研型大学的迫切需求,需要管理者对科研工作予以重视,投入更多的精力研究大学科研工作的规律、特点以及建设思路。在学校领导分工中,有专门分管科研工作的副校长,统筹学校科研管理与实施。从这一时期学校有关重要会议的内容来看,科研问题已经开始成为学校管理层研究的重要问题。A 大学注重围绕学校总体规划加强科研规划,加大了科研工作投入力度。学校主管科研的副校长在谈到近十年来对科研的投入时说:

尽管学校的经费很紧张,但是我们还是逐渐加大对科研的投入力度。尤其是随着后来学校经济条件的好转,我们更注重科研的投入与产出,尤其是高端成果的出现,这对我们实现战略目标是至关重要的。如这些年来,我们针对学校为第一承担单位的国家级项目,对项目批准经费按照1∶1比例配套,用于科研仪器设备购置,有效改善科研工作条件,为教师开展高水平科学研究奠定了良好的物质基础。学校每年自筹 100 万元的科研预研专项资金,用于资助校内青年基金项目育苗费、学术著作专项基金等,受资助的青年教师中已有 85 人获得厅、局级以上项目资助,其中有 46 人获得 H 省自然科学基金青年项目资助,有 4 人获得教育部新教师计划资助,有 5 人获得国家语委、国家统计局项目资助,有 2 人获得教育新世纪优秀人才支持计划资助,有 14 人获得国际基金青年基金项目资助,补助项目中先后有 11 人获得国家基金、省基金面上项目资助;出版专著 85 部,发表高水平论文 150 多篇,一大批中青年教师脱颖而出,科研队伍结构得到进一步优化,学校育苗体系已初见成效。学校还创新管理运行体制,完善科研制度。学校进入省部共建之后,我们重新规范了一系列科研管理制度,涉及到科研机构管理、校内科研经费管理、科研开发工作管理、职务发明管理、学术交流活动管理、纵向科研项目管理、科学研究行为道德规范等内容。这些政策和文件的制定,对规范科技管理工作起到了积极的促进作用。在项目管理上,则是依托学校多学科综合优势,着力于重大项目和多学科交叉项目的组织申报工作,取得明显成效。在各级各类项目、奖励申报过程中,注重建立健全竞争与激励机制,切实提高申报质量。学校强化院级科研管理职能,建立科研考评和奖惩机制。建立质量考评机制,变重资助为重奖励,变重数量为重质量,鼓励具有较大影响的对策研究,鼓励基础研究多出精品。积极优化资源配置,调整研究方向,集中力量培育结构合理、力量雄厚、科研条件完善、攻关能力强的创新团队和研究基地。①

十余年来,在适应外部环境变迁和学校发展战略的过程中,A 大学的科学研究战略得到明显重视,科学研究水平得到了不断提升,教学和科研作为 A 大学两大基本任务不断得到强化。在 A 大学校史中做出了这样的描述:

> 科学研究作为高等学校的重要职能之一,始终受到学校的高度重视和鼎力支持。十年来,学校科研工作根据国家和 H 省经济社会发展面临的新形势和新任务,紧紧围绕学校发展规划,按照"精心部署、认真组织、整合资源、促进交叉、突出重点、加强集成"的工作思路,努力构建"项目、人才、基地"三位一体模式,全面启动高水平科研创新团队建设,学校的科研创新能力显著提高,主要科研指标不断取得历史性突

---

① 对 A 大学主管科研副校长的访谈,2013 年 2 月。

破。尤其是抓住省部共建和院校合并的契机,积极深化管理体制和运行机制改革,不断加强对外科研项目与国内外学术活动交流,使学校自然科学技术与人文社会科学的研究实力逐步增强,科研项目和经费均实现大幅度增长,整体科研水平、自主创新能力和服务社会效益都得到较大提高。①

表 6-1　2001—2010 年 A 大学三大索引收录论文数量②

索引名称	2001	2002	2003	2004	2005	2006	2007	2008	2009	2010	合计
SCI	39	50	84	130	120	163	186	177	192	203	1344
EI	12	21	28	31	56	79	113	100	150	153	743
ISTP	1	10	32	28	31	75	107	38	198	68	588
合计	52	81	144	189	207	317	406	315	540	424	2675

表 6-2　2001—2010 年 A 大学社会科学研究主要成果情况③

年份	新上项目				当年项目经费(万元)	成果		获奖	
	国家级	省部级	其他项目	合计		论文	著作	国家级	省部级
2001	4	17	106	127	185.01	616	132	0	0
2002	4	28	143	175	284.99	860	150	1	37
2003	3	38	125	166	395	1088	110	0	5
2004	5	33	219	257	471	1065	83	3	34
2005	7	40	160	207	392	940	84	0	0
2006	5	56	257	318	475.96	1262	80		42
2007	11	77	255	343	588.9	1424	65		2
2008	8	55	320	383	654.6	1437	67		35
2009	10	165	346	521	739.5	1427	78		3
2010	8	171	238	417	874,2	1225	58		33

---

① 《A 大学史,2001—2010》,第 150 页。
② 《A 大学史:2001—2010》,第 303 页。
③ 《A 大学史:2001—2010》,第 307 页。

第二节　基层科研组织——研究所的发展

一、研究所的发展历程与管理体制变迁

研究所是大学最基础的研究组织,它与学系一起构成了大学基层学术组织的主体部分。在我国,随着国家"科教兴国"和科技创新战略的实施,大学成为国家创新体系的重要组成部分,大学的科研职能在上个世纪末以来逐步得到强化,研究所作为大学最基础的研究机构得到了迅速发展。

2000 年之前,A 大学的研究组织不论是在机构设置还是在运行机制上,都还处于传统的管理模式。科研机构的设置情况主要由两部分组成:一部分是学校直属科研机构,当时共设有 7 个,这些研究所既不属于哪个学院,也不属于哪个系,是直属学校的处级单位,具有一定的行政级别。分别是日本问题研究所、人口研究所、理化分析中心、静电研究所、历史研究所、古籍整理研究所、高等教育研究所(省高教学会挂靠)。另一部分是隶属于各院系的研究所,当时全校 12 个系和 6 个学院内部只设有少量(全校约 20 个左右)的科研机构,部分学院(系)没有设立研究所。

2000 年 A 大学院系所属研究所设立情况:

　　1981 年以数学系计算机学科为基础建立了电子计算机研究室。化学系设有 5 个研究室。物理系设有激光研究室,1978 年成立了电致发光科学研究组和静电科学研究组,1985 年场致发光研究室从物理系分离成为学校直属研究室,1993 年静电研究室与物理系分离联合成为学校直属研究室。教育系拥有 4 个研究所。哲学系 1996 年 5 月建立 A 大学社会调查所。由哲学系、历史系、中文系部分教师联合组成的 A 大学××文化研究中心挂靠在哲学系。艺术系 1998 年设立 A 大学 CIS 研究所、美学研究室。生命科学学院 1985 年在原生物系分子生物学研究室的基础上,成了 A 大学生物工程研究所。1992 年,建立省级重点实验室——H 省基因工程技术应用中试基地(A 大学生物技术研究中心)。电子信息工程学院 1985 年设立 2 个研究室(微电子学、汉字信息处理)。①

---

① 《A 大学史》,第 337—384 页。

2000年1月,A大学对科研工作进行了部署,提出:人文社会科学应用研究要继续加强,重点进行决策研究、咨询研究和综合性、交叉性课题研究,为H省社会发展和精神文明建设服务。自然科学应用研究和技术开发要形成稳定的方向,并力争取得较大的经济效益。从这一时期开始,A大学研究所的数量开始明显增加,在新的科研战略推动下,研究所的结构开始发生重大变化。

2000年A大学进行教学科研单位改革,对研究所在管理体制上作出了较大调整,提出:

> 通过调整,改变目前学院和系小而多、校级管理幅度过大、过细的现状,为教学科研及人事改革提供有效的组织机构。学院内部按专业设系,使系成为在学院领导下以完成教学科研任务为主的教学科研基础单位;学院根据专业方向及科研任务建立研究所,使研究所成为在学院领导下,以组织和承担科研任务为主,并承担部分教学任务的基层组织,形成在二级学院领导下,系、所共办专业的局面。①

通过这次改革,A大学将研究所全部纳入二级学院进行管理,成为二级学院下面的一个与学系并列的、相对独立的科研机构。学校取消了独立设置科研机构的传统,由学院自行设置科研机构,一大批研究所应运而生。

2006年,A大学制定了《A大学科研机构管理办法》,明确了研究机构在学校发展中的重要功能和作用,进一步规范了研究机构管理,对署名学校研究机构的设立与运行提出了明确的管理制度和要求。

二、研究所的发展与构成变化

1. 学校和学院设置研究所的规模发展

至2011年,经A大学批准成立的研究机构数量有近50个。

自然科学类研究机构14个:

> 信息化研究中心、机器学习研究中心、智能图文信息处理研究所、发光与显示研究所、光学与材料物理研究所、静电研究所、生物物理研究所、理化分析测试中心、纳米材料研究中心、动物研究所、水生生物研究所、机器人技术研究中心、建筑环境技术工程中心、岩土工程研究所

---

① A大学党委书记在学校教学科研单位改革动员大会上的讲话,2000年10月。

人文社会科学类研究机构 30 余个：

> 青年发展研究中心、艺术理论研究中心、科技与社会研究中心、曲学研究中心、数字艺术设计中心、中国当代书法艺术研究所、经济法与社会法研究所、司法职业改革研究中心、知识产权研究中心、环境经济研究中心、汉字研究中心、H 省抗日战争文化研究所、区域经济研究所、伦理研究所、新闻界人物研究所、经济决策咨询中心、国情与竞争力研究中心、B 市军校研究所、小林多喜二研究中心、欧洲研究所、外国语言文化研究所、科学传播研究所、媒介经济研究所、出版编辑研究所、会计发展研究中心、现代企业管理研究中心、日本问题研究所、人口问题研究所、马克思主义研究院(邓小平理论研究院)、H 省预算研究所、××研究中心、中国乡村建设研究中心。

各学院根据自身的科研发展需求设立了大量的属于学院层面的研究所。

可以看出，这一时期，在新的科研政策和研究所制度影响下，各学院成立了数量众多的研究所。其中主要涉及三种类型：一类是经过学校批准并进行注册的，一般冠以 A 大学的名义；二类是学校和社会其他机构如政府机关、企事业单位联合建立或委托学校建立的，一般冠以省名或某一机关或行业的名称；第三类则是学校内部各学院批准设立的学院内部科研机构，一般都是某学院某某研究所。

2. 研究所的结构分化

从功能上看，这一时期 A 大学研究所明显呈现基础性和应用性分化的趋势。

第一类是基础性研究所。如教育学院确立了创办研究型学院的目标，学院教师人数不多，但下设六个研究所。六个研究所都是基础性研究所，包括教育科学研究所、比较教育研究所、教育技术研究所、基础教育研究、高等教育研究所、发展与教育心理学研究所。另一个有代表性的是文学院的古籍整理研究所，该所是 A 大学较早建立的曾直属学校的研究所，至今仍设在 T 市 A 大学留守处，始建于 1986 年，经过多年建设与积累，已经形成老、中、青相结合的学术带头人队伍，近年来涌现出了一大批学术研究成果，如申报成功教育部重大攻关项目的"中国古代曲乐整理和研究"。

第二类是应用性研究所。随着现代科技与经济社会发展联系越来越密切，A 大学出现了越来越多的应用性研究所，尤其围绕地方经济社会发展和科技创新,这一时期产生了很多面向某一行业或领域的应用性研究所。理工科应用性研究所侧重于技术创新和转化,如计算机学院的机器研究中心、物理学院的发光与显示研究所。社会科学中的应用性研究所也得到了快速发展,有的成为政府的思想库或推动地区文化建设发展的重要力量。在 A 大学经济学院,设立了六个研究所,如日本研究所、人口研究所、循环经济研究所、区域研究所、统计决策中心等。管理学院设立的区域经济研究所和预算管理研究所也具有一定的代表性。2006 年 12 月,A 大学区域经济研究所、预算管理研究所成立。省人大常委会副主任,学校党委书记、校长以及省人大、市人大有关领导同志出席揭牌仪式。学校领导强调了两个研究所的成立对学校发展的重要意义,而省人大常委会副主任希望区域经济研究所和预算管理研究所成立后,科研工作要为各级政府及社会各界决策提供更加优质的咨询服务。

三、研究所的结构运行

经过变革之后,A 大学形成了数量众多、功能多样、类型复杂的研究所整体结构。当然,由于研究所本身的研究内容、人员构成及所属学院都有很大的不同,各个研究所运行的模式差别也很大。

A 大学在学院制改革中,将专门科研机构全部并入相关学院进行管理,并对学院内部学术结构的设置提出了要求,如规定"学院可按学科专业性质设系,也可根据科研和对外服务的需要设立研究所(中心),负责教学、科研等具体业务工作。二级学院所设系(研究所、中心)是学院领导下的教学科研基层组织,不作为一级办学实体,不承担行政管理职能,系主任(所长、中心主任)不定行政级别。① 可见,A 大学在推行学院制改革之后,对学院所属的学系和研究所的性质和功能有了明确的界定,就是要形成教学与科研相互促进的局面。研究所的设立要和相关学院的教学联系起来,由学院统筹管理,学校不再设有专门科研编制的人员,原来的科研机构人员都要归属到某个学院转变为教师编制。系的设置由学院根据教学任务设置,而研究所的设置并没有明确规定,只是根据需要来设定。在研究所的设立上,将权力下放到学院,鼓励学院根据需要设立研究所,虽然也要经过一定的审批程序尤其是冠以学校名称的,但是对机构设置的要求显然低了很多,教师们可以出于各种不同的兴趣和需要成立研究所,这是这一时期 A 大学研究所数量快速增长的重要原因。相应地,在学校对研究所的管理上,也将管理权

---

① 《A 大学内部管理体制改革方案》,2000 年 1 月。

下放到学院,不再专门设立研究所的预算经费。

　　A 大学对于研究所的管理在改革之初就没有明确的界定,而是将其与学系一起进行了职能的界定,学系和研究所的职责为:①根据社会需要,提出专业结构调整方案,拟定专业培养方向和目标,提出培养方案、课程设置和教学计划,报学院审批。积极落实本单位的教学、科研和实验室建设工作。组织教学方法的研究,进行教学改革,采取积极有力的措施,确保教学质量的提高。根据承担的教学科研等任务,拟定教师与技术人员评聘的建议和意见。提出人员的业绩考核意见。对教学情况和效果、科研课题进展情况进行检查和监督。

　　从实际情况看,研究所并不承担着本科教学任务,这一任务由前面所述的学系来承担,由各学系的主任通过协调任课教师组织教学工作,虽然强调教学与科研相互促进,但实际运行却是各自独立。为了发挥研究所的研究功能,A 大学同时规定:按二级学科博士点或若干个硕士点整合现有研究所,研究所要有明确的、相对稳定的研究方向和目标,有相应的学科带头人和合理的学术梯队,有明确的研究项目和到位的科研经费。研究所负责相关学科的学科建设、研究生教育工作。但从实际情况看,研究所不承担着学科建设与研究生培养的任务,这一任务更多是通过学院组织相关学科点或学科组来进行。这也就意味着,研究所在 A 大学的实际运行与其规定的职责有了明显的出入,在人才培养、学科建设和研究生培养中并不发挥相应的功能。

　　根据 A 大学的规定,学院下设研究所科研组织,研究所设正职一人,副职由学院根据具体情况设置。研究所的正副职均由教师担任,不定行政级别。② 可见,研究所由所在学院进行管理,学院院长任命研究所的所长、副所长。参加人员往往没有固定的标准,一般是由研究所的所长和教师的兴趣爱好决定的,其实是一个虚拟的研究所,老师们既属于所在的学系,也可能属于某个研究所。有的研究所属于跨学院、跨学科的研究所,人员的构成会来自于不同的学院,大多属于自发联合的情况,没有硬性的约束。这一时期,A 大学放权对研究所的管理和控制,相应地在经费上也就不再支持,不单独为学院层面的研究所列预算,主要是研究所自筹或学院支持研究所的发展,资金不足成为制约研究所发展的瓶颈。研究所的经费主要通过教师的纵向课题或横向课题获得,而这种课题的申报和组织主要体现为教师的

---

　　①　《A 大学关于二级学院管理体制的若干意见》,2001 年 10 月。
　　②　《A 大学关于二级学院管理体制的若干意见》,2001 年 10 月。

个人行为,实际上是教师个人掌握着研究所的经费及运行。

作为学校二级学院下属的研究所,尽管学校下放了相应的设置权力,但是在总体运行上学校也出台了相应的管理办法,尤其规范了研究所的运行机制,如规定科研机构实行"开放、流动、联合、竞争"的运行机制,并实行主任负责制。主任负责科研业务、行政等全面工作,除专职科研机构外一般不纳入行政级别序列管理。学校委托学院进行日常管理。跨院系成立的科研机构,根据需要可由科技处负责管理。科研机构的调整与撤销本着"优胜劣汰、滚动发展"的原则,学校定期对科研机构进行评估与考核,对成绩突出的科研机构进行表彰和奖励;对达不到建设要求的,提出整改或撤销建议,经学校审议后进行调整或撤销。

四、功能实现

这一时期,A 大学取消了单独设置的科研机构,将原来的科研机构整合到相应学院,其目的在于整合学校的教学科研资源,使学院成为教学科研的实体,促进教学科研相统一。但从实际运行情况看,这一时期由于学生规模迅速增长,独立学院兴办,学校教学任务十分繁重,教师们疲于教学,很难抽出时间从事科研工作,高水平科研成果不多。学校强调的战略重点主要是教学,对科研尤其对研究所的管理没有形成较为完整的管理和激励制度,研究所在科研中发挥的作用是十分有限的,在研究生教学中的作用也不突出,这和学校当时整合教学科研组织机构的初衷形成很大反差。从 2000 年一直到 2010 年曾担任了十年 A 大学科技处的处长谈到基层研究所的建设与功能时谈道:①

　　从学校对研究所的管理来看,2000 年的改革取消了专门性的科研机构,教学组织和科研组织合并到一起,目的是实现教学与科研的相互促进,但是,从学校管理的重点来看,显然是对教学工作的重视明显大于研究所的重视,在经费投入方面只倾向于教学方面,而在研究所方面没有明确的预算投入。实际上,一旦将管理权限放置到学院之后,学校管理又没有相应的指挥棒,研究所的地位和功能自然就被削弱了。这一时期学校研究所的数量是明显增多了,因为各个学院都有权力成立,而且到学校审批也不困难,学校也是鼓励通过科研机构的设立促进科研工作的发展,但是在政策导向上却没有一个很好的环境,好像研究所

---

① 对 A 大学科技处长的访谈,2011 年 4 月。

的成立都是教师个人的事,谁有个什么想法成立个研究所,就可以申请,至于研究所的工作开展情况和绩效如何基本上是没有人管的。学校和学院也都有主管科研工作的领导,但是往往只是针对某个项目、课题或教师个人的事,似乎和研究所没有什么关系。老师们成立研究所主要出于个人研究兴趣或需要,很少是组织性的。反正学校也不用什么投入,也不用考核,也有的是老师为了对外交往时有个名分,自己成立个研究所,自己担任所长,在对外交往上更有利一些。归根到底,还是研究所在学校中的功能和地位没有一个明确的界定,好像可有可无一样。原来学校还有几个像样的专门研究机构,一提起来人们都知道,像日本问题研究所、世界经济研究所、高等教育研究所等,现在基本上也不会再听说什么有影响的研究所。今年学校的科研工作虽然是有了很大的进步,但是通过研究所的组织方式实现的好像不多,很多的研究所实际上名存实亡,更不用说什么活力了,这也是学校这些年在科研组织方面的一个不足的方面。

可以看出,A 大学在从教学型大学向教学研究型大学转型过程中,忽视了研究所的功能,没有为研究所的发展创造适宜的环境和机制,导致这一时期 A 大学的科研工作实际上呈现了基层科研组织松散无序的管理现状。学校投入力度小,学院的精力主要集中在教学方面。在后期,随着学科建设任务的加重,学校开始强调科研的重要性,但是此时的管理是通过申报学科点或重点学科联系在一起的,基层研究所依旧处于可有可无的局面。这种情况意味着在 A 大学真正的科研氛围并没有建立起来,人们的研究意识和研究目的更多出于一种学科建设的任务或是个人职称评定的需要,没有从根本上建立起"学术立校"的理念,没有真正营造出浓厚的科学研究氛围,因此,这种松散的组织模式不利于大学科研活动的持续发展。

第三节　独立设置研究机构的创建与运行

A 大学唯一独立设置的科研机构(以下简称"研究中心")是 H 省唯一的教育部省属高校人文社会科学重点研究基地。如前所述,在 2000 年学校院系改革中,学校对教学科研单位进行了重新整合,不再单独设立专门的科研机构。但是,在其后发展过程中,由于政策要求及学校发展的需要,研究中心成为 A 大学这一时期唯一独立设置的科研机构,在学校整体发展中具有特殊的地位和作用。

一、A大学教育部重点研究基地成立的背景及过程

为了加强高校人文社会科学研究的发展,教育部于1999年启动建设重点研究基地项目,到2010年时已在全国高校相继设立研究基地151所。教育部对重点研究基地按照"一流"和"唯一"的标准进行建设,在管理体制上引入了竞争性机制,力图扭转原先科研机构靠等课题吃饭、人员固化、人浮于事的状况。这类基地的目标是经过若干年的建设有望在全国同一研究领域达到一流水平,并且成为该领域的中心,在繁荣和发展我国人文社会科学中明显居于领先地位。A大学教育部重点研究基地就是在这样一个背景下申报成功的。

A大学长期以来以文理基础学科为特长,文理基础研究在全省高校居于领先地位,文科中的历史学、教育学、古代文学几个学科在全国也有很大影响。1999年之后,A大学将科研提升战略作为学校的重要学术战略,对学校人文社会科学研究提出了明确的建设目标。2000年1月,A大学在新的科研规划中提出:"要充分发挥学校基础学科的优势,使部分学科成为H省乃至全国的基础科学研究基地。人文社会科学研究要巩固和加强已形成的优势,科研重点放在省级重大课题和国家级课题上,重点组织中国古代文学、中国古代史的研究力量,积极申报,争取1—2个学科建成全国普通高校人文社会科学重点研究基地。"

2000年1月,A大学研究了人文社会科学重点研究基地申报问题,学校成立了人文社会科学重点研究基地领导小组,由校长W任组长,主管科研的副校长F任副组长,并且下设了一个办公室,设在科技处,时任科技处的一名副处长C兼任办公室主任。据当时参加会议的办公室负责同志介绍:

> 主持会议的党委书记Z介绍,教育部要在全国建100个人文社会科学重点研究基地,目前已有十几个入选了,除安徽大学是地方高校外,其他都是国家重点大学。基地建设对学校学科建设和科研水平乃至整体办学层次的提升都非常重要,我们要抓住这个机会,成立一个领导小组专门负责此事。具体负责组织申报的时任科技处长L认为,这项工作涉及到很多部门,相关部门都纳入到领导小组来,涉及科研处、人事处、外事处、校办、研究生处、历史所、中文系、总务处、财务处9个单位。教育部专家6—7月份来学校现场考察,我们要全力以赴。主管教学副校长F强调:硬条件一定要保障,基地的资料室、研究室场地

各需要 200 平方米，共 400 平米。别的学校为争这个基地花了血本。除了我们自己做好各项准备外，还需要联系教育部相关领导全力协调此事，一定要拿下来，对学校的发展太重要了。①

为了做好重点基地的申报工作，A 大学在内部条件建设、资源建设、机构建设等方面做了大量准备工作，按照教育部和教育厅《普通高校人文社会科学重点研究基地建设计划》的要求进行了精心准备。2000 年 6 月，A 大学出台了《关于加强 A 大学教育部重点研究基地建设的若干规定》，成立了由校长挂帅、主管副校长直接负责，各有关职能部门和基地负责人组成的基地建设领导小组，统一管理、协调基地建设工作，领导小组的日常工作由科学技术处负责管理（科研分口管理后转为由社会科学处管理）。同时，还要求全校各部门和各院系都要高度重视和大力支持基地建设，为基地建设创造良好的制度环境、学术环境和保障机制；基地建设要努力提高科研水平，力争尽快建成居于国内领先地位并在国际学术界享有较高声誉的名副其实的重点研究基地。经过认真建设和组织申报，2001 年 3 月，A 大学教育部重点研究基地正式被教育部确定为"省属高校人文社会科学重点研究基地"。根据教育部的要求，基地必须是单独设立的科研机构，为此，这一中心也就成为 A 大学 1999 年至今唯一独立设置的科研机构。

一直担任中心主任的 J 教授在谈到中心成立的背景及其对学校发展的作用时讲道②：

> 该中心是我校唯一的、独立设置的研究机构，是在原来我校一个研究室的基础上发展起来的。这个研究室创建于 1982 年，1990 年扩建为研究所，学校历史学科 1984 年获中国古代史博士学位授予权，是 H 省第一个博士学位授权点，1986 年被确定为省级重点学科。高水平研究基地建设，是学校建设国内一流大学的战略要求。学校抓住了当时国家建设教育部人文社会科学研究基地的机遇，整合学校资源，建设高水平研究基地。我校历史上以人文社会科学见长，基础学科实力较强，历史研究实力在国内都有很大的影响，人才资源比较丰富，为基地建设奠定了坚实的基础。通过基地建设，可以确立学校在历史学科领域的领先地位，实践证明，这是一种非常有效的发展途径，学校也因此更加

---

① 对参加相关会议的办公室负责同志访谈，2001 年。
② 对时任研究中心主任的访谈，2011 年 4 月。

巩固了在全省文科领域的领先地位。在各种场合和宣传介绍中,我们这个基地都成为其中不可或缺的内容。

二、运行与管理

教育部颁布的普通高等学校人文社会科学重点研究基地管理办法,界定了重点基地的目标定位:"普通高等学校人文社会科学重点研究基地是科研制度创新的重要成果,是聚集和培养优秀学术人才、围绕国家发展战略、针对学科前沿和社会经济发展中的重大理论与实践问题,组织高水平研究的新型科研组织,在产出创新成果、形成学术交流开放平台、带动高校哲学社会科学发展创新等方面发挥着重要作用。要更加注重质量提高、注重内涵发展,加大支持重点研究基地建设的力度,使重点研究基地成为国家哲学社会科学创新体系的重要组成部分。"

根据教育部的要求,重点研究基地按照"一流"和"唯一"的标准进行建设。所谓"一流",就是要求建立的重点研究基地在确定的研究领域应该在全国是一流的,或者至少在全国高校同一研究领域是一流的,并经过若干年的建设有望在全国同一研究领域达到一流。所谓"唯一",就是说在同一领域、同一研究方向上只设一个重点研究基地,要求建立的重点研究基地切实成为该研究领域的中心,在繁荣和发展我国人文社会科学中明显地居于领先地位。A 大学这一独立设置的研究中心在 2001 年 3 月被教育部确定为省属高校人文社会科学重点研究基地,中心的建设目标是:按照教育部对重点研究基地的要求,力争成为本学科领域的科研中心、人才培养中心、资料信息中心、学术交流中心与咨询中心。

按照教育部的管理办法,A 大学重点研究基地由教育部和 H 省教育厅共建、以学校自建为主。教育部按照"竞争入选、定期评估、不合格淘汰、达标替补"的原则进行动态管理。重点基地建设每四年为一个周期,在检查和评估达标的基础上进入下一个建设周期。目前,A 大学已经通过了两次评估,均顺利通过。中心的教师反映,这种动态管理有利于保持重点研究基地的先进性。中心主任谈到这种管理模式时认为:

　　教育部对中心的管理非常规范,定期组织评估,我们年年都要提交汇报材料,包括教学科研等方面的内容。每年还有一个全国性的会议,两年一个国际会议,此外还要办刊物、网站,出简报,尤其每次评估的时候都要出重大标志性成果。这是非常困难的,但是没办法,我们是国家级的基地,就需要有重大的标志性成果,这样才能拿得出去,中心工作非常繁重,压力很大。①

　　A 大学成立了专门的领导小组,进一步加强对研究基地工作的领导,不断调整和加强研究基地领导小组成员。组长由学校校长担任,副组长由主管科研和学科建设的两名副校长担任。成员机构有:研究中心、党委办公室、校长办公室、教务处、组织部、学科建设与管理处、社会科学处、人事处、国际合作与交流处、国有资产管理处、图书馆、研究生学院、发展规划办、后勤管理处。这一研究基地领导小组办公室挂靠在社会科学处,办公室主任由社会科学处处长担任。

　　A 大学的重点研究基地是学校直属、独立设置、与院系平行的科研实体机构,与校内历史学院、社会科学处、学科建设与管理处等保持了密切合作关系。中心的科研人员数量已经从建设初期的三个人,增加到 34 人。中心内部的结构也处于不断调整之中:

　　　　刚成立时中心有四个研究室,分别是经济史、政法史,辽金夏史、文献古籍整理研究室。后来我们进行了内部的机构改革,四个研究室的功能逐渐弱化了,改为围绕课题和学科建设来进行内部结构的划分,主要是以课题团队的形式,这是从 2010 年开始的。根据中心承担的省部级以上课题的情况,成立了三个研究所:一是地方社会历史研究所,我们有教育部"十二五"规划课题;二是文献信息研究所,也是教育部"十二五"规划课题,主要是宋代碑刻研究;三是科技历史研究所,这个所不局限于某个朝代,也扩大到近现代,包括国外科技史,主要是围绕中心学位点来建设的。这三个内部机构有正式机构,有固定的任务,设立了所长、副所长,制定了任务目标,有明确的奖惩制度,是实实在在的机构,而且把中心的人员都能融到一起来,整合作用比较明显。②

　　重点研究基地实行主任负责制,由 A 大学校长聘任,双方签订责任、权利、利益明确且具有法律效力的定期聘任合同,明确规定中心主任的目标责任、管理权限、生活待遇、奖惩措施和业绩考核标准。其主要职责包括负责全面实施教育部确定的重点研究基地建设标准;实施学术委员会确定的科

---

① 对 A 大学研究中心主任的访谈,2012 年 12 月。
② 对 A 大学研究中心主任的访谈,2012 年 12 月。

研发展规划;制定内部管理制度并负责落实。负责聘任副主任及以下专兼职研究人员及行政和资料管理人员;负责日常管理工作,筹集和批准使用经费;负责向学校有关部门、校长、主管部门及教育部汇报工作。

按照教育部的要求,重点研究基地实行以"开放、流动、竞争、合作"为原则的全员聘任制,无论专、兼职人员均须打破终身制,由主任按"带(给)课题和经费进基地、完成课题后出基地"的要求聘任。基地主任与受聘的专兼职人员及原工作单位(院系)三方签订责任、权利、利益明确且具有法律效力的定期聘任合同。但在实际运行中,A大学则很难做到,或者只能部分做到,主要是人员的分流存在很大的困难。

> 在人员管理上,教育部要求是全员聘任,从中心主任到一般科研人员、管理干部全部签订聘任协议。我们这里的专职科研人员主要有两类,包括校内、校外的人员,这两部分人员都要实行协议管理。管理的方法应该是有课题的进基地,完成以后出基地。对校外的人来讲这点可以做到,但校内的人很难做到,主要是没有分流的机制。校外人员的聘任有专、兼职两种,在这里工作的时间不一样,专职的在中心工作要每年六个月以上,待遇也有差别。①

三、功 能 实 现

从国家层面来看,十年来,国家重点研究基地在诸多方面实现了在科学研究、人才培养、社会服务、学术交流、基础条件建设方面的目标,而且还对高校人文社会科学发展产生了重大影响。包括对改变文科地位产生重大影响,对学科建设产生重大影响,对科研方式产生重大影响,对科研体制产生重大影响。重点研究基地建设模式,不仅对地方和高校科研平台建设发挥了引领作用,而且50%的重点研究基地成为后来启动的"985工程"国家哲学社会科学创新平台的核心和支撑,逐步形成了从国家到地方再到高校的"金字塔型"平台体系,改变了高校长期以来以院—系—教研室为主的教学组织形式,为释放科研生产力提供了体制保证。

A大学通过基地建设提升学校的学科建设水平和科研实力,是学校办学实力的重要标志。A大学这一独立设置的研究中心自2009—2010年顺利通过教育部评估,重点研究基地建设取得重大进展。2010年研究中心顺

---

① 对A大学研究中心主任的访谈,2012年12月。

利通过教育部组织的验收评估,在全国 16 所省部共建基地中名列第七。这一中心成为了 A 大学人均贡献率最高的部门,是海内外研究人才最集中、宋辽金史资料最丰富、研究信息最灵通的科研机构。现在,A 大学这一独立设置的研究中心已经被越来越多的海内外同行专家誉为"研究第一重镇"。目前中心共有专职科研教学人员 34 人,已形成了一支中青年力量突出、素质优良、人员精干、大有发展潜力的科研群体。此外,还聘请了一批国内外知名的专家学者为特聘教授或兼职研究员。围绕国家发展战略,针对学科前沿和重大理论与实践问题,组织高水平的科研项目,产出创新性的成果,促进基础研究和应用研究协调发展,建立知识创新机制,使科学研究的整体水平居国内领先地位,并在国际相同研究领域享有较高学术声誉,成为名副其实的国家级重点研究基地。截至 2012 年,中心共承担各级各类科研项目 44 项,其中省部(委)级以上项目 14 项、国际合作项目 1 项;出版学术论著 10 余部,获得省部(委)级以上优秀成果奖 7 项;中心主办的《研究论丛》每年出版一辑,现已出版到了第七辑,被评为了 33 种 2005—2007 年度 CSSCI 来源集刊之一;同时不定期出版《研究丛书》;国家级研究会秘书处设在中心,每年编印两期《研究通讯》;负责国内外学界的联络,筹办两年一届的研究会年会,组织编辑出版年会论文集。通过科学研究,培养高素质的一流学术带头人和中青年学术骨干,建立一支团结协作、结构合理的科研团队;通过课程开发和吸收研究生参加课题组,促进最新研究成果向教学层面转化,培养硕士、博士等高级专门人才;为社会各界提供以知识更新为主要内容的培训,使其成为全国相同研究领域的专门人才库和人才培养培训基地。

第四节　省级重点实验室的发展

重点实验室是学校科研体系中的重要组成部分。高校在实现产、学、研一体化中扮演着重要角色,从 1984 年开始实施国家重点实验室建设计划以来,在服务国家经济建设,提高我国科技竞争水平,培养优秀科技人才等方面取得了丰硕的成果①。省级重点实验室是国家重点实验室的有益补充和国家科技创新体系的重要组成部分,是省级科技创新体系的重要组成部分,纳入全省科技系统统筹管理,是一个区域科技创新能力的重要体现,一般由省政府和学校进行重点建设,是学校学术水平、科学研究能力的重要标志,

---

① 吴根、刘燕美、张峰等:《国家重点实验室运行分析与发展报告——展望篇》,《中国基础科学》2006 年第 2 期。

在人才培养、科技开发和成果转化等方面发挥着重要作用。

我国省属高校由于自身实力的原因,很难实现国家级重点实验室的突破。A大学一直把建设省级重点实验室作为提升科研水平和实力的重要途径,也作为向国家重点实验室进军的前期积累。近年来,随着省级重点实验室建设力度的增大,A大学省级重点实验室的数量实现了较快增长,省级重点实验室逐渐成为学校科研组织的重要组成部分,构建了制度化的省级重点试验室组织管理体系。

一、发 展 过 程

从20世纪90年代开始,为解决科学研究、技术开发和成果转化条件能力不足等问题,H省开展了以重点实验室、工程技术研究中心和中试基地等为主的科技基础设施建设。经过十几年的发展,特别是"十一五"之后,围绕区域创新体系建设和优势主导产业科技需求,H省建设了一批具有特色和一定实力的研究开发基地。截至2007年底,H省共建有省级重点实验室59个,工程技术研究中心39个,基本覆盖了基础研究的主要学科及经济与社会发展的重点领域。各省级重点实验室和工程技术研究中心依靠其雄厚的研究基础、先进的科研条件和优秀的创新团队,承担并完成了大量国家和省级重点科研任务。通过实行"开放、流动、联合、竞争"的运行机制,在研究成果、人才培养、开放交流和科研条件建设等方面均取得了可喜成绩,发挥了主体和领军作用。[1] H省制定了《省级重点实验室、中试基地、工程技术研究中心管理办法》,对实验室进行重点建设和管理。

A大学1992年建立第一个省级重点实验室——H省基因工程技术应用中试基地(A大学生物技术研究中心)。但经过近十年时间的运行,效果一般,并没有发挥出多大的作用,为此省科技厅不满意,学校也不满意。2002年学校曾专题研究这个省级重点实验室的建设问题:

> 省科技厅对我校中试基地的运转情况不是很满意,经过同生命科学学院商量,想让主任通过竞聘形式产生。主任为处级待遇。整个干部竞聘工作由组织部牵头,和科技处一起组织。一是干部问题,是否公开招聘,面向H省、B市或全国。二是体制问题,是否机构完全独立管理。三是待遇,第一年学校负责津贴等待遇,第二年减半,第三年全部免出。相对独立后,主任就不能由生科院副院长担任,可以面向全国招

---

① 郑小六、李英杰:《对省级重点实验室管理的几点建议》,《案例农业科学》2009年第13期。

聘。体制问题需要很好解决。业务上归口科技处管理。省级重点实验室的发展，关键是人的问题、体制问题。①

2000 年 1 月，A 大学校长在教代会报告中提出要"优化资源配置，加强重点实验室建设，增强科技创新能力。"在 2000 年 9 月的学校规划中正式提出"对省级重点实验室要加大投资力度，到 2005 年，根据省里的统一规划，使省级重点实验室由 2 个达到 5 个。多渠道筹集资金，每年每个省级重点实验室和重点学科至少要承担 1—2 项处于国内学术水平前沿或技术含量高、应用前景广阔、具有潜在巨大经济效益的项目，使重点实验室成为既培养高层次人才，又进行科技创新的重要基地。"②

这一时期，A 大学重点加强了对重点实验室的建设力度，投资力度也开始明显加大。

学校 2003 年 9 月份研究通过日元贷款的使用计划，计划重点建设三个实验室，重新调整重点学科计划。一要重点建设三个实验室，建成国家级实验室，为培养博士生、博士后做准备。我校有三次较大投入。第一次投入是利用世行贷款建成理化中心，第二次投入是建成中试基地，第三次是争进"211"，条件改善很大。为建成三个博士点做出贡献，但是有的设备闲置，有的利用率不高。这次投入比较大，贷款 3000万，集中投入到三个实验室，需要探讨如何有效利用资源。二是重新调整了重点学科计划，不重复投入。三是购置仪器设备坚持标志性、高水平，要切合实际。③

2004 年 2 月，A 大学研究省部共建中的有关问题，议定利用省部共建基础实验室建设项目资金，在 2004—2006 年，每年重点建设 3 个实验室。2005 年审议了《A 大学科研机构管理办法》等科技管理系列文件，对省级重点实验室的管理提出了明确的要求：纳入省级以上重点实验室（研究基地）管理序列的科研机构，除按照上级主管部门有关管理办法管理之外，还应符合以下条件：实验室（基地）主任一般由本领域学术水平高的学科带头人担任，具有较强的组织管理和协调能力，每年在实验室工作时间一般不少于 6

---

① 对时任党委组织部长的访谈，2002 年 5 月。
② 《A 大学面向 21 世纪建设与发展规划》，2000 年。
③ 对 A 大学时任科技处长的访谈，2010 年 9 月。

个月。实验室(基地)学术委员会是实验室的学术指导机构,主要职能是审议实验室的建设目标、任务和研究方向,审议实验室的重大学术活动、年度工作,审批开放研究课题等。学术委员会每年至少召开一次学术委员会会议。实验室(基地)实行课题制管理,研究队伍由固定人员和流动人员组成。学校根据实际情况设定编制,各类工作人员由实验室主任公开聘任。实验室(基地)应加强知识产权保护,对实验室完成的专著、论文、软件、数据库等研究成果均应署名实验室名称。学校每年给予省级以上重点实验室(基地)一定的运行经费,每两年组织专家对各重点实验室(基地)进行评估考核,并按照上级有关管理规定填报统计数据。[①]

A大学加强了对省级重点实验室的管理,在经费、人员上加大力度。2006年A大学研究了2个新上省级重点实验室申请增加编制问题及经费投入问题。由校长牵头,人事处、科技处等部门按照这一原则,还专门研究制定了省级重点实验室人员聘用办法。

"十五"期间,A大学省级重点实验室由1个增加到7个,其中药物质量研究重点实验室被列为四个"H省省长重点建设实验室"之一。到2010年2月,H省共有省级重点实验室69家。A大学有省级重点实验室9家。分别是:

> H省机器学习与计算智能实验室(数学与计算机学院),H省光电材料应用基础研究基地(物理科学与技术学院),H省分析科学技术实验室(化学与环境科学学院),H省光电信息材料实验室(物理科学与技术学院),H省生物工程技术研究中心(生命科学学院),H省药物质量研究实验室(药学院),H省无脊椎动物系统学与应用实验室(生命科学学院),H省微生物多样性研究与应用实验室(生命科学学院),H省化学生物学重点实验室(化学与环境科学学院)。

这一时期,A大学的省级重点实验室数量上实现了快速增长,几乎在每个理工科学院都有一至两个省级重点实验室。随着实验室功能的增强,省级重点实验室日益成为学校重要的科研机构,逐步实现规范化、制度化发展,形成了自身的管理机制和运行模式。

---

① 《A大学科研机构管理办法》,2006年4月。

二、运 行 管 理

在 A 大学 9 个省级实验室构成中,主要有两种形式,一种是被称为严格意义上的省级重点实验室,另一种是被称作中试基地,一般经常将两者都称为省级重点实验室,但两者在某些方面还是有差别的。A 大学的 H 省生物工程技术研究中心属于中试基地性质,其他 8 个基地则是严格意义上的省级重点实验基地。本研究中关于省级重点实验室的运行情况,则主要以中试基地和微生物多样性实验室为例。

A 大学省级重点实验室实行主任负责制和学术委员会评审制。学术委员会在国内外科学家中选聘组成,学术委员会是实验室的学术领导机构,负责决定实验室的科研方向、审定研究课题、监督经费使用、协调开放事宜,制定开放基金项目申请指南,审批开放基金申请,组织论文答辩及成果评价。在 A 大学的微生物多样性实验室:

> 我们实验室的学术委员会有委员 9 名,其中 7 名是校外专家,2 名校内专家。委员会主任由某一知名院士(校外)担任,还聘任一名院士(校外)担任顾问,他们都是国内权威专家,对实验室建设支持力度非常大,我们很多学术工作都是通过他们获得相关信息的,很方便同外部学术圈的联系。一般是每年举行一次学术委员会全体会议,听取学术委员会主任和实验室主任的工作报告。学术委员每位成员根据所了解的本领域科学技术发展状况和动态,对实验室的研究方向和选题提出看法,他们也会推荐国内外优秀人才来这里开展研究,并且还会为实验室的研究成果走向应用创造条件。学术委员会对实验室的研究成果及时组织通过评审,往往会在评审成果过程中发现和培养优秀的学术人才,特别是优秀的中青年学术人才。这种体制对实验室的发展是非常有利的。[1]

省级重点实验室主任全权负责实验室的工作,如定期召开室主任会议研究工作、制定政策,以稳定实验室的固定技术队伍及促进科研人员的流动和学科的互相渗透,努力吸收和培养青年科技人员,吸收有成就的回国留学、进修人员来本实验室工作,保持科研人员队伍的合理结构。目前,在 A 大学的中试基地,主任并非由本专业的专家担任,而是由原来生命科学学院

---

[1]　对 A 大学微生物多样性省级重点实验室主任的访谈,2013 年 2 月。

的党委书记担任,而在微生物多样性实验室,则是由本专业的学术带头人担任,两位主任在管理风格上具有明显的差别。

中试基地的主任谈到他的管理时,更多地强调是通过良好的组织与沟通,营造一个适宜科研人员发挥积极性的工作氛围:

> 我是2003年来中试基地担任主任的,中试基地是学校第一个省级重点实验室,此前在省科技厅两次评估中都是倒数第三名,给了黄牌警示,如果再有一次就非常危险了,有可能被摘掉实验室的牌子。学校也公开招聘过实验室主任,但是没有合适人选。当时我在生科院担任专职党委书记(从1998年开始),实际上没有专业背景,但是在生科院工作五年多时间,对这个学科也有了很多的了解,在学科范围内建立了一定的人际关系,虽不专业但也比较熟悉。我临危受命担任实验室的主任,向学校承诺一定要摘掉黄牌,使实验室尽快有所改进。我来之前,这里最大的问题还是组织管理问题,没有明确的方向,各自为战,科研人员愿意干什么就干什么,没有学术带头人,出不来成果,几乎一盘散沙。我做了深入的调研后,和大家一起认真分析、谋划基地的发展,逐渐明确了目标,理清了思路,我们整合了四个研究方向,成立了四个研究室,每个方向都有几个人来做,最好有带头人,另外每个方向都要比较贴近H省经济建设的实际,贴近生物产业发展的实际,和生物产业密切相关,以便于发挥作用。我和每个研究室主任签署责任状,提出了三年的目标和每年的任务,我给他们提供最大的支持,尽最大限度关心科研人员的工作困难,和大家交朋友。2004年我们干了一年,大家齐心协力,2005年一举摘掉了黄帽子,进入省级优秀实验室行列,获得第一笔30万元的经费支持。之后的四次评估均获得良好成绩,也获得了很多的运行经费。如今中试基地已经发展成为全国较有影响的基地,深深融入到地方经济建设中去,与企业合作的面越来越宽,形成了良性循环。我认为当好基地的主任,一定要有胸怀,有责任心,能把大家团结在一起,发挥每个人的力量。①

而在微生物多样性实验室,实验室主任则是一位学术能力非常强的专家型管理者,她对科研人员的管理更多是靠学术引领和带头示范实现的:

---

① 对A大学中试基地主任的访谈,2013年2月。

　　我在这里工作了 30 多年,不论是教学上还是科研上,经过多年的积累已经成为这个学科的带头人,这些年在我和大家的努力下,这个学科发展很快,目前在全国已有一定影响。实验室主任更应该是一个学术职务,学术影响力是非常重要的。为此,我也一直在努力保持良好的科研绩效,通过承担大课题、大项目,形成对年轻科研人员的引领和支持,给他们创造更好的科研工作条件。在年轻科研人员申请课题、项目及研究中,要及时给他们必要的指导。我们实验室的经费很紧张,学校投入力度小,我还要经常从个人的课题经费中拿出一部分来作为实验室的日常经费开支,我们希望通过几年的努力,实现一个更高的目标。①

　　A 大学省级重点实验室实行主任领导下的首席科学家或课题组长责任制,实行研究经费独立核算、按项目管理的运行机制。在 A 大学中试基地,形成了四个团队和研究室,设有主任、副主任,明确考核内容和绩效。

　　我们这里主要是通过团队的方式进行科研工作,每项课题都有带头人,由他组织团队成员一起来做。团队成员既包括本单位的成员,也会吸收相关学科人员参加进来,比如生命科学学院、化学学院等,有的还要带着研究生开展课题研究,很多的课题是同企业合作的,因此,企业单位的技术人员也经常成为团队成员。完全由课题负责人负责项目的运作和项目经费的管理,但是经费报销要经过学校科技处的审核。我们这里的经费主要是科技厅划拨的经费,学校只给一点运行经费,大约 2 至 3 万元,科技厅的经费要根据评估情况,每 3 年评估一次,如果评估优秀就会给 30 万元经费,每年划拨 10 万元,使用范围包括仪器设备、日常维护、业务活动、鼓励学术成果等。经费充足情况下,基地会对科研人员给予较大的支持。一般来讲,科研人员的论文、著作、鉴定、申报课题、参加会议的经费、版面费都要给,每个人都在 5000 元左右。但是更多的奖励只能给那些做出了突出贡献的人,比如我们这里的一位教授去年获得了几项大奖,也只能给 3000 元的奖励。科研人员自己有项目经费,单独管理,自己用科研经费可以购置相应的设备、试剂、用工、调研、差旅等费用,比较自由,自主性大,我们这里的科研人员都有较大的项目,那些基础性强的实验室就差一些,单纯靠学校和科技厅的

---

① 对 A 大学微生物多样性省级重点实验室主任的访谈,2013 年 2 月。

经费是满足不了他们的科研需求的。①

在 A 大学,省级重点实验室和中试基地的考核指标是有差别的,省级重点实验室更侧重考察科研人员的论文、著作等研究成果,一般和学科建设关系密切;而中试基地则注重技术创新和效益,要面向行业、产业进行技术开发与应用,通过技术成果转化,提升合作企业的发展能力,考核直接的经济效益和间接的社会效益。因此,在 A 大学微生物多样性实验室,尽管也有一些企业合作课题,但科研人员更多开展的是纵向科研课题,由课题负责人根据课题需求组织研究团队,课题费由自己支配,实验室只提供必要的公共设备平台,学校对实验室的支持力度非常有限,如想获得更多的经费支持,还需要通过评估优秀获得科技厅的奖励。

三、功能发挥与存在问题

省级重点实验室是科研、创新、人才培养的重要基地、学校科研平台、省级创新平台,兼具多种功能,充分体现了自身的价值。在 H 省,省级重点实验室在科技工作中发挥了重要作用,取得了一批有较大影响的原创性科技成果,进一步改善了科研基础设施条件;吸引、培养和稳定了一批优秀科技人才;为 H 省经济社会发展提供更有力的支撑;拓展了对外开放交流的广度和深度。

据 A 大学档案资料记载:A 大学以省级重点实验室为代表的创新基地建设获得突破性进展,科研支撑条件得到很大改善:②

> 近年来,依托省级重点学科优化资源配置,不断调整学科结构,集中力量培育新的科研增长点,逐步形成了若干个年龄知识结构合理、研究基础雄厚、攻关能力强的创新团队和研究基地。2005—2010 年五年来我校新建成 6 个省级重点实验室,其中省招标实验室"药物质量研究实验室"获得 100 万元建设经费资助,是我省近年来重点建设的四个省级重点实验室之一。

> 第一,建成基础研究的重要创新基地。将重点学科作为领军学科,同时将若干相近和相关的学科作为支撑学科和相关学科,推进"学科群"协调发展,各个省级重点实验室均形成了优秀的科研创新梯队,装

---

① 对 A 大学中试基地主任的访谈,2013 年 2 月。
② A 大学科技工作汇报材料,2007 年。

备了较先进的仪器设备,已经成为科学研究的"省队和国家队"。2006—2010 年期间省级重点实验室承担国家"863"计划、国家自然科学基金、"科技攻关"、省自然科学基金等项目达 300 余项,研究经费近1000 万元,发表 SCI 收录论文 400 余篇,获得了一批重要的科研成果和专利,对提升我校的综合实力、扩大国内外学术影响发挥了关键性的作用。

　　第二,建成高层次创新人才的培育基地。依靠多学科交叉的优势,形成了良好的育人环境,培养了一大批高层次的创新人才。学校重点实验室具有高级职称的研究人员近 200 人,经过在重点实验室工作多方面的锻炼,一批优秀的学术带头人迅速成长,脱颖而出,一批优秀的年轻骨干也大量涌现出来。重点实验室不仅为我省培养了大批高层次创新人才,而且也形成了高水平的科研梯队,已经成为我校科技创新的主力军。

　　第三,建成应用开发科技成果的推广基地。省级重点实验室由于具有独特的科学研究、技术、人才等方面的优势,成为连接基础研究和应用开发研究的桥梁。我校与华北制药集团、H 宝硕集团、H 威远集团、石家庄制药集团等几家制药企业都保持着良好的科研合作关系,已在国内外建立了联系广泛的科研合作网。在微生物生产菌种的遗传改造、新化合物的筛选、新药质量控制标准等方面,走出了一条"产、学、研"相结合的科研之路,提高了我省药物研究和开发在国内外的竞争力,成为企业技术创新的技术源头,有力地推动了地方经济的发展。

　　A 大学的省级重点实验在发挥了重要功能的同时,在组织管理和运行机制上也存在诸多的问题,成为制约 A 大学省级重点实验室的重要因素,涉及到实验室的定位、组织、经费及管理等方面。如某省级重点实验室主任谈道:

　　　　我觉得我们学校在省级重点实验室的管理上还是存在很多的问题:一是定位不准,没有把它作为一个专门的省级科研机构来进行定位和管理,实验室设在二级学院下,由二级学院来进行管理,科研功能被大大削弱了。二是学校投入明显不足,实验室运行经费难以保障,组织机构松散。三是教学和科研关系处理得不好,学校侧重于教学任务,没有固定的科研编制,老师们的精力大部分用在教学上,对于科研机构的运行没有较好的保障机制和激励机制。四是实验室主任的管理地位得不到落实,受到学院和学校职能部门的限制太多,很难独立开展工作,需要明确实验室主任的责权利,给他们创造更好的空间和条件,带领科研团队冲击高水平研究成果。①

对 A 大学而言,从教学型大学向教学研究型大学的转变,必然离不开学校科研功能的增强,需要大学的管理者从科研理念、科研制度、科研组织等多方面思考和谋划大学的发展。从 A 大学的实践来看,这一时期,学校已经开始将科研提升战略作为学校的重要学术战略,提出了"教学与科研并重"的办学理念,并且通过加大投入、改进管理、提升服务质量等多方面举措,有效地刺激和鼓励了教师的科研行为,科研工作整体上呈现了良好发展态势。在科研组织运行中,二级学院无疑是最重要的科研管理主体,而研究中心和各省级重点研究室则在国家政策影响和制约下获得一定的发展,但是在大学内部最基层的科研组织——研究所则呈现出了"名存实亡"的尴尬境地,其内在的科研活力远远没有激发出来,在一定程度上制约了 A 大学良好学术氛围的形成和良好科研机制的构建。

从几个专门性科研机构的发展来看,它们均在不同程度上存在着一些突出矛盾和问题。大学科研人员的价值还没有体现出来,教学和科研之间的矛盾也很突出,大学科研机构的管理制度和运行机制仍需要作出积极的探索。在向教学研究型大学的战略转变过程中,对科研规律地认识和把握往往是开展科研工作的前提,综合性大学更有其内在的特点和规律,真正实现科研水平的提升,尤其是通过有效的组织创新为科研活动提供高效的载体,则是 A 大学的管理者不得不面对的问题。

---

① 对 A 大学某省级重点实验室主任的访谈,2013 年 2 月。

第七章　跨学科研究的战略
探索与组织培育

　　进入 21 世纪,跨学科研究已成为科技创新的重要途径,同时也成为高校适应和服务国家区域经济社会及科技发展需要的重要途径,我国高校在促进跨学科研究方面做了大量探索与实践。随着外部环境的变迁,A 大学在学术战略和组织上试图通过积极地调整和变革,以适应外部环境的要求,在学院制的推行、学位与研究生教育组织发展、专门性科研组织建设方面做出了积极回应。与此同时,A 大学作为一所综合性大学,为了彰显学校的办学优势和特色,积极在学科交叉融合、多学科合作创新中探索新的发展路径。1999 年之后,A 大学着力把跨学科研究作为学校发展的重要学术战略,并在组织结构和运作机制上作出了积极探索。

第一节　跨学科研究的学术战略

一、跨学科研究及其对大学发展的意义

　　21 世纪是以创新为特征的时代,不同学科间的交叉融合将更为深刻与广泛,当今很多重大的社会经济问题需要众多学科交融研究才可以解决,"跨学科"已成为当代科技进步最重要的议题之一。克拉克认为:"如果许多在操作层次上相互分离的群体富有意义的联结起来,形成更大的团体,那么在操作上他们就能实现更大的具有跨学科性质的目的"。[①] 科学发展的实践表明,通过学科交叉与知识边界跨越开展科学研究具有很强的活力,往往是科学原创与发明的地带。在科技迅猛发展与激烈竞争的今天,国内外大学为提高自身的核心竞争力,都非常重视开展跨学科研究。

　　诺贝尔曾说过:"各种学科领域彼此之间是有内在联系的,为解决某一科学领域问题,应借助于其他有关科学知识。"跨学科研究突破了单一学科固有的思维模式,触发灵感,产生顿悟,创新了科学研究的思路和方法,能够

---

① ［美］克拉克:《高等教育系统——学术组织的跨国研究》,王承绪等译,杭州大学出版社 1994 年版,第 23 页。

达到"他山之石,可以攻玉"的效果。随着社会需求的提高,跨学科研究产生的边缘学科和新兴学科往往具有前沿性和创新性,比如20世纪的计算机科学、半导体材料科学、高分子科学、生物电子科学等都是跨学科研究的结果,而这些学科都能够促进科技发展和社会进步,其学科本身具有交叉性和边缘性的特点,更能够促进新型跨学科的研究和开展。[①]

跨学科研究对大学发展有着重要意义。跨学科研究、多学科交叉融合是优势学科的发展点、新兴学科的生长点、重大创新的突破点,也是人才培养的制高点。跨学科研究所涉及的科学问题和社会问题往往都是多要素、多层次、多学科的复杂问题,要求研究者具备系统的专业知识、跨学科的知识和开阔的视野。由于传统学科的专业面较窄、专业界限明确,跨学科研究更需要跨学科人才和复合型人才,因此,大学开展跨学科教育和研究,注重多学科知识的交叉融合,对培养复合型、创新型人才和提升科技创新能力具有重要的价值。

综合性大学开展跨学科研究更具有特殊的优势。综合性大学具有学科门类齐全、人才聚集、科研水平和教育质量较高的优势,拥有掌握学科前沿技术的专家、学者和硕士、博士研究生等智力资源以及浓厚的学术研究氛围,这些要素都是开展跨学科研究的前提和基础,使跨学科研究成为可能。可以看出,学科门类齐全的综合性大学,能够形成自然科学和人文社会科学的学科交叉平台,易于产出创新性成果,有利于推动国民经济建设和社会的发展,有助于解决经济、社会发展中的重大理论和现实问题。近年来,我国很多大学特别是综合性重点大学都组建了一些跨院系、跨学科的科研机构。这种科研组织形式有利于学科间的相互渗透和交叉,有利于大型项目的攻关,对高校科技创新和人才培养等发挥着重要作用。

二、跨学科研究战略的提出与确立

1999年之后,积极倡导跨学科研究成为A大学的重要学术战略之一。A大学所提倡的跨学科研究,是充分发挥综合性大学学科综合的优势,加强不同学科之间的交叉融合,试图以此推进创新型高端成果的产生,提升学校的办学水平。这一时期,A大学跨学科研究的发展经历了一个积极探索和不断培育的过程,大致可分成三个阶段,从中也体现了从战略思想到组织创新的逐步演进过程。

---

① 杨云香:《高校开展跨学科研究的若干思考》,《郑州大学学报》(哲学社会科学版)2009年第1期。

1.跨学科研究战略的提出

A 大学作为 H 省综合性大学,多学科交叉融合被看作其发展的最大优势。这一优势是经过长期的历史积淀形成的。在 20 世纪五六十年代,A 大学就以学科齐全、实力雄厚而在全国高等教育界占有一席之地。但如该校校长所认为的,"由于诸多的历史原因,到 20 世纪八九十年代学校的综合优势不但没有发挥出来,却在一定程度上形成了学科'山头'独立发展的局面。"

在现代科学技术高速发展和对人才的综合素质要求越来越高的形势下,综合性大学学科建设的出路成为 A 大学新一届领导班子急迫解决的重大问题。2000 年,在《A 大学面向 21 世纪建设与发展规划》中,正式提出了"以学科建设为龙头"的学校发展战略,并将学科专业建设工程作为学校"四大工程"之首,提出:优化学科专业结构,形成门类齐全、结构合理、重点突出的多层次、开放性的学科专业体系;加强重点学科建设,建设具有整体优势的十一大学科群,并将学科交叉融合作为实现学科战略转变的重要措施。与此同时,在《A 大学面向 21 世纪建设与发展规划》中进一步提出了发展跨学科研究的实施策略:基础科学研究要发挥多学科的优势,注重综合性、交叉性课题和软科学项目的研究,在某些方面达到国际先进水平;人文社会科学应用研究要重点进行决策研究、咨询研究、社会发展研究和综合性、交叉性课题研究;在研究生教育上,要"拓展已有学位点新的或跨学科的研究方向,促进增设新的学位点",由此,A 大学明确提出了跨学科研究的基本战略思想和策略措施。

2.跨学科战略的发展与推进

从 2000 年开始,A 大学通过专业结构的重新组合,按学科大类进行了院系专业改革(前文所述的学院制改革),这可以说是学科交叉融合的第一步。第二步是在之后的两次学位点建设(2003 年和 2005 年)中,开始通过相近学科之间的实力组合,调整申报硕士点布局和加大博士点投入和申报力度。至 2006 年,A 大学跨学科发展战略取得了一定的成效。

2003 年,在申报学位点并没有取得明显成效之后,A 大学召开了学科建设研讨会,总结了学校学科建设发展的现状和经验,提出了学科建设、学科研究上存在的问题。尤其是分析了学科交叉融合的问题,当时 A 大学校长重点对这一问题进行了深刻阐述①:

---

① A 大学校长在 2003 年学科建设研讨会上的讲话,2003 年。

　　我们一再强调 A 大学是综合性大学,有着其他单科类大学不可比拟的优势,这主要是体现在学科布局上。现代学科的发展是在高度分化基础上的高度综合,特别是交叉性、边缘性学科的不断涌现,为综合性大学的发展提供了天然的优势,有些单科类院校也正是由于这种学科狭窄的局限性正在努力向多科性大学发展。我们如何将本来就有的优势真正发挥出来,这是需要解决的重大课题。这次硕士、博士点的申报,我们尽最大可能实现学科的融合和交叉,但从材料的组织和学科实质性的融合来看,我们的跨学科融合只是机械性,或者是技术上凑在一起的,并没有实现学科间的实质性交叉融合。体现这一问题的另一方面就是我们的教师大多数都是单兵作战,一个学科一个"山头",甚至一个教授一个"山头",互相之间没有借鉴和融合,更谈不上群体优势和团队意识。综合性大学从根本上就是要在"综合"上下功夫,靠综合去创新,靠综合的实力去赢得竞争优势。但是,我们做得很不够,我们的文科、理科、工科界限分明,甚至同一大门类学科中的分支学科也互不沟通、借鉴和利用。我们看看其他综合性大学的发展,都是在学科的综合优势上做文章,为此,一定要有大学科、大融合的思想和意识,把我们有限的、最优秀的人才通过学科的融合组织起来,挖掘并支持我们的特色和优势。

　　这一时期,A 大学提出了学科建设的总体规划和要求,其中一个重要的内容就是在学科建设的组织上强化群体优势。各个学科的发展都有其相对独立的一面,但又不是彼此孤立的。当今科技发展的趋势,不仅需要同门类学科之间消除障碍,进行交流与结合,而且需要不同学科之间进行跨学科的交叉、渗透与融合,以求在其结合点上派生出新的学科分支,从而促进学科的发展。学科建设不能停留在彼此相对独立的一个个学科"单打一"的水平上,要强化一盘棋意识,打破学科壁垒,铲平独立"山头",按照学科自身的发展规律和学科的具体情况,大力加强学科间的交流与融合,形成学科的群体优势,只有这样才能发挥综合性大学的独特优势。

　　到 2005 年,A 大学进一步提出了"从综到合"的学科发展战略思想,对跨学科研究战略的实施有了更加明确的认识和清晰的思路。2005 年,校长在一次向有关上级领导的正式汇报中阐述了学科交叉融合的理念和战略:

　　　　现代科学是高度综合的科学,现代社会需要的是高素质的复合型创新人才,作为学校人才培养基点和核心的学科建设只有与之相适应,才能得到更大的发展。综合性大学学科齐全是我们的优势，但如果"单打独斗"就成了劣势，哪一个学科拿出来也不能同单科院校的实力相比，不论是经费投入、师资队伍和科学研究。A 大学就曾长期处于这种"单打独斗"的情境中：学校有限的经费几乎要平均地分配到 20 多个学院，再分配到各个专业更是微乎其微，建设的力度可想而知；各个院系相互独立，互不往来，相近专业之间也很难借势发展；学校的专业课教师不足千人，分配到每个专业不足 10 人，人力资源的整体效力难以发挥。以这样的模式发展学科建设，不但实现不了层次上的突破，人才培养的质量也会受到严重影响，更不能和单科类院校相比。单科类院校专业相近，可以很自然地实现了互相支撑、借势发展的局面，并实现在某一科类学位点数量和层次上的快速突破。高等教育的实践证明：只有通过不同学科之间的综合交叉、借势互补，才能在学科的创新过程中形成合力，构筑强大的综合性大学的学科结构和实力。A 大学具备了综合性大学学科齐全即"综"的优势，但交叉融合即"合"的优势远远没有发挥出来，这在很大程度上一度限制了学校的发展。高等学校的学科建设是一个长期的积淀过程，特别是像 A 大学这样的学科众多而又相互分散的大学。同时，学科的交叉融合还是一个观念转变的过程，真正打破学术壁垒、学院壁垒是一件十分艰难的事情。但对 A 大学来讲，这一步必须要走，而且还要抓住机遇，加快发展，否则就会远远地落在后面。①

2005 年在全校中层干部培训工作会议上的讲话，校长再次强调了这一战略问题：②

　　认真研讨搭建跨学科研究平台的有效途径。医学院的并入使我校具备了文、理、工、医等多学科交叉融合的基本条件，如何扬长避短，避开与单科类院校相比"单打独斗"的劣势，发挥综合性大学学科交叉融合的优势，关键是要加快实现学科建设从"综"到"合"的实质性转变。实践证明，搭建跨学科的研究平台是实现学科交叉融合、推动学科创新的有效途径。为此，我们要在认真研究、广泛探讨的基础上，对学校的整体学科资源进行科学论证，积极探寻学科交叉融合的领域范围，特别

---

① A 大学向省领导的汇报材料，2005 年。
② A 大学校长在中层干部培训会议上的讲话，2005 年。

是对已经形成的具有一定实力和一定结构的学科群进行深入研究,找到通过跨学科的研究承担重大项目的有效途径。各学院的领导要率先在校内主动联系相关学院寻求合作。加速打破学科壁垒、学院壁垒、学缘壁垒,谋划更多、更新、更富竞争力的新兴交叉学科增长点,通过集中重点投入和重点建设,使其尽快发展成为学校的特色学科、优势学科。积极探索相应的人才、科研、资源管理机制,真正激发学术活力,迸发创造精神。

2006年,A大学党委书记在中层干部培训工作会议上强调,要进一步搭建好学科交叉融合的平台,提出:

> 经过多年的发展,我校的学科门类已经比较齐全,学科分布已经比较广泛,蕴涵着极大的学科综合性优势。所有这些,都为我校的学科建设提供了一个良好的发展基础和发展空间。但是,仔细分析一下,我校的学科结构和布局仍存在不尽合理的状况,由于学科间长期缺乏信息沟通和通盘谋划,其中有相当部分学科互不支撑,使本来很充裕的学科资源没有得到充分发挥和有效利用。为了尽快消除学科之间的壁垒,软化学科边缘,今后我们必须努力创造条件,充分发挥综合院校多学科优势,在关联度较强的不同学院、学科之中,建立经常性相互交流、有效沟通的横向协作机制,寻找跨学科交叉、融合的结合点,推动边缘学科、新兴学科科研水平的提升,搭建好学科交叉与融合的平台,联合进行课题申报和科研攻关,学校予以配套支持。这样做,可以极大地推进学校资源共用,成果共享,也有助于催生学术大家,更好地培养复合型人才。[①]

2006年在《A大学"十一五"建设与发展规划纲要》中,A大学正式确立了学校的学科领域定位:以强势特色学科建设为重点,在巩固发展基础学科优势的基础上,加快发展应用学科、新兴学科;促进文理融合渗透、理工医结合,构建多学科相融互补、协调发展的学科结构体系。由此可见,跨学科研究战略已经正式成为学校发展的重要学术战略。为此,还从技术层面明确提出:"要整合和优化科研资源和力量,促进学科间的交叉融合,增强争取国家和省内重大课题的能力"。"最大限度地实现信息资源、人力资源、科

---

① A大学党委书记在中层干部会议上的讲话,2006年。

研设备资源、成果资源的共享,推动各学科之间的交叉融合,促进新的学科方向和学科增长点的产生,增强各学科间的相互支撑,服务于学科建设"。

A 大学的校长非常重视跨学科战略的实施,对学校实施跨学科战略提出了较为明确的战略步骤:①

> 2006 年,我校博士点的数量不多,仅有 7 个,但 7 个博士点覆盖了6 大学科领域和 26 个二级学科,综合性大学学科建设的合理结构、优势框架逐渐显现。作为像 A 大学这样的学科面较宽、底子薄、基础差的综合性大学,博士点的建设更是一个艰难的厚积薄发的过程,既需要相应的支撑学科硕士点在数量上积累,更需要合成学科内涵质量的提高,建设的周期要长一些。几年来,我校硕士点的建设成效已经大为显现,1999 年我们只有 32 个硕士点,仅仅 5 年的时间,数量就达到了 66个,另外还新增 3 个专业硕士点,新增的硕士点大部分是跨学科或跨领域的建设结果。我们所要探索的就是这样一条综合性大学学科建设规模、结构、质量协调发展新路子,效果正在逐渐地显现出来。国际高等教育的经验也证明,综合性大学的学科建设绝非像单科类院校那样容易见成效,但发展的潜力和影响力却是无法比拟的。我们现在所走的第二步还只是学科间简单的组合,第三步的着力点会放在"实质的合"上,真正突破"学科分散"到"学科集约"的瓶颈,综合性大学学科建设的成效将会真正地显露出来。

3. 从战略理念到组织建设

从目标到现实需要相应组织的支持,随着 A 大学跨学科战略的探索和推进,在相应组织创新上也开始提出新的设计思路。在 2007 学科建设研讨会上,A 大学的校长对这一问题做了明确的阐述:②

> 通过与国内其他院校横向比较不难发现,我们的学科专业研究方向较为分散,关联度和相互支撑力不够,相当部分专业没有形成稳定的、有特色的研究方向。同时有些科研成果与研究方向不匹配,科研成果的集中度和显示度比较低。造成这种情况的原因是多方面的,但主要是因为没有形成一支专业互补、特色鲜明的高水平学科梯队。据此,

---

① 对 A 大学时任校长的访谈,2012 年 4 月。
② A 大学校长在学科建设研讨会上的讲话,2007 年。

我们要紧紧围绕学科自身发展的特色,注重发挥学科梯队集体的力量,形成"学科带头人总协调,学术带头人按方向管理"的队伍建设新模式。学校要从政策和制度上加以引导,改变"散兵游勇"、"单打独斗"式的现状,不断提升集群创新能力。如将中青年学术骨干推到学科建设第一线,以承担国家、省部级科研项目为牵引,组织队伍;以解决重大科技问题和学术创新为突破口,培养科技创新团队。通过业务培训、学术交流等多种形式,促使人才尽快成长等。同时,我们也要注意配置合理、资源优化问题,注意学科梯队的老中青结合,学历层次的合理,从而保证学科梯队的可持续发展能力。要进一步研究和制定措施,确保形成更多的、富有团结协作精神和创新能力的学术团队,取得更多、更有影响力的标志性成果。

在2010年制定的《A大学"十二五"建设与发展规划》中,提出了要坚持特色发展,并且把跨学科研究作为学校的重要特色来打造,"充分发挥我校综合性大学的优势,进一步发挥文理融合渗透、理工医交叉结合、多学科互补相长的办学特色"。在主要举措中明确提出,充分发挥学科综合的优势,促进学科交叉、融合和渗透,培育新的学科生长点。构建若干学科群,促进学科的互补相长。加强创新体系、创新组织模式建设,培育跨学科、跨领域的科研团队。鼓励交叉学科、新兴学科和边缘学科的科学研究。发挥综合性大学的优势,鼓励多学科联合申报国家或省部级重大课题,积极探索科研组织管理的新模式,组建跨学院、跨学科的研究中心。至此,A大学进一步明确了通过跨学科组织建设实现跨学科研究战略的有效途径。

三、跨学科研究组织的主要模式

国内学者对跨学科研究组织模式的分类主要有如下几种:有学者将其划分为跨学科学院(学系)、跨学科研究院与研究中心、学科群、跨学科计划(项目组)、跨学科重点实验室、跨学科工程研究中心(科学园)、学科交叉研究会(协会)等七种;有的学者将其划分为跨学科研究计划、跨学科课题组、跨学科实验室和跨学科研究中心等四种;有的学者将其划分为跨学科课题组、跨学科研究中心、大学研究院等三种;有的学者将其划分为课题组和大学研究院两类。①

---

① 程新奎:《大学跨学科组织的主要运行模式及其特征比较》,《辽宁教育研究》2007年第9期。

在 A 大学的实践中,组建二级学院也可以被看作是开始跨学科探索的一种形式。学院制的推进,通过以学科群为基础组建二级学院,一个重要的目的就是要发挥综合性大学的优势,谋划发展交叉与边缘学科。在此基础上,A 大学后来的探索和培育更是体现了学校开展跨学科研究的组织回应。

(1)学部制的建立是为了实现各个学院之间资源的共享,推进学科交叉融合。A 大学所设计的四大学部按相近学科门类组建,是一个虚体组织,但在整合相近学科资源方面发挥了重要的作用。

(2)跨学科的研究团队、研究室,以医工交叉研究中心、生物药学交叉中心等为代表,在相关学院层面积极推进了跨学科研究。

(3)以省部共建实验室的建设与推进为代表,积极探索校级跨学科建设的有效途径,取得了一定的经验。

在 2011 年《中国教育报》所刊登的 A 大学校庆专刊中,对跨学科研究战略实施与组织推进作出了积极的评价:

> 为适应科技和学科发展的新形势,A 大学充分发挥综合性大学的优势,推动学科交叉融合,培育新的学科增长点。至 2006 年底,按照学科门类和实际需要,成立了人文学部、社会科学学部、信息工程学部和生化医学部等 4 个学部,进一步加强学术交流和学科互融。学校高度重视科研工作在整体发展中的支撑作用和基础地位,加大投入,创新机制,逐步建成一些高水平科研平台。至 2011 年,A 大学医工交叉研究中心、ODMA 实验室、智能机器人实验室、省部共建教育部药物化学与分子诊断重点实验室等一大批科研平台相继建立,实现了全校各学科间的信息、资源和成果共享,提高了合作攻关的能力,学科综合和交叉优势进一步显露,产生了一批有影响的科研成果。[①]

第二节　学　部　制

20 世纪 90 年代末之后,"随着高等教育管理体制改革的不断深入,综合性大学的学科建设步入了跨越式发展时期。一些高校特别是巨型大学正在积极尝试'学部制'改革,学部成为当下高校管理体制改革的高频词。在一定程度上,学部是超越学院层次的高起点、高标准、高要求的开放式跨学

---

① 《A 大学校庆专刊》,《中国教育报》2011 年 10 月 18 日。

科组织"。① "学部是临界于学校和学院之间的学术管理组织,进行相应改革的途径主要是通过打破既有的学科专业的壁垒,进行学术管理组织重构,凸显学术管理在学术决策中的地位;改革的目标是通过跨学科研究,提升科研水平,提高人才培养质量,优化人才知识能力结构"。② 在跨学科研究组织建设中,A大学在实施学部制上作出了有益的探索和尝试。

一、学部制的提出

伴随着A大学学院制的推进,学校进一步提出了从实质上加强学科交叉融合的战略构想。2004年,A大学提出了从教学型大学向教学研究型大学转变的战略举措,学校不断思考学科建设与科学研究的有效路径,加大在学科交叉融合上的工作力度。同年,在A大学召开的首次教学科研表彰大会上,学校提出:特别要突出学科建设的龙头地位,按照真正意义的综合性大学学科发展要求,进一步调整学科结构,优化学科布局,凝练学科方向,汇聚学科队伍,构筑学科基地,以学科建设统揽学校发展,注重学科建设的持续积累。要集成学校各种资源,优先发展优势学科和特色学科,鼓励新兴学科快速发展,拉动并促进我校学科建设整体水平的提高。要紧密结合H省经济和社会发展的需要,确定一批能够脱颖而出、具有鲜明地方特色的学科专业予以重点扶持,争创特色品牌专业。要密切跟踪现代科学技术的发展趋势,发挥综合性大学的特有优势,积极鼓励学科交叉融合。要进一步加大学位点的建设与管理力度,探索新的结构和机制,科学整合校内外学科建设资源,实现学位点建设数量和质量的双提升。

2004年在A大学举办的中层干部培训班上,该校校长正式提出了设立学部的设想,其基本思路是:进一步整合资源,在相关学院之上设立学部,加强学科群的实力,加强大型设备的管理和提高利用率,便于学校层面综合管理权力(包括评聘职称和两级财务管理体制的实行)重心的下移。打破传统的学科建设"小国寡民"的壁垒,向有利于硕士点、博士点拓宽方向上努力。

2005年,A大学在学校每年一度的学科建设研讨会上,进一步提出了整合相关学院学科资源,大力推进学科群建设的思路和举措。③

---

① 邹晓东、吕旭峰:《"学部制"改革初探——基于构建跨学科研究组织体系的思考》,《高等教育研究》2010年第2期。
② 夏茵:《知识变迁与学术组织改革——对当前我国大学"学部制"改革的思考》,《内蒙古电大学刊》2013年第1期。
③ A大学校长在学科建设研讨会上的讲话,2005年。

　　我校的学科专业覆盖率高突显了学科综合性优势,拓展了人才培养的发展空间,也显示出学科建设拥有一个良好的发展基础和发展空间。7个博士点覆盖了六大学科门类,有约91%的硕士点和82%的本科专业对这六大门类形成支撑,加上博士后科研流动站和重点学科,我校已初步形成具有一定发展潜力的学科群。以化学学科群为例:化学是优势学科,拥有一级学科博士后科研流动站和博士学位授权点,这为以化学学科为核心构建学科群提供了学术基础和研究基地。以化学和生物学为核心,可以构建两个学科群,一是生物—化学—化工—医药学科群,二是化学—生物—化工—环境学科群。这两个学科群的构建一方面发挥了化学和生物学的学科优势和学术积累,推动在化学工程与技术、环境科学与工程等工科和药学等医学学科领域的突破;另一方面也为化学、生物学申报一级学科点提供支撑。学科门类齐全、交叉融合的优势一旦挖掘出来,将成为拓宽学科发展空间的坚实基础,一方面更有利于学科优化重组,形成新的学科生长点;另一方面也有利于引导研究生拓宽知识结构,提高研究创新能力,培育高层次复合型创新人才,更好地为 H 省地方经济建设和社会发展服务。

2006 年,A 大学在出台的《“十一五”建设与发展规划》中提出:实施“重点学科建设工程”,着力推动学科建设上水平、上层次。以“强势特色学科”和省重点学科为支柱,加强学科群建设,以人文、社会科学、信息工程和生化医学四个学部为纽带搭建跨学科发展平台。《A 大学“十一五”建设与发展规划》中提到了两个方面组织形式的保障措施,其中之一就是:

　　　　以学校已经建立的四个学部为基础,建立定期联席会议推动学术和科研合作交流制度,建立并完善基于网络的资源共享媒介平台,最大限度的实现信息资源、人才资源、科研装备资源、成果资源的共享,推动各学科之间的交叉融合,促进新的学科方向和学科增长点的产生,增强各学科间的相互支撑能力,服务于学科建设,在学部内组织申报国家及省部(委)级重大项目。

二、学部制的酝酿与形成

1. 酝酿成立

推行学部制是 A 大学探索跨学科发展的有益尝试,学校主要领导为此作出了积极的努力和推动。在 2007 年初召开的校长办公会议上,学校校长谈到当年面临的两大工作:一是教育部对学校的本科教学质量评估,二是新一轮的硕士、博士学位点的申报工作。并认为推进两项重要工作,学校酝酿组成四大学部,强化学部综合平台作用,在推进跨学科人才培养、科学研究和学科建设中发挥更好的作用,并要求学校领导分工参与到各个学部,指导各个学部的工作,在学部协作中发挥重要作用。

> 时任常务副校长在会上谈道:就全国高校而言,有几个学校实施学部制,如北大、吉大等。吉大搞得比较好,实行学部部长制。党委制定,校长任命,三级学术委员会。我们整合资源,突出学科优势,可以探索试试。
>
> 时任党委书记提出了学部的几点设想:一是加强整合,形成团队,相近学科整合到一起,便于交流协作。二是不新设管理层。三是学部的职能是内部的协作组织,内部可能推一个召集人,一学期搞三次活动,召集人可轮流担当,原来校领导联系学院可能不太理想,不如来个新探索,校领导联系学院制度的新探索。①

由此分析,A 大学之所以要成立四大学部,是基于以下几方面目的:一是借学部平台推进学科建设。2007 年学校面临着新一轮的学位点申报工作,同时也面临着四个省级强势特色学科的首轮评估,学科建设的任务重,希望找到一种新的组织形式或机制,更好地促进综合性大学的学科整合。二是迎接教育部本科教学评估的需要。作为一个评建工作的特色和亮点,以此促进相关学院、学科之间的资源共享,在教学科研中发挥各自的优势和整体合力。三是学校内部管理的创新与探索,如学校领导在几个学部成立时几乎都强调了"学校成立四个学部,是一项具有创新性和探索性的工作。它有利于加强各学院和学校领导的联系,密切学部内各学院之间的合作,促进学部内各学院间的资源和成果共享以及学科交叉融合、优势互补"。

2. 通过学部规程

2007 年 2 月,A 大学专门研究了学部有关问题,通过了《A 大学学部规程》,对学部的设置、性质及职能等作出了明确的规定,使学校跨学科研究组织的建设第一次在制度上得到了确立和保证。根据规程,A 大学按照学科门类及实际需要设置了学部,学部一般由学科性质相近的教学科研机构

---

① 对 A 大学综合办公室负责人的访谈,2007 年。

组成。将学部定位为"学校内部由学校领导联系的协作组织,以期促进相关学院的资源共享,学科间交叉融合、优势互补",同时也界定了学部的职能,主要包括构建人际与学术和谐环境、学校领导联系院系平台;寻求学部内信息、资源和成果共享;促进学部内、外沟通,跨学院学术交流,进行科研合作,加强团队建设;推动学院对外联系,增强对外交往,提高服务社会能力;探讨学院发展、建设的共性问题等方面。

由此,A 大学正式组建了四大学部,每个学部有一名学校领导联系协调。

人文学部,组成单位为人文学院、新闻传播学院、艺术学院、外国语学院、外语教研部、国际交流与教育学院;

社会科学学部,组成单位为经济学院、管理学院、教育学院、政法学院、马列教研部;

信息工程学部,组成单位为数学与计算机学院、电子信息工程学院、机械与建筑工程学院、质量技术监督学院、物理科学与技术学院、计算中心;

生化医学部,组成单位为化学与环境工程学院、生命科学学院、临床医学院、药学院、护理学院、卫生职业技术学院、预防医学与卫生事业管理系、中医系、基础医学教研中心、体育教研部。①

三、运 行 管 理

A 大学的学部运行实行学部召集人制度,并且明确了召集人的职责。学部召集人为学部事务的组织协调与联络人,一般由学部内各学院院长轮流出任。学部召集人任期由各学部自行规定。学部召集人在征集学部内各个学院意见的基础上,与联系学部的学校领导拟定议题。学部召集人的主要职责包括组织学部专家、学者商讨学科建设等学校发展建设中的相关问题,提出意见和建议;组织传达和学习学校有关会议、文件精神,研究协调学部的工作;组织学部各单位商讨学科专业建设、师资队伍建设、课程建设等方面的相关事项,沟通人才培养与就业及教学科研等方面的信息;组织学部各单位商议重大科研项目合作研究及科研基地平台建设等事项;组织开展学术研讨活动,商议学部学术规范体系建设及学术资源共享等事项;收集学

---

① 根据 A 大学有关会议纪要整理,2002 年。

院信息,协调内部关系,反馈共性意见。

学校领导在学部运行中承担着重要角色,实行学校领导联系学部制度,学校领导负责对所联系学部工作的指导、协调和督促,每学期至少参加三次学部活动,并根据工作需要,提请学校研究学部有关工作。

学部实行例会制度,学部召集人每学期至少组织召开三次学部各单位主要负责人联席(扩大)会议。

实行汇报制度,党委办公室负责组织召开学部召集人联席会议,协调学校领导听取工作汇报,负责协调、组织学部每学期向学校汇报一次学部工作。

四、运行成效与问题

学部制改革是大学基层学术组织适应知识的"分化——整合"发展趋势的产物。我国的学部制改革暗含了知识由专业化向综合化变迁的趋势,并逐步发展成为知识变迁过程中组织模式选择的一种具体实践。通过学部制的推进,相近学科的院系组成学部,从组织上具有了跨学科合作的平台,破除了原来单学科院系的跨学科组织障碍。学部制在组织跨学科合作方面比学校层面拥有学科语言相近、政策制定灵活等特点。在西方,越来越多的学者已经意识到不同学科之间联系的重要性,也就是交叉学科研究或者跨学科研究,对其他学科领域的了解有助于加深对自己领域的研究。比如,中文系与新闻学院、社科部以及艺术学院的合作,有助于学生建立更广的知识领域。"这个世界一直在不停地变化着,竞争激烈。现在的学生需要具备更加宽广领域的技能"。[①]

A 大学的学部制在建立之初曾发挥了一定的作用,但真正运行的时间不长,基本上就处于停止状态。在对几个学院院长和书记的访谈中可以看出其中的问题:

> A 大学的学部制起初发挥了一定的功能,这主要是在教学评估和申报学位点过程中,但是并没有很好地固定下来,这里面有很多原因:一是并没有从长远规划学部组织形式的发展,其产生的动机是临时性的,不管是教学评估的需要还是申报学位点,是特定时期的需要,在学校主要领导倡导下开展一些活动,后来随着临时性任务的完成,以及学校领导的更换,学校明显对学部的建设没有像以前一样高度重视。二

---

① 储召生:《"80 后"汕大:大学改革不需要轰轰烈烈》,《中国教育报》2011 年 7 月 7 日。

是各学院之间壁垒很难消除,学院之间的资源不能充分共享,学院领导一般不会主动牵头学部的活动。三是联系校领导的出发点也不一样,也不会主动和积极。后来学校领导更换的得比较多,大家基本上就把这种组织机制忘却了。也可以说在我校学部制并没有真正形成有效的运行机制,没有监督考核机制,实际处于一种放任式的管理模式。①

主管科研工作的副校长谈到学部的成效时,也从正反两个方面进行了强调,认为:②

通过学部这一组织形式,学校的学科整合确实得到了一定程度地加强。人文学部、社会科学学部、信息工程学部和生化医学部四个学部,能够促进信息、资源和成果共享,有利于加速学科交叉融合和集成创新,有利于构建新的跨学科专业平台,有利于培育科研创新团队,有利于打造具有我校特色的跨学科集群优势。如生化医学部积极推进了医学学科与药学、生命科学、化学学科等多学科间的交叉融合,加强了医学硕士学位点和相关本科专业的建设,有力地促进了医学部与本部的实质性融合。但是由于学部本身是一个松散的协调组织,学校刚刚推动此事时大家还有很高的积极性,各学部在学科建设、科研项目的申报上能够集中资源,互相支持,但是现在看来还是没有形成一个好的运行机制,有的学部开展得比较好,比如生化医学部,有的可能差一些。通过一种什么样的机制,促进学部内相关学院、部门的长期融合、协作,可能是下一步学校考虑的重点。

由此可见,A 大学所探索的学部制是在特定时期针对特定任务而临时组建的一种学术组织形式,在学部的运行体制、运行机制及相关制度建设上明显存在缺陷,并没有形成一种稳定有序的组织形态。表面上来看,学部建设能够满足临时工作的需要,但是并没有解决各学院之间诸多壁垒,也就很难实质性地实现交叉融合和协同发展。领导层对学部的关注也从起始高度重视,到逐步淡化,随着临时性任务的完成或领导人的更换,也就逐渐成为一个虚设的学术组织。从我国其他大学的实践来看,确实也有很多大学通过制度化的组织建立了比较完善的学部结构,有效地促进了学科交叉和融

①　对 A 大学部分院长、书记的访谈,2013 年 2 月。
②　对主管科研工作的副校长的访谈,2011 年 4 月。

合发展。A大学要真正实现跨学科的交叉融合，如何突破学科壁垒、学院壁垒是一个必须解决的问题。

第三节　院级跨学科研究组织探索

近几年，A大学非常重视学术团队的建设，多次提出建设高水平的学术团队，促进学科交叉与融合。这是现代科学技术发展的需要，同时也是综合性大学打造学术实力的优势所在。A大学医工交叉研究中心就是一个典型的院级跨学科研究团队平台。

一、组建的背景及过程

A大学在《"十一五"建设与发展规划》中指出：围绕"强势和特色学科以及重点学科建设，加强学术团队建设，使之形成学科、学术和师资队伍建设的有效带动力量"。[①] 学术团队更加侧重学科之间的交叉融合，A大学尤其在建设跨学科团队方面给予资金鼓励和政策倾斜，试图通过跨学科团队的建设拉动学校跨学科研究的发展。

在A大学探索跨学科研究组织的发展中，设立在电子信息工程学院的医工交叉研究中心是A大学积极推动建设的代表。这个跨学科研究组织可以被看作是A大学在学院层面进行跨学科研究的重要尝试。

2005年，H省职工医学院正式并入A大学，使A大学的学科更加丰富，拥有了医学学科的A大学，经常被学校高层管理者称为"成了真正意义上的综合性大学"。从学校层面来讲，一直在探讨跨学科研究乃至跨学科教育的有效路径，特别是强调医学学科同原来学校本部之间文、理、工各学科之间的交叉融合。

医工交叉研究中心办公室D主任谈到成立该中心的背景[②]：

> A大学是H省唯一的重点综合性大学和"省部共建"大学，在国家高等教育布局中具有重要作用和特殊的区域地位，其学科分布广泛，涉及文、理、工、医各个行业，又拥有一所集医疗、教学、科研、预防、保健、体检为一体的现代化综合性三级甲等附属医院。为充分利用A大学多学科优势，利用现有的设备、软硬件平台等资源，发展医疗信息领域

---

① 《A大学"十一五"建设与发展规划汇编》，2007年2月。
② 对A大学医工交叉研究中心办公室主任的访谈，2012年3月。

的高新技术学科,电子信息工程学院建议以信息学部、医学部为依托,以中心为主体,开展健康领域的交叉研究。

学科交叉是科技发展的必然趋势。在这个多学科交叉融合的大背景下,医学和工学的交叉发展具有突出的特色,有着广阔的发展前景。随着我国经济社会的高速发展,人民生活水平不断提高,摆脱温饱问题的社会群体,对于"体面生活"提出了越来越高的要求,而高水平的医疗健康服务首当其冲。在国外,很多著名的高校都早已实施了医工交叉的计划,如斯坦福大学交叉平台涉及生物工程、生物医学、生物科学三大领域,跨越文理学院、工程学院和医学院三大学院;哈佛大学、密西根大学等普遍设立了"合作基金"或建立了"学科交叉专家委员会"等机构,以推动学校学科的交叉融合与发展。在我国,清华大学、浙江大学、上海交通大学等多个重点院校也已经或正在筹建类似的生物医学研究平台。

对我们学校来讲,医工交叉中心的建设必然会推动学校多学科的共同发展,并衍生出若干新型特色学科,孕育起新的闪光点。医工交叉中心的建设将围绕临床需求,将理工科的相关技术应用于临床问题的解决,并同时推动相关理工学科的技术进步和学科发展。为此,学校大力支持该中心的动议和建设,校长亲自组织发动,在其中承担着重要的角色,在经费、办公场所、项目等方面拥有一定的优势,成为推动中心成立和开展工作的重要保障。

2011 年 5 月,A 大学医工交叉研究中心正式成立。根据该中心的建设方案,中心设立三个主要方向:一是数字医学。将现代电子技术、信息技术应用到生物医学领域,研究和开发具有产业化前景的临床、社区、家庭环境下的疾病监测、诊断新技术和医疗支持系统。二是医联网。国家重点发展的物联网领域中的重要一环是将医院、社区、人群紧密结合的医联网技术。将医学传感器技术和网络技术紧密结合,配合现有的医院信息系统,计划发展具有产业化前景的相关基础技术研究,并实现产业化应用。三是智能医疗设备。智能医疗设备的发展是交叉学科的产物,是以大科学的研究模式为前提的。配合高精度的临床医学发展需要,该平台计划不断加大对精确治疗的支持力度,主要研究包括新型肿瘤治疗设备;多科室手术导航;基于术中影像(超声等)的组织漂移矫正及其在手术导航中的应用;增强虚拟现实技术的临床应用;高精度、小型化的手术智能机器人等。①

---

① 《A 大学医工交叉中心建设方案》,2007 年 5 月。

二、组织与管理

A 大学医工交叉中心作为学院层面发起成立的跨学科研究组织,经过学校科技部门批准成立,挂靠在电子信息工程学院,在管理上具有一定的独立性。中心设有学术委员会,聘请了著名国际专家担任主席,委员会成员都是国内外高端专家。学校聘请一名校外权威专家担任中心主任,定期来中心工作,并且承担科研任务、教学任务和联合指导研究生。中心设有一名常务副主任,由电子信息工程学院的院长担任,负责中心的日常事务,协调各学院和学校各部门之间的关系,整合校内资源,保持中心的正常运行。另外还设立一名中心副主任,主要是负责中心业务的开展,日常科研事务的组织和管理;设有一名办公室秘书,协助主任处理日常行政事务,由此构成一个目标明确、结构严密的基层学术组织。

该中心成立时间尚短,从其发展规划可以看出其发展的潜力与目标。初期阶段计划从电信、检测、机械、材料、物理等学科与临床医学相交叉结合入手,具体架构包括三个研究所:一是数字医学研究所,引入虚拟手术系统,与附属医院培训基地配合,完成虚拟手术训练系统的应用拓展;二是医联网研究所,建立特定人群的远程医疗系统和医院设备的信息化建设;三是智能医疗设备研究所,初期完成典型医疗影像信息的融合、分析和辅助诊断系统。长期目标是实现医工、医理的全面交叉融合,实现多学科交叉发展的良性循环。利用 A 大学多学科优势,围绕医学临床需求,将理工科的相关技术应用于临床问题的解决,同时推动医学和相关理工学科的发展。

医工交叉中心由学校聘请权威专家担任主任,首任主任是 G 博士,同时也是该中心的学术带头人。中心主任的聘任采取了"软引进"的方式,主要是利用其在学术界的影响力,为中心的发展创造良好的环境。该主任是上海 J 大学 Med-X 研究院教授、博士生导师,是教育部数字医学工程中心、数字医疗实验室主任,是第 27 届 IEEE 世界医学工程年会程序委员会委员、社交委员会主席,多次担任国际会议 MIAR、ITAB、EMBC 的程序委员会委员。

中心副主任 L 认为:[①]

> 我们这个中心有一个领导机构,主任是外聘的,加拿大的一个权威教授。副主任由电子信息工程学院的院长担任。主任 G 博士是国内

---

① 对 A 大学医工交叉中心副主任的访谈,2012 年 11 月。

医工交叉研究领域的权威,最早开展这种交叉研究,研究水平处于国际前沿,是我们的特聘教授。他会定期到这里指导工作,完成一定的工作任务,还要指导青年教师,也是我们的硕士生导师。主要是他具有很高学科水平,很强的学科发展和判断能力,知道这些课题或项目的有效性和研究的潜力,而且他本身在国际学术界也有很强的影响力,中心就是通过他建立起来的学术委员会。

A 大学医工交叉中心的人员构成具有比较典型的跨学科特征。这里的人员主要包括电子信息工程学院的教师,还有国内外优秀专家,他们也都是 A 大学的兼职教授。中心设有专家委员会,由学院聘请高级专家担任,主要是对入选的项目进行指导。除了电子信息工程学院的教授之外,还有 A 大学医学部、附属医院的教授或医生加入进来。这些人都有自己的行政所属,人员编制在原部门,只是在中心开展项目研究工作。中心设立了开放基金,用来促进研究的开展,申报项目的团队必须是学校某个学院的教师,还需要有医院的人参与进来,此外,中心先后从加拿大、新加坡、英国等国家引进 5 名相关领域的国际知名教授。

这个中心依托 A 大学的电子信息工程学院,由电子信息工程学院、质量技术监督学院、物理科学与技术学院、医学部及附属医院的科研人员参与,形成一个以项目为基本运作方式的科研组织。副主任 L 谈道:①

> 中心负责项目的申报、验收和审批工作,第一年进行了一期项目,验收之后才能进行第二期。中心兼有人才培养功能,电子信息工程学院的研究生可以加入进来,和老师一起做课题。学校大力支持中心的发展,启动建设经费 100 万元,分两批拨付,这在 A 大学是非常难得的。完全是支持跨学科组织的建设与发展,校长不遗余力支持和探索,希望能够成为学校跨学科研究的样板工程。

A 大学医工交叉中心的经费问题是制约其发展的重要因素。如前所述,学校一般对二级学院的科研机构是没有经费投入的,只能靠研究机构自筹,但是在这个中心却不一样。中心副主任谈到这个问题时,认为学校对中心的支持突破了一般规则,力度还是非常大的:"目前中心主要的运行经费来源是学校划拨的学科建设经费,专门跟学校申请来的,学校很支持这个项

---

① 对 A 大学医工交叉中心副主任的访谈,2012 年 11 月。

目,所以会专门划拨一些经费支持发展。此外,中心还申报成功了教育部和国家外专局高校科技创新高地项目,全国共 11 所高校,A 大学是唯一的地方高校。引进国外高端专家来讲学,促进学科发展,构建一个跨学科发展的平台。经费管理上主要是项目经费的自我管理,和相关学院关系不大。"

三、初步成效及存在的问题

A 大学的医工交叉中心尽管成立的时间还很短,但是在项目申请和运行方面已经有了一些突破性的进展,显示了这个中心的吸引力和发展潜力。中心副主任 L 谈道:①

> 中心建立短短不到半年的时间,就申请到了两个项目。一个是外国专家局项目,国家外专局支持,项目主要是开展前沿性研究,引进国外专家智力,获得教育部和外专局联合审批项目,成为教育部批准的唯一地方高校获得者。这个项目列为国家引智基地项目,每年 27 万元,连续支持 3 年,具体的项目如虚拟手术、手术导航。另一个项目是"973"项目的子课题,是智能医疗设备方面的,项目经费达到 300 多万元,由电子信息工程学院、质量技术监督学院和物理科学与技术学院的老师协作开展。目前还没有和企业合作的项目,曾经有过和 TCL 的合作项目,但没有实质性推进。经济转型、产业升级,离不开技术创新,A 大学充分发挥多学科交叉融合优势,主动以技术创新引领地方产业升级。在学校医工交叉研究中心,也有来自临床医学、计算机、自动化、应用物理、质量检测等不同学科的研究团队,正在对手术导航系统进行最后阶段的调试,项目测试成功并运用到实际后,将有效解决临床医疗的诸多难题。

尽管医工交叉中心属于跨学科的研究组织,但其具有的功能却是多方面的,除了组织承担跨学科研究项目之外,在人才培养方面也发挥着重要作用。人才培养的主要形式包括:博士、硕士研究生可以在这里参与老师的科研项目;聘请专家联合指导研究生;外国专家到相关学院承担研究生教学任务。在这里跨学科研究与跨学科的研究生教育是同时进行的。

在医工交叉中心,每个研究所都有来自电子信息工程学院、质量技术监督学院、物理科学与技术学院、医学部和附属医院的人参与进来,形成几个

---

① 对 A 大学医工交叉中心副主任的访谈,2012 年 11 月。

跨学科交叉团队,围绕不同的项目开展合作研究。这是 A 大学探索跨学科研究模式的新尝试。在学校校长直接支持下,这个中心已经开始逐渐向正规化发展,但其中管理制度、激励考核等相关制度还不完善,处于探索和积累阶段。这对于 A 大学来讲已经实现了从理念到组织方面的转变,也成为近几年 A 大学的突破性进展和代表性工作,经常有上级领导和同行专家参观考察。

作为一种新生事物,A 大学的医工交叉中心已经迈出了发展的第一步,但是在实际运行中的问题仍然不能回避:一是在中心起重要作用的教授一般都是引进的学术带头人,A 大学还缺少自己高水平的科研队伍,中心副主任认为"这类人才非常缺,一般到不了我们这样的学校,学校引进人才的力度不大,待遇也不是很高,一般没有吸引力和诱惑力,这样的人才到'985'和'211'学校的多。"二是管理上比较松散,尽管成立几个研究所,也强调相互支撑与利用,但很多情况下还是各干各的,缺乏统一的规划,制约机制不健全,相应考核激励机制不完善,处于起步发展阶段、探索阶段,但已经走出一步。三是很多方面发展不成熟,组织也比较松散,特别是要真正打破各院或学科之间的界限,还存在很大的困难,对地方大学来讲是一个挑战。

第四节　校级跨学科研究组织

医工交叉中心是 A 大学在学院层面开展跨学科研究的探索,尽管这一结构形式取得了初步的经验,但对促进实质性的跨学科研究作用还是很有限的。主要原因是学院层面的跨学科组织主要是局限在某一个学科或者学术领域中,难以在学校范围内提高学术资源的整合共享程度。这一时期,A 大学为了探索跨学科研究的经验和道路,还在具体实施策略上积极探索学校一级的跨学科研究中心的建设与发展,其中 A 大学的省部共建重点实验室具有一定的代表性和示范性。

一、跨学科研究组织的前期探索

1999 年,A 大学曾经酝酿成立几个跨学科的研究机构,以此来推动学校的跨学科研究,但由于当时条件所限,主要是学校领导班子大范围调整,已经开始倡议的几个跨学科研究机构最终没有成立,但学校管理层对此问题的重视和认识则为后来跨学科研究组织的发展提供了一定基础。

1999 年初,A 大学曾经专门研究过《关于组建 H 省发展研究院的论证摘要》,提出建设跨学科研究组织的设想,服务于 H 省经济和社会发展,并提出了研究院的研究方向及运行机制。这可以说是从学校层面探索跨学科研究组织的开端。资料显示①,当时对成立 H 省发展研究院在机构设置、运行机制及发展前景等方面提出了比较完整的方案,但限于条件方案并未成形,但其基本理念和设想具有很强的科学性和超前性。如在机构设置上,提出了下设四个研究所,分别是 H 省社会发展研究所、H 省经济发展研究所、企业管理咨询中心、文化研究所,每个研究所都是跨越基本学科或部门的研究组织,尤其在运行机制上也提出了新的构想。

二、跨学科省部共建重点实验室的建立

1999 年之后,A 大学逐步确立了跨学科研究的学术战略,并开始探索在学校层面建立跨学科研究组织的途径。跨学科研究战略是 A 大学提升学术水平的重要手段,也是依托了作为综合性大学的学科优势,并且希望通过跨学科研究组织的建设实现科学研究方面的突破,这一战略任务落到了 A 大学所建设的省部共建重点实验室上。

重点实验室,尤其是国家级重点实验室是大学科研水平的重要标志,一直被 A 大学看作是建设国内一流大学的重要目标。A 大学在提出建设国内一流大学目标的过程中,把建设国家重点实验室列为其中的重要内容。近年来在 A 大学提出的一系列发展战略中,始终强调建设国家重点实验室,力图实现国家重点实验室零的突破。

在对 A 大学主管科研副校长的访谈中谈道②:

> 对于我们这样的一所大学来讲,提升办学层次是近年来学校发展的一个主要目标,其中国家级重点实验室的建设一直是学校的战略重点。学校在 2000 年制定发展规划时,就提出了要创建国家级重点实验室的目标,认为这是建设国内一流大学的重要标志。当时计划到 2005年实现这一目标,却未能如愿。在随后的《"十一五"建设与发展规划》中,再次强调了要实现国家重点实验室建设目标的重要性和紧迫性。没有国家重点实验室一直是制约学校发展的软肋,亟待实现突破,而建设省部重点实验室是建设国家重点实验室的基础,我们可以以此为突破口,在这方面加大投入,积累一些经验,早日建成国家重点实验室。

---

① 资料来源:A 大学档案馆,科研类,2000 卷。
② 对 A 大学主管科研副校长的访谈,2010 年 9 月。

　　教育部重点实验室是高等学校的重要科技创新平台,是国家创新体系(高校)的重要组成部分。2003 年,教育部为加强地方高校科技工作,提高为区域(地方)经济社会发展服务能力,加快国家创新体系(高校)建设,探索了省部共建教育部重点实验室建设管理模式。在地方高校的特色、优势学科领域以及与区域(地方)经济和社会发展密切相关的重点领域部署了一批教育部重点实验室,得到地方政府的积极配合和大力支持,也受到地方高校的普遍欢迎。A 大学省部共建重点实验室的建设也正是在这样的背景下建立起来的。

　　A 大学对重点实验室的建设一直是高度重视,并将其列入学校学科建设的重点项目,列支了专项建设经费,给予了"科研特区"政策,为实验室的发展创造了良好的环境。2005 年 A 大学上升为省部共建大学之后,在创建省部共建教育部重点实验室方面有了更好的机会和政策,随即加大了申报力度。2007 年,教育部确定了 47 个实验室为立项建设的省部共建教育部重点实验室。A 大学申报的"药物化学与分子诊断"实验室被批准为省部共建教育部重点实验室,也成为该校唯一一个省部共建重点实验室。

　　A 大学的省部共建"药物化学与分子诊断实验室"是按照跨学科研究组织的模式进行探索和建设的,因此这个实验室在学校科研机构历史上被认为具有里程碑意义,是建立校级跨学科实验室的开端。实验室的建设直接整合 A 大学有关学院的学术资源,涉及到化学学院、药学院、生命科学学院等多所学院,同时也是在学校已有的 H 省分析科学重点实验室、H 省药物质量实验室等基础上联合申报的,人员构成和研究方向具有明显的跨学科研究特点。实验室面向国家发展需求,瞄准学科前沿,以药物化学与分子诊断的基础研究为定位和发展主线,以生物功能分子和分子探针为研究对象,针对其发现,设计,合成和生物学功能研究等重要科学问题,开展深入的研究。

　　省部重点实验室的建立被看作实现 A 大学提升层次和水平的重要标志,对学校的战略转型起到了直接的支撑作用。该重点实验室副主任 M 教授认为①:

　　　　我们这个实验室是学校精心打造的向国家重点实验室冲击的基础,学校给予了高度的关注。我们的校长一直强调跨学科研究是综合性大学的优势和特色,但一直找不到突破口。这次申报省部重点实验

---

　　① 对 A 大学省部重点实验室副主任的访谈,2010 年 10 月。

室恰好是个机会。2007 年开始申请,当时 H 省有 10 个学校申请这样的实验室,只有我们这一个是跨学科的,综合了好几个学院的省级重点实验室和人员。我们是综合性大学,单个学院的实力比较弱,仅靠某一个学院是不行的,最后确定由生命科学学院和化学学院牵头共同申报,这是我们的特色。我们学校一直强调建设国内一流大学和高水平的教学研究型大学,没有高水平的研究是不行的,像我们这样的学校在跨学科研究上是有很大潜力的。H 省的实际情况是药物基础比较弱,但却是发展的重点,我们抓住这个机会,整合来自不同学科的资源,从跨学科视角实现研究的新突破,申报时主要成员有李某某、杨某某、张某某、孙某某等,他们分别来自不同的学院,不同的学科背景,共同形成一个新的跨学科研究平台。经过几年的建设,是非常有希望冲击国家重点实验室的。

实验室主任 L 教授谈道:

自"药物化学与分子诊断实验室"被教育部批准立项后,学校领导多次专题研究相关工作。为进一步加快该实验室的建设,2008 年 6 月,学校召开省部共建实验室建设现场办公会,校长、主管副校长出席会议,科技处、国有资产管理处、实验管理办公室、财务处、人事处等职能部门负责人、化学学院负责人和实验室有关人员参加了会议。听取了省部共建教育部药物化学与分子诊断重点实验室的建设情况汇报,针对实验室建设过程中的问题进行了研究。成立以主管副校长为主任,科学技术处、人事处、财务处、国有资产管理处、实验管理办公室等单位负责同志为委员的省部共建教育部重点实验室建设委员会,制定完善重点实验室的运行机制及管理体制,落实所需试验人员的招聘与选拔。财务处尽快落实实验室仪器设备的购置经费。要求各相关单位通力配合,共同做好重点实验室的建设工作,以优异的成果高水平通过教育部验收,为争建国家级重点实验室奠定坚实的基础。①

A 大学主管科研副校长谈道:

省部共建教育部重点实验室是教育部为加强地方高校特色和优势

---

① 对 A 大学省部重点实验室教授的访谈,2010 年 10 月。

学科建设,推动学科交叉,优化科技资源配置,更好地为地方经济建设和社会发展服务而采取的一项重要措施。"药物化学与分子诊断"实验室是在学校成立四个学部以来,在学校领导和职能部门的组织下,由化学学院牵头,集中生化医学部各院系力量进行优化组合,在多个学院和多个省级重点实验基础上联合申报的。"药物化学与分子诊断"实验室是我校首个省部共建教育部重点实验室。该实验室的立项建设,将对我校化学、药学、生物以及医学等学科的发展产生巨大的推动作用。学校在硬件上给予很大投入,专门建了一栋楼宇用于实验室的建设,在人才引进方面也不惜重金引进高水平的研究人员。①

三、组织与管理

A 大学省部重点实验室是学校专门成立的跨学科研究组织,学校层面设有一名分管校领导直接协调实验室的有关工作,具体职能管理工作由科技处负责。实验室挂靠(依托)A 大学化学学院进行管理,实验室不设固定编制,实验人员的编制分属各个学院。实验室实行依托单位领导下的主任负责制,实验室主任由学校校长聘任,全面组织和领导实验室的科学研究、学术活动、人员聘任以及资产管理和行政管理工作。日常管理实行主任领导下的常委会制度,常委委员由主任、副主任、研究室主任及学术带头人组成。由实验室主任召集,定期召开实验室常务会议,协调运行管理、合理利用资源,注重研究室之间的密切合作、联合攻关、引进和培养人才等。

A 大学的跨学科实验室不专设编制,科研人员人事关系隶属原来单位,行政管理人员由科研人员兼任。中心名义上是学校的,但主要由化学学院牵头并负责管理。这种模式充分尊重了我国大学现有的校院系的传统学术组织结构,在不改变成员隶属关系的基础上组建了矩阵式组织结构,具有较强的灵活性。

A 大学省部共建重点实验室体现了整体创新团队精神,体现化学、生物及药学等各学科的交叉融合、联合攻关,运用先进的理论、方法、手段和研究思维,建立系统的分子诊断与新药开发的高水平研究平台体系,同时承担人才培养和社会服务的功能。实验室设有 5 个研究方向:分子诊断、分子设计与药物合成、药物分离纯化与质量控制、微生物资源与化学天然药物、药物与食品安全。每个研究方向下设 2 个研究室。

---

① 对 A 大学主管科研副校长的访谈,2010 年 9 月。

实验室设有学术委员会,是实验室建设发展的决策咨询机构。遴选国内外相关学科的优秀专家组成学术委员会,学术委员会主任及委员由学校校长聘任,直接对校长负责。学术委员会一般每年召开1次会议,负责确定实验室发展目标,指导规划科研方向,审定年度计划,开放课题基金指南及审批开放研究课题,监督经费使用,评价实验室研究成果和管理绩效。学术委员会一般任期5年,每次换届更换的人数不少于三分之一。

A大学省部重点实验室有固定研究人员50人,分别来自A大学的化学学院、生命科学学院、药学院、医学部、计算机科学学院等学院。其中获得国家杰出青年科学基金资助1人,这被认为是A大学近十几年来高层次人才队伍建设的重大成就,此人是A大学通过人才吸引而来,担任该实验室的主任,同时担任化学学院的院长。实验室还有新世纪百千万人才工程国家级人选1人,为A大学药学院的院长。还有教育部新世纪优秀人才支持计划资助2人,H省杰出青年科学基金资助3人,全国优秀教师1人,H省百名优秀人才支持计划资助3人,H省教学名师2人,博士生导师12人,教授24人,副教授9人。除了固定人员之外,该实验室还设有流动或客座研究人员10余人。实验室实行下聘一级的人事制度,坚持"按需设岗,按岗聘任"的原则,通过竞争、流动,使实验室建立一支相对稳定、结构优化的研究队伍。在运行经费中,安排设计实验室主任基金,用于支持有创新思想的课题、新研究方向的启动和优秀年轻人才的培养。同时在依托单位支持下,设立引进人才专项基金,用于高层次人才的引进。

A大学省部共建重点实验室实行"边建设、边开放"的原则,实行"开放、流动、联合、竞争"的运行机制。实验室根据研究方向设置开放基金和开放课题,吸引国内外优秀科技人才;同时开展与国内外相关领域的课题组进行合作研究与学术交流,联合申报国家或行业重大项目。实验室的教师尤其是青年教师也获得了到国外大学、科研院所进行学术交流、担当访问学者和进修的机会。实验室形成了良好的学术研究氛围,实验室主办论坛、会议,学术影响力得到了显著提升。

四、功 能 实 现

A大学药物化学与分子诊断省部共建实验室2007年获教育部批准建设,2011年通过验收。经过几年的建设,实验室在人才队伍建设、运行体制和机制改革、跨学科科学研究、新的研究生长点培植、学术论文发表、授权发明专利、推动社会经济发展、实验室开放等方面取得了长足的进展,已成为H省乃至我国生物医药领域的主要研究中心之一。其主要发展成就已经载入 A 大学的校史：

　　2007 年,药物化学与分子诊断实验室获省部共建教育部重点实验室批准立项建设。药物化学与分子诊断实验室是在 A 大学成立四个学部之后,由化学与环境科学学院牵头,集中生化医学部各院系力量进行优化组合,在 H 省分析科学技术重点实验室、H 省药物质量控制实验室等基础上联合申报的。该实验室在分子诊断研究、药物分析设计及合成、药物分离纯化与质量控制、微生物资源与微生物药物、药物与食品安全药物、化学与分子诊断研究方面已形成了开发及相关技术研究完整体系,拥有一支年龄知识合理、学术水平高、攻关能力强、富有创新精神的研究队伍。近年来承担国家基金项目 20 余项,省部(委)级项目 50 多项,三大检索收录论文 200 多篇,其中国内外权威杂志上发表论文多篇。实验室力争在近期建成具有自身优势特色,在相关学术领域有重要影响力,能够承担国家或行业重大科研任务的集科学研究、人才培养和学术交流为一体的科技平台。①

　　2007—2011 年期间,A 大学省部共建重点实验室共承担科研课题 100 项,其中国家杰出青年基金 1 项,“973” 前期研究计划专项及国家重大新药创制科技重大专项各 1 项,国家自然科学基金面上项目 13 项,国家自然科学基金青年基金 7 项,教育部新世纪优秀人才支持计划 1 项,国际合作项目 1 项,国家基金交流合作项目 2 项,H 省杰出青年科学基金 3 项以及其他省级以上项目 70 项,累计科研经费 2100 余万元。这些科研项目中的大部分是跨学科研究团队来承担的,重点实验室为他们创造了良好的研究平台,资源共享,优势互补,在综合交叉领域取得了一系列的成果,成为这一时期 A 大学科研成果提升水平的重要标志。三大检索收录论文 200 多篇,其中在《J.Am.Chem. Soc.》(影响因子 7.696)、应用化学世界权威杂志《Angew. Chem. Int. Ed.》(影响因子 10.232)、分析化学权威杂志《Anal. Chem.》(影响因子 5.646)等权威杂志上发表论文多篇。

　　A 大学省部共建重点实验室承担着培养高层次人才的重要职能。实验室共有博士生导师 14 名,硕士生导师 35 名。实验室涵盖化学、药学、微生物学,具有化学、动物学博士后科研流动站,分析化学、动物学、高分子化学与物理 3 个博士授权点,17 个硕士点。建设期间,实验室获得了化学一级

---

① 《A 大学史:2001—2010》,第 158—159 页。

学科博士授权点,生物学及药学两个一级学科硕士点,大大提高了研究生培养能力。研究生们可以进到教师的课题中来,形成科研和人才培养的有效互动,同时研究生的课程设置也尽可能实现跨学科,充分实现跨学科教育。到 2011 年时有在校博士研究生 45 人,硕士生 325 人,博士后 15 人。

A 大学省部重点实验室设立专项人才引进基金,加大引进高水平学术带头人及中青年学术骨干的力度。建设以来,引进了两名优秀中青年学术带头人,一名从事手性药物分子设计与合成研究,是中科院昆明植物研究所百人计划,引进基金 500 万元;另一名从事蛋白折叠与分子识别的光谱分析研究,美国耶鲁大学化学系副研究员,引进基金 100 万元;还引进了三名中青年学术骨干。实验室成立后,A 大学原来的高层次人才队伍有了用武之地,学校加大了稳定人才的力度,一大批高层次人才涌现出来,使实验室真正成为了高层次人才汇聚的基地。

A 大学省部共建重点实验室不断完善大型仪器技术平台,各课题组实验用房达到 4500 平方米,学校专门拿出理化中心一楼 960 平方米建设了大型仪器技术平台,在建还有 5200 平方米的实验楼,几年中投资 2000 万元购置了大型仪器设备,这在 A 大学这样一所财力非常紧张的学校是非常难得的。作为跨学科研究机构,A 大学注重原有资源的整合和整体资源的合理配置。在资源整合方面,学校将重点实验室定位为学校的公共研究和学术交叉平台,重点实验室的基础实验条件建设不是从零开始,而是在原有基础上的整合与提高,把原有依托的院、所的相关仪器设备全部划拨给重点实验室,同时新增仪器设备购置专项经费,节约了建设成本,提高了资源利用率。在合理配置资源方面,重点实验室作为学校重要跨学科研究机构,拥有集中科研用房和先进的仪器设备,实验室成立了"仪器设备管理中心",制定了"大型贵重仪器设备管理办法",实验室的资源得到了合理的配置,提高了利用效率,满足了实验室研究人员和流动人员进行科学研究、开放服务的需要。

A 大学省部共建重点实验室已经成为学校的一张名片,被称为学校近几年实力提升、实现战略目标的重要标志。学校校长认为:

> 重点实验室是学校学科建设的重要支撑平台,是开展高水平基础研究和应用基础研究的基地。A 大学省部重点实验室从开始建设起就把提高科技创新能力、增强承担重大科研任务能力和竞争力作为奋斗目标,经过建设,重点实验室承担重大科研任务的能力比以前有了显著提高。通过承担这些项目,使重点实验室的项目、人才和平台形成良性

循环,聚集了一批高层次人才,取得了一系列高水平科研成果,学术影响力稳步提升。重点实验室已经成为我校学科建设的重要支撑平台,是我校开展高水平应用基础研究、高层次学术交流、聚集和培养人才的重要基地和学校开展对外科技合作交流的窗口。实验室突出管理体制、研学产机制创新和环境建设,发挥了学校综合优势,切实加强了学校科技资源的整合和学科交叉融合,为学校申请建设新的或更高层次的重点实验室积累了丰富的经验。①

任何一所大学都有其优势也有其劣势,管理者的一个主要任务则是通过对优势的把握形成组织的核心能力。A 大学作为地方综合性大学,其特点是学科的综合性,如何将这种综合性的学科资源构筑成学校的竞争优势,是这一时期 A 大学管理者们思考最多的问题之一。A 大学管理者试图从理念、制度、组织等方面做出积极的探索和尝试,走出一条由"综"到"合"的有效之路。A 大学提出的跨学科研究战略则是对这一目标的主动回应。

研究发现,跨学科活动不仅需要外部动力和中层动力,更需要内部动力,高校师生的能动性是否足够应对协同创新建设的任务非常关键,因为任务的最终落脚点是师生的科学研究能力和意愿,离开这一落脚点,跨学科创新只能停留在中上层的理想之中。在组织载体之上,必须不断优化组织运行,更新团队成员观念、发展集体认知、建立共同理解,逐渐消除学科范式竞争及成员冲突,缓解疑虑,清除屏障,使组织内部的个体动力与组织动力达到一种平衡才能真正促进跨学科的协同创新。② A 大学主动推动跨学科研究,并在组织机制上进行了尝试和探索,不管是学部制,还是学院级跨学科研究组织,乃至学校一级的跨学科研究组织,在组织实施过程中,既有一定的成效,同时也存在很多的问题,跨学科研究组织的效果还远远没有实现,但有着巨大的潜力。A 大学跨学科研究的主要推动者——A 大学校长在分析这种现象时认为,"我们现在才刚刚开始,但我们似乎看到了将来可能实现的美好前景,不过也不能盲目乐观,需要我们克服很多的困难。比如我们的很多教师、干部在观念上还没有实现彻底转变,还是每个学科、每个人固守自己的小圈子,观念狭窄;还有很多人视野太窄,搞科研还在'闭门造

---

① 对时任 A 大学校长的访谈,2011 年 11 月。
② 关辉:《组织、动力、成果:我国大学跨学科演进的三重维度与协同逻辑》,《教育发展研究》2015 年第 3 期。

车'，与社会需求不能实现有效对接；我们还缺乏一个良好的跨学科组织的运行机制，还需要营造更适宜的环境氛围，这对我们的管理的确是一个挑战，但是得一步一步走，这才是像 A 大学这样的综合性大学的真正发展之路。"

第八章 大学组织的适应与成长

研究者从大学组织成长的视角,把大学组织与社会的关系分为两类,第一类是社会与创设期大学组织的关系,第二类是社会与存续期大学组织的关系。显然,案例大学是属于第二类组织。研究认为①,一旦大学完成创设并进入稳定发展期,大学在社会场域之中的特殊学术组织主体地位便确立起来,这时大学组织会进一步加大对各项必需资源的需求……大学组织与社会彼此之间的良性互动关系持续升级;与此同时,创设后的大学组织为了更好更快地发展,会趋向于不断增强自身综合实力特别是核心竞争力,增加总资源存量,并适时推动组织变革,创造更多更好的公共产品或公共服务,以回馈社会。

本研究的第四章至第八章考察了1999—2010年时期案例大学所面临的环境压力,我们考察了这所大学的管理层在环境发生一系列变化的情况下,所做出的一系列动态的战略选择,以及在学术组织结构上的调整与变革。从这一时期案例大学的发展来看,组织的演进更多表现出一种主动的选择与适应行为,但其中也受到了各种因素的制约,并且在新的战略实施和结构调整变化过程中,出现了许多新问题、新情况。本章在前面描述分析的基础上,进一步结合A大学的案例,从战略与结构视角探讨大学组织的适应与成长问题,并分析大学环境、战略、结构及组织能力之间的复杂关系。

通过案例大学战略转变和结构变迁所呈现的一系列重大决策行为,反映出这一时期的中国大学正在经历重要的变革。这种变革会导致大学管理者采取一定的反应方式,包括管理者及时把握环境的变化信息,并进行信息的选择、判断,调整学校的目标定位和战略举措,作出有关大学政策或结构调整的重大决定,在教学科研方式或资源分配方面作出具体部署,调整组织结构和运行方式等。

基于以上描述,本章主要关注以下三个问题,并进行理论分析与思考:

第一,管理者基于一种什么样的环境判断做出了战略上的调整?这种战略选择是不是对环境的一种积极反应,选择过程中受到了哪些因素的影响?在案例大学,这一时期所面临的基本战略问题就是在整体发展目标上

---

① 缪文卿:《论大学组织生成及其与社会的关系》,《教育研究》2015年第11期。

实现两大转变：从教学型大学向教学研究型大学转变，从规模战略向质量战略的转变。面对环境的变化和新的目标设定，管理者通过怎样的方式做出了一系列战略选择需要进一步阐述和解释。

第二，组织战略和结构转变之间是一种怎样的关系。一方面组织的战略是不是有力地影响了组织的结构和运行方式；另一方面新结构的产生是不是适应了战略的要求，整体变迁下的新情况和新问题主要有哪些？

第三，学校整体的适应和成长表现在哪些方面。比如在实现国家相关政策要求方面实现了怎样的目标，同省内其他高校相比或同全国同类高校相比处于一个怎样的位置？学校自身内在的教学科研和学科建设的绩效如何？进而分析这种适应成长与战略、结构之间是一种什么样的联系，并对大学环境、战略、结构和组织适应成长之间的关系进行分析、思考。

第一节　环境与战略

战略选择理论认为组织的变迁演进只是部分地由环境条件决定，强调了最高决策者的作用，认为管理者是组织及其环境之间进行沟通的主要枢纽。战略选择观认为这些管理者不仅在必要的时间调整组织结构和过程，而且还改变环境自身，使其与组织正在进行的活动保持一致。为此，战略选择观从主导联盟、感知、分解、查看活动、动态制约五个方面分析管理层的战略选择行为。通过这样的五个步骤，战略选择方法实质上指出，组织适应过程的有效性应取决于主导联盟对环境条件的感知及其作出相关决策以应对这些环境条件，其关键是对环境与战略之间关系的深度分析。

在本研究中，将环境与战略选择之间的关系作为基本出发点，并在此基础上探讨组织的结构变迁与组织成长。在高等教育研究中，环境与组织的关系已经逐渐得到清晰地认识。如有研究认为，历史为每一所大学所提供的机遇都是相同的，只有那些能够抓住历史机遇，及时调整发展定位的大学，才可能与时俱进，成功地实现大学的转型，从而在更高的层次、更广的领域发挥更大的作用。[①] 本研究也表明，大学组织要抓住历史机遇，实施正确的发展战略，把握特定时代大学发展的规律和社会需求，及时调整战略，并在组织上给予保证，成功地促进大学转型和层次提升。

这一时期，案例大学外部环境和内部条件都发生了很大的变化，案例大

---

① 别敦荣：《抓住历史机遇，促进大学转型：美国大学定位与个性化发展》，《高等教育研究》2003 年第 1 期。

学的管理者、领导层深刻认识和捕捉到了这种变化给大学发展带来的机遇和挑战，并能够结合学校的优势和劣势，制定发展的战略和措施，以适应外部环境的需求，为学校的发展创造了更有利的环境。

一、环境变化与适应要求

作为社会的一个组成部分，大学自诞生之日起就受到社会环境的影响，并为一定社会环境所塑造。大学作为一个高度社会化的组织，需要通过努力竞争来获取稀缺的社会资源，并在学校内部进行合理配置才能生存和发展。这样，我们就不能把大学单纯看成是只强调理性的知识组织，还应承认它是需要适应环境的社会组织。①

组织的战略和结构是在一定的环境下形成的。范·霍顿（1987）分析了 19 世纪七八十年代在瑞典尝试过的组织设计的各种方法。他的结论是，如果脱离其历史背景，这些方法将无法理解。因而组织是由历史塑造的、复杂的、运动着的实体（Clegg，1981，p. 545）。② 研究发现，在一流大学创建进程中，大学的战略领导集体发挥着至关重要的作用，他们对于判断环境的变化和构建组织的新愿景、新规划起着主导作用。这个战略领导集体要能够发现、制造并领导创建一流大学的紧迫感，达成内部共识并获取内在动力。组织要能够丰富和发展领导联盟，形成强有力的领导联盟，多层面、多群体达成共识与协作，开发出大学变革所需的最大动力。麻省理工学院、斯坦福大学等大学变革的案例表明：如果大学校长不是变革的积极支持者或积极发起人，就不可能推动大学的重大变革；大学校长和教务长是领导联盟的核心和基础，所形成的领导集体直接影响着大学变革的思想信念与顽强意志；在逐步扩大的领导群体过程中，系主任群体、杰出教授群体逐渐被联合起来；最终全体成员被联合起来，共同形成创建新的大学的共同承诺。③

通过对案例大学的描述和分析可以看出，1999 年之后中国大学的外部环境发生了巨大的变化，这种变化直接对大学战略和结构产生了影响，大学组织通过对学术战略的调整，主动应对环境的新变化和新需求。实现这种主动适应与选择行为的一个重要条件，是 A 大学在 1999 年学校领导班子的调整。在当时全部班子成员中，党政正职均为新任，而且年富力强，业务突出，均有在省属骨干大学二级学院担任院长的经历，对大学的特征和规律

---

① 李立国：《大学组织特性与大学竞争特点探析》，《高等教育研究》2006 年第 11 期。
② ［美］迈尔斯、斯诺：《组织：结构、过程及结果》，方洁译，东方出版社 2006 年版，第 117 页。
③ 黄超、杨英杰、姜华：《创建世界一流大学的战略组织》，《高等教育研究》2011 年第 8 期。

有较深的认识;其他学校副职领导中,仅有两位是老班子成员,三位是本校新提拔干部,另外两位中的一位来自另一所高校的副校级领导,一位来自省厅机关的副厅级干部,这样构成的新的集体不仅对案例大学的发展比较熟悉,而且呈现结构多元化的特点。新班子上任后表现出了很强的进取意识。这一领导集体基本上延续了六年左右的时间,A大学从教学型大学向教学科研型大学转型的一系列重大决策都是这个领导集体做出的,这种稳定且具有进取心的管理层对这一时期A大学的发展产生了重要影响,成为推进A大学实现战略转型的主导力量。

二、环境监测与判断

通过案例大学可以看出,大学组织的高层管理者需要不断地对外界环境进行监视与判断,从而把握影响组织发展的外部环境因素,做出进一步如何发展的战略决策,这一过程是战略选择过程中的感知、分解、查看三个环节。这一时期A大学主要关注的外部环境集中在以下几个方面:一是国家政策、法规。如《高等教育法》的出台,使学校拥有一定的办学自主权,学校会判断能够在哪些方面有了更大的自主权,在适当时机会充分利用这一自主权赢得学校的发展。例如A大学主动、积极在H省高校率先推进内部管理体制改革,整合办学资源,激发办学活力;国家推出扩招政策之后,A大学积极推进扩招,办学规模实现较大增长;落实国家关于推进素质教育的决定,推进教学改革和人才培养模式的改革,推行学院制,加大学科专业调整力度;顺应国家重点建设政策,确立建设国内一流大学的目标;通过汇报、书信、拜访、邀请上级领导来校视察参观,乃至充分利用参加各种会议的机会,千方百计与省领导、教育部领导加强联络沟通,争取省级政府和教育部的重点支持;积极发展学位研究生教育,抓住学科建设的政策空间,加大申报力度和建设力度等。二是社会市场需求。如加大开放办学力度,面向社会市场需求,主动调整专业设置的结构,大量应用性专业和应用学系、研究所应运而生;专业研究生教育快速实现分化与发展。三是现代科学技术发展。如不断强化学校的科研功能;适应社会需求,开拓应用研究领域,推进跨学科研究的发展。四是对竞争对手的密切关注。首先是关注省内其他高校,尤其是H省骨干大学中具有博士学位授权点的几所高校。这些学校处于同一个激烈竞争的平台上,为了获得更多的办学资源和更好的发展平台,都在想方设法争取省政府的重点支持。其次时刻关注其他省份的同类大学,即地方综合性大学之间的竞争和发展。

可以看出,这一时期不论是组织的技术环境还是制度环境,都对A大学的组织变迁提出了适应性要求。其中,有的教学科研结构形式的出现是大学主动适应环境变化进行自我调整的结果,比如 A 大学对各个二级学院的调整和学系的设计,而有的则是外部环境直接作用的结果,如研究中心的单独设立,省部共建重点实验室的建立等,这些都表明环境与组织处于一种互动的状态之中。研究同样发现,技术环境和制度环境均对 A 大学组织结构的变化产生了影响。技术环境,比如学科的成长、学科的分化与综合、人才培养模式和理念;制度环境,比如政策制度、其他大学的做法、大学的文化传统等。

面对动态开放的外部环境,A 大学的高层管理者将对外部环境的监视与管理放在非常重要的位置,通过多种方式获得相关信息,发现学校发展的机遇和空间:一是学校领导层,他们随时关注国家相关政策的变化与调整,并且通过各种会议、交流等形式获取相关信息;二是学校综合行政部门如学校办公室承担着监测外部环境、搜集信息的重要职能,后来 A 大学又专门成立了发展规划机构,进行环境、政策的监测和学校重点建设、发展规划的研究与制定;三是各职能部门在这一时期明显加大了同外界社会、部门,尤其是各高校之间的联系,获取相关管理政策方面的信息;四是各学院针对自身学科的发展,加强与外部的交流与联系。多渠道的信息收集渠道成为 A 大学做出相应政策的重要基础。

三、学术战略选择

这一时期,A 大学在学术战略的选择上表现出了动态过程,即不断根据变化的环境和内部条件对学校的定位和战略进行调整,这一过程类似于战略选择过程中的动态制约环节。在 1999 年,学校面临的压力来自于外部和内部两个方面,学校已经感受到了发展的巨大压力,与当时的发展状况形成了鲜明的对比。由于受到国家政策的限制,同时在 H 省内部省政府的重点建设政策又不明朗,只有通过主动的进取行为才能赢得发展的主动权,所以这个阶段案例大学实际上在工作的重点上是采取了外部争取策略,通过寻求省政府的政策支持,如学校的发展规划要经过省政府组织的专家论证,同时尽可能绕开省政府,直接争取获得教育部和财政部的重点支持建设,并最终在 2005 年获得省部共建大学的"标签",这些都反映了 A 大学在环境压力面前的一种主动战略选择行为。在学校的发展目标定位上,案例大学确定了建设"国内一流大学"的目标,而且是在 2010 年左右实现,但是从实际情况来看对 A 大学是很难实现的,为此 A 大学后来又进行了适时调整,确定了到 2021 年左右实现"国内一流大学"的目标。尽管当时这一目标确定不太符合实际,但在提升学校的凝聚力,鼓舞和激励学校员工发挥了重要的作用,其精神指向更大于其目标指向。

1.学校发展目标定位

整体来看,这一时期案例大学的发展目标定位在经历了一个不断探索、凝练和聚焦的基础上,已经形成了一个为学校教职员工所认可、并具有一定激励作用的战略愿景。2000年A大学的《面向21世纪建设与发展规划》经过省政府批准,确立了建设"国内一流大学"的目标,这些年一直在围绕这一目标而整合资源、创造机遇。期间,经过2002年学校被教育部、财政部确定为重点支持大学和2005年被确定为省部共建大学,都是在朝着这样一个总体目标迈进。到了学校"十一五"发展时期和2010年案例大学所确立的"十二五"时期的发展目标,乃至所提出的到建校百年时的目标,都反映了学校对整体形势的把握和对未来发展蓝图的规划,这在学校整体发展中起了非常重要的作用。

2.学术战略的制定

A大学的学术战略是在学校总体目标定位的基础上确定的,是实现总体目标的具体路径。这种学术战略可以通过以下四个具体方面表现出来:一是通过发展规划的制定,描述了学校的总体目标和类型定位,即建设国内一流大学,从类型上要建设成为国内一流的教学研究型大学,同时在相应的层次类型、学科建设、人才培养、服务面向方面有新的定位和发展。这种定位是基于对学校发展的历史和H省高等教育发展实际的思考。二是在这一阶段要实现从教学型大学向教学研究型大学的转变,这样对学校的学科建设、研究生教育、科学研究就提出了更高的要求,这些指标是达到教学科研型大学的重要标准。三是规模扩大阶段教育质量的保障与提升,实现从规模战略向质量战略的转变。四是构筑学校的办学特色和优势,在学科建设、人才培养和科学研究方面发挥综合性大学的特色,强调素质教育和跨学科交叉研究。在这一时期,A大学要实现的两大转变,即从教学型大学向教学研究型大学的转变、从规模战略向质量战略的转变集中反映了学校的核心学术战略。

案例大学环境的变化与其战略选择之间存在着内在的联系。环境压力面前案例大学表现的是一种主动的选择和适应行为,寻求在新的环境下的成长策略。尤其是当学校的领导班子进行了重新调整之后,在外部环境的压力面前,更加表现了较强的主动选择行为。所以,在1999年学校新的领导班子调整之后,是案例大学发展进程中一个明显的转折点,其中既有整体高等教育发展变革的宏观背景,也有学校新领导集体的主动求变和创新。

第二节　结 构 回 应

组织理论的研究表明,战略选择与结构支持之间存在着一定的互动关系,钱德勒、威格利、波尔等通过研究发现,支撑战略的执行需要一个严密的系统,这个严密的系统的表现形式就是组织结构。钱德勒从管理学的视角比较、研究了战后美、德、英三国的大集团的发展历程及成功经验,证明了战略和组织之间有着密切的关系,即战略必须有相应的结构变化跟随。从组织的成长看,一个组织都有一个从小到大、从简单产品或服务到复杂产品或服务的发展过程,在这个发展过程中,组织所处的发展阶段直接影响到其管理模式,进而影响到具体的组织形式(组织架构)。那么,在本案例中,新的学术战略是否得到了相应的结构支持,并形成了大学学术战略与结构之间的互动效应?

一、大学结构的变化

研究发现,这一时期 A 大学的组织结构发生了一系列变化,在学校内部的构成要素、相互关系及运行机制方面已经与 20 世纪 90 年代发生了很大的不同,已经从原来的单一的校、系、教研室管理模式转变为一种多样化、复杂化的结构模式。通过前文描述,在 A 大学主要出现了四种形式的新结构,并且每一种结构形式都具有其自身的特点和功能。

学校的主体管理结构发生了变化,用学院制管理模式代替了原来的校、院、系三级管理模式。学院制管理模式作为现代研究型大学和教学研究型大学普遍采用的结构形式,其本质并不在于层次的增减,而是真正把二级学院作为办学实体来建设与管理,发挥学院在办学中的真正效用。A 大学在内部管理体制改革中,以教学科研单位重组为手段,以学科群为平台,对学校的学科专业、教学组织和科研组织、本科教学与研究生教学进行整合,建设了若干二级学院,同时对学院的职责、权力和运行方式进行了较为清晰的界定,学院被赋予了比原来的学系更宽的职能,包括教学、科研、社会服务、学科建设的方方面面。从现代大学结构的特征和功能来看,这种形式无论是对于学科建设、人才培养,还是对于整合资源、提高学校的管理效率而言都是有益的,并且符合 A 大学的实际。通过 A 大学学院制运行所反映出来的效果来看,这一时期 A 大学在本科专业建设、学生素质教育以及科学研究和学科建设等方面都实现了明显的进步和增长,尤其是对于学生素质教育和学科建设而言,在 A 大学的反应效果更为明显。

学位和研究生教育组织发生了几次动态调整。首先是 A 大学对研究生教育的管理模式从原来以研究生处作为职能部门进行管理,转变为研究生学院管理模式。研究生学院是作为一个既具有管理职能同时又具有教学职能的部门出现的,研究生学院刚刚成立时的职能包括了学位与研究生教育以及学科建设的所有方面,是作为一个整体的研究生教育系统出现的。其次是学位办公室从研究生学院中分化出来,其主要职能是加大学校申报学位点的工作力度,缩小学校学位点数量尤其是博士点数量与省内其他高校之间的差距。之后,又出现了第三次分化即学科建设与管理处的成立,分别吸收了研究生学院和学位办的部分职能,并进一步强化了学科建设与管理协调功能。由此,三次分化形成的结果是本来作为一个系统的学位与研究生教育被分割成三个各自独立但却又密切相关的部门。从部门性质上来讲,三个部门无疑都是管理部门,而具体的工作仍然在二级学院,这种“三足鼎立”的结构形式成为这一时期 A 大学内部结构的重要特征。

科研组织呈现出多样化特征。从 A 大学的战略目标来看,实现从教学型大学向教学研究型大学的战略转变,必须要强化学校的科研功能。总体来看,A 大学实际上是把科研功能和任务落实到了各二级学院,二级学院要对本院的科研工作进行规划、组织和管理。所以这一时期,A 大学各个二级学院会根据学校的部署安排组织教师申报课题、项目,督促教师的科研行为,学校在相关激励制度上也得到进一步完善。为此,学院可以看作是 A 大学承担科研功能的最重要的科研组织。但是,从专门科研组织建设来看,在 A 大学反映出来的情况更为多样化。首先,作为基层科研组织的研究所被整合到学院之下,尽管这一时期研究所的数量实现了大幅增长,但实际运行多是教师个人行为,组织化的研究所已经“名存实亡”。而作为国家政策产物的研究中心则在学校的支持下获得了较快成长,在科学研究及人才培养诸多方面发挥了重要功能。同样,作为省级科技创新体系重要组成部分的省级重点实验室在相关政策要求和学校支持下也获得了较快发展。

跨学科研究组织得到重视并进行了探索培育。在 A 大学,这一时期跨学科研究组织的发展具有一定的特殊性,A 大学着重发挥综合性大学的优势,注重多学科交叉研究,在学校政策扶持和校领导主导下,出现了一些有代表性的跨学科研究组织,既包括作为虚拟协调组织出现的四大学部,也包括在学院和学校两个层面出现的跨学科研究组织,这些都是 A 大学进行的一种探索和尝试,其结构各有特点,其功能发挥也各不相同。

从十年来 A 大学学术组织结构的变化来看,具有明显的动态调整、分化与整合并存的特点。一方面随着学校战略的转变、科研职能的强化、办学规模的扩大和学科专业的增多,分化出来众多的新的学术组织。同时,由于综合性大学特有的属性和跨学科研究与人才培养的趋势和要求,又建立了众多跨学科组织,并通过一定的方式进行有效的整合。这种动态的分化与整合,使得学校的组织结构从原来相对简单的学术科层制管理模式转向了复杂的结构模式。大学基层学术组织是大学办学的基础,在不同的历史时期和不同的战略要求下具有不同的形态。研究也认为,在我国,大多数教学研究型大学是从教学型大学发展转型而来的,在这一过程中,应该通过组织结构的重新设计和选择,充分调动基层学术组织和人员的积极性,进行科学的资源整合,创新管理体制和运行机制,才能够加速学校的转型。

二、结构对战略的回应

在 A 大学,伴随着学术战略的转变,在组织结构上也发生了一系列改革、调整或变化。这种战略转变与结构调整之间的内在联系是分析大学组织演进与成长的重要方面。研究试图寻找 A 大学这种战略与结构之间的内在联系,分析每一种结构的转变是如何回应了学术战略要求的。这样,就可以在大学组织环境、战略及结构之间形成了一个相互照应的链条,当然也不会回避演进过程中所产生的新情况和新问题。

1. 总体战略与学院制结构

从 A 大学总体战略而言,是实现从教学型大学向教学研究型大学的转变。对于教学研究型大学而言,除了保证一定规模本科生的教育质量之外,对学科建设、科学研究、研究生教育则提出了更高的要求,需要相应的学术组织承担起教学、科研、学科建设、研究生培养等多项职能,显然传统的学系和教研室模式不能满足这种需要。伴随着 A 大学学生规模的迅速扩大,专业数量急剧增多,科研和学科建设的任务明显加重,大学领导者面临着更加复杂的外部环境和内部需求,需要一种新的组织形式产生。如前所述,理想的学院制模式能较好地解决从教学型大学向教学研究型大学转变的需要,为国内外诸多研究型大学和教学研究型大学所采用。从 A 大学当初采取学院制的初衷和学院制结构的特征来看,是能够解决学校面临的学科建设需要、人才培养改革需要和科学研究需要,并且有利于教学与科研相互促进、本科教育与研究生教育相互促进的。经过 A 大学学院制十年的发展演进,学校在学术活动的诸多方面的确发生了明显的变化,顺应了这一时期高等教育改革发展的形势和要求,自身的学术水平得到了提升。从总体而言,学院制的推行对学校战略的转型是一种积极的回应。

但是,A 大学的学院制在建立和发展过程中,同样存在着不可回避的矛盾和问题。一是真正的学院制需要把学院办成富有活力的办学实体,就需要在清晰界定职责的基础上,授予学院更多的自主权,使学院在学校宏观指导下充分发挥主动性,能够有足够的权力激发基层学术组织和教师的积极性,甚至在自主办学等方面有更大的灵活性。但是,在 A 大学推进学院制的进程中,实际的权力并没有得到有效地下放,学校和职能部门集中管理的色彩仍然很浓厚,学院离自主办学实体还有很大的差距。二是当初以学科群建设的二级学院在后来的发展过程中,又出现了细分回归的现象,如原来人文学院包括了人文学科和历史学科,而后来却又回归到文学院和历史学院两个学院,药学院也从化学学院中分化出来,而且这种分化回归的呼声在其他学院也时常出现。三是学院建设没有体现出学校战略重点,在资源分配、学科特色、人才引进等方面没有考虑到学院的特殊性,各个学院几乎一个模式,很难根据实际实现创造性发展,学院制成长的氛围还没有真正构建起来。因此,从 A 大学的学院制实际运行情况来看,还属于一种不彻底、不完善的学院制管理模式。

2. 学位与研究生教育战略与结构

实现从教学型大学向教学研究型大学的转变,需要大学在研究生培养规模和学科建设上实现较大突破。1999 年 A 大学的学位点数量、研究生的规模以及学科建设水平显然不能适应转型和提升的要求。作为一个教学和管理实体的研究生学院的出现,适应了 A 大学对研究生规模增长和质量提升的要求,研究生学院可以整合学校各类资源,对研究生教育和学科建设进行统筹规划,其预期的目标是达到建设研究生院的目的。但是,随着 A 大学面临着严峻的学位点申报形势,在 2003 年申报受挫之后,学校管理者不得不采用了一种专门化的组织形式来组织协调那一时期的学位点申报工作,并由学校书记、校长亲自挂帅担任学科建设领导小组组长,这在当时对学位点的申报无疑起到了有力地促进作用,这也导致了学位办从研究生学院的分化,专门负责学位点申报工作。从 A 大学的发展来看,学位办成立之后硕士点、博士点乃至博士后科研流动站的建设取得了明显进步,学位办在特殊时期发挥了特殊的功能,成为学校实现其战略的重要保证。之后,随着 A 大学学位点的增多,特别是建设国家级重点学科、H 省强势特色学科任务的加剧,学科整合与管理成为学校管理者面临的头等问题,这又直接导致了学科建设与管理处的产生,相关职能也从研究生学院和学位办分化出来,并且成为在学校职能部门中占据重要地位的部门。

可以看出,A 大学的学位与研究生教育系统在这一时期呈现出了明显的动态调整特征,显然这种持续的分化带来的积极效应是明显的,确保了这一时期学位与研究生教育和学科建设的快速发展,成为推进学校战略转型的重要标志。每一种结构的分化都是特定时期学校战略的要求,或者是特定阶段某项重要任务的需要,实现了与学校总体战略的呼应。但是,也如前所述,伴随着研究生规模、学位点规模和学科规模的逐步稳定,这种分割的管理结构也造成了管理部门之间职能交叉重复、管理效率降低的弊端,管理者不得不又面临着如何进行整合的难题。

3.科研提升战略与科研组织

尽管 A 大学作为综合性大学有着重视科学研究的传统,但是一直到20世纪90年代末期,学校的科研活动和科研行为仍然是分散的、自发的,学校仅有的科研机构发挥的功能也非常有限。从1999年之后,A 大学对于科研的重要功能和作用有了新的认识,特别是学校转型、学科建设的需要,加大了对科研的投入力度。这一时期,A 大学科研活动的主体组织形式仍然是学院,科研功能成为学院的重要功能,在学院层面专门设置了主管科研的副院长,又专门设置了科研秘书,通过这种结构形式协调学院的科研活动。这一时期,A 大学教师的科研行为在学校职称评定、导师评选、学科建设等一系列政策要求和激励之下,呈现出了更加积极的主动行为,成为学校这一时期科研绩效提升的重要基础。在学院制改革中,作为专门科研组织的研究所被并入学院,新的管理模式导致了大批研究所的产生,其中应用型研究所的出现是一个鲜明的特征。A 大学这一时期大批应用型研究成果的产生和一系列社会服务项目的产生则是这种结构变化的直接成果。与此同时,作为学校科研水平标志的教育部省属高校重点研究基地和省级重点实验室的成长,成为这一时期 A 大学产生高端成果的代表。

这一时期,A 大学多样化的科研组织与管理模式一方面刺激了科研工作开展和科研水平提升,对学校教学和学科建设的促进效用明显。但另一方面,也明显反映出 A 大学专门性科研组织的规范化、组织化程度弱,忽视了对基层研究所的资金投入和政策支持,导致基层研究所活力不足、目标不清,对学校的整体战略并没有明显的支持作用。另一方面,对研究中心和省级重点实验室应给予更多的自主性和灵活性,以全方位发挥高层次科研组织的示范功能。

4.跨学科研究战略与组织创新

A 大学的科研提升战略和学科战略的一个特殊性在于 A 大学所主张的跨学科研究。从新班子上任之后确立的第一个发展规划,就开始强调跨学科交叉研究的优势,而且希望这种优势转变为学校的特色。为此,A 大学一直将学科的整合作为学校发展的重要战略,并通过一种特殊的制度或环境努力构造学科建设的综合优势。在跨学科研究的组织设计上，A 大学做出了几次不同的尝试和探索，尽管有得有失，但积累了综合性大学开展跨学科研究的经验和教训。其中，学部制是作为一种虚拟的协调组织出现的，在整合相关学院资源、促进学科群建设中发挥了一定作用。医工交叉研究中心是学院层面推进跨学科研究组织建设的典型，省部共建重点实验室"药物分析与分子诊断实验室"则是学校主导成立的。研究认为，这种跨学科研究组织对外部环境的变化更为敏感，自我调节与变化能力更强，适于推行改革以满足大学的长期目标追求。① 在 A 大学，作为一种尝试和探索，三种形式的跨学科组织有的曾发挥了积极作用，但每种组织都面临着诸多难以解决的难题，包括观念、资源、体制、管理等方面，真正取得跨学科研究的突破进展，还需要 A 大学的管理者从深层次探讨跨学科研究组织的特征和规律。

　　大学是一个以学科为基础的学术性组织。大学学科组织越来越成为促进或制约大学学术创新的关键机构。在大学学术战略发生转变并确立新的战略目标、战略定位、战略路径的基础上，大学学科学术组织要能够适应这种战略的转变。大学的学术组织是伴随着大学自身发展与大学及时回应社会变迁而不断发展演变的。研究认为，现代大学学科组织具有四个鲜明的趋势：一是在产生动力上，由内生取向转为外生取向的发展；二是在发展特点上，由封闭向开放发展；三是在实现载体上，由实体向虚体发展；四是在组织结构上，由垂直向横向发展。② 也有研究认为，现代科学的高度分化与高度综合，使大学基层学术组织在总体上形成了纵横交错、多重矩阵结构的组织体系。从 A 大学的学术组织变革来看，也具有比较明显的上述特点。为此，今日之大学要想保持旺盛的生命力，需要对时代发展需求作出有力回应，作为大学基础的学术组织也要与时俱进，顺应社会大势，在教学、科研和社会服务等方面进行适当的变革。

第三节　组织适应与成长

　　组织适应理论认为，虽然组织的适应是一个复杂的动态过程，但是可以采用一个宽泛的概念对其进行概括——适应周期。适应周期同时需要潜在地解决三个主要课题：企业课题（定位领域）、工程课题（技术）和行政课题

---

① 周雪光：《组织社会学十讲》，社会科学文献出版社 2003 年版，第 315—324 页。
② 张金磊：《论大学学科组织的历史演变与发展趋势》，《黑龙江高教研究》2014 年第 2 期。

（结构过程和创新）。① 本节借鉴组织适应周期的相关概念和理论，对这一时期 A 大学的组织演进进行分析，以探求大学组织的适应与成长机制。

一、大学适应与成长的主要表现

大学组织的适应成长往往通过学校对环境的适应及相应指标的提升得到体现。这一时期，在学校战略和结构调整中，A 大学整体上呈现出对环境较强的适应性，办学的诸多指标也实现了较大突破。从 1999—2010 年十余年的时间，A 大学在战略定位和目标上实现了从教学型大学向教学研究型大学的转变，而且在战略目标上实现从外延战略向内涵战略的转变，A 大学的学术水平、社会声誉实现了新的提升。在 A 大学的校史中，有这样一段对这一时期组织适应与成长的描述：

> 十年之间，学校办学规模和办学实力均有大幅提升，众多领域取得前所未有的骄人成绩：2005 年，省人民政府与教育部签署协议，开始共同重点建设 A 大学，开启了学校发展史上的一个新的里程。同年，H 省职工医学院及其附属医院并入 A 大学，大大提升了学校的综合优势……学校大力加强内涵建设，教学、科研、学科实力显著提升，2001 年、2007 年，学校两次接受教育部本科教学评估，均获"优秀"成绩。2010 年，在第十次学位授权审核中，学校 6 个学科增列为一级学科博士点，18 个学科增列为一级学科硕士点。②

源于这一时期 A 大学正处于从教学型大学向教学研究型大学的转变，学校科研水平、学位点和学科建设成为其转型的重要标志。在 A 大学的校史资料中对这两个方面所取得的进步与成长都有所体现。

一是在科研方面取得的成长：

> A 大学的人文社会科学各项指标均实现新的突破，尤其是学校成功实现"省部共建"以来，学校及时调整了办学思路，注重文理融合渗透，多学科互补相长的办学特色更加突出，十年来，承担各级各类项目2914 项，其中省部（委）级以上项目 745 项，发表论文 11344 篇，出版著作 907 部，项目经费达 5000 多万元，获得省部（委）级以上奖励近 200

---

① ［美］迈尔斯、斯诺：《组织的战略、结构和过程》，方洁译，东方出版社 2006 年版，第 33 页。
② 《A 大学史：2001—2010》，"前言"。

项,获奖总数和等级始终在全省高校保持领先。自然科学原始创新能力显著增强,承担国家级重大项目取得新突破。2001—2010 十年间,A大学自然科学纵向课题取得突破性增长,共承担各级各类课题 1300 多项,其中科技部、国家自然科学基金等国家级课题 80 多项,科技研究经费投入 1 亿多元。承担的国家自然科学基金项目从 2001 年的 1 项增长到 2010 年的 21 项,H 省自然科学基金项目从 2001 年的 7 项增加到 2010 年的 37 项。学校申报高级别项目获得历史性突破。作为第一承担单位申报的"泛甲克动物系统发生的研究"课题首次获得国家自然科学基金重点项目资助,"高灵敏度分子诊断分析研究"首次获得国家自然科学基金杰出青年基金项目资助,"载人六自由度并联机器人与虚拟环境的智能交互控制研究"首次获得科技部国际合作重点项目资助,"新型材料结构与性能研究"首次获得科技部"973"前期专项资助项目。十年期间,A 大学自然科学发表论文 6500 多篇,其中发表在中心核心期刊以上有 4950 篇,被三大检索收录 2675 篇;A 大学作为第一完成单位,获得省级以上科技奖励 57 项。[①]

二是在学位点建设与学科建设方面取得的成长:[②]

A 大学这一时期抓住 2003 年、2005 年、2010 年三次国家学位点申报的机遇,不断调整学科结构,完善学科布局,构建学科创新体系,学科实力显著增强。主要体现在:一是博士后科研流动站实现历史性重大突破,2003 年获批中国语言文学、化学、生物学、光学工程 4 个博士后科研流动站,也是 A 大学首次设立博士后科研流动站;2007 年获批历史学、教育学 2 个博士后科研流动站。博士后科研流动站的建立,有利于人才结构的调整和高层次后备人员的培养,为科研创新创造了条件,标志着学校学科建设的层次和水平迈上了一个新的台阶。二是博士学位授权点实现重大跨越,2003 年获得世界经济博士学位授权点,填补了 H 省经济类专业博士点的空白;2006 年获得中国哲学、汉语言文字学、中国近现代史、高分子化学与物理、思想政治教育 5 个博士学位授权点,其中中国哲学填补了 H 省哲学学科门类博士点的空白;2010 年,新增 6 个一级学科博士学位授权点,分别为化学、中国语言文学、哲学、

---

① 《A 大学史:2001—2010》,第 162—170 页。
② 《A 大学史:2001—2010》,第 134—149 页。

历史学、管理科学与工程、新闻传播学。截至 2010 年,A 大学共有一级学科博士点 7 个,二级学科博士学位授权点 35 个,博士学位授权点总数达到 37 个。三是硕士学位授权点实现规模扩张。2000 年获得 12 个二级学科硕士学位授权点,2003 年获得 22 个二级学科硕士学位授权点,2005 年获得 11 个一级学科硕士学位授权点,61 个二级学科硕士学位授权点;2010 年,学校获得 18 个一级学科硕士学位授权点,实现了一级学科硕士点的规模发展。到 2010 年,学校共有 30 个一级学科硕士点,187 个二级学科硕士点。2006 年,A 大学参评的 1 至 7 次共 20 个硕士学位授权点顺利通过 2006 年全国硕士学位授权点定期评估。四是专业学位研究生教育异军突起。2004 年新增公共管理硕士、法律硕士、工程硕士(计算机技术、光学工程 2 个领域)三个专业硕士点,2007 年新增工商管理硕士、教育硕士,工程硕士新增电路工程、控制工程 2 个领域,2009 年新增艺术硕士、汉语国际教育硕士,工程硕士新增仪器仪表工程、软件工程、化学工程 3 个领域;2010 年新增 12 个硕士专业学位点,工程硕士新增 3 个领域。2010 年,A 大学成为 H 省唯一一所被教育部批准为国家开展专业学位研究生教育的改革试点高校。五是 2007 年 A 大学的动物学科成为国家重点(培育)学科,标志着学校在建设国家重点学科的道路上迈出了实质性步伐。六是省级重点学科的强势特色学科建设,学校有 4 个学科入选,分别是化学、光学工程、历史学、生物学,代表着 H 省的最高水平;省级重点学科在 2001—2010 年期间,2005 年新增中国哲学、统计学两个,2009 年新增中国现代文学、等离子物理、分析化学 3 个,学校省级重点学科数量达到 12 个。

二、适应周期中的组织适应与成长

适应周期理论从企业课题、工程课题、行政课题三个环节解释了组织适应的成长过程。通过 A 大学的案例,我们可以分析大学组织是如何有效地解决了三个课题从而完成这一过程的。

1. 战略课题

战略课题对应于适应周期理论中的企业课题。适应周期理论认为,"在一个新组织中,企业家的认识尽管最初非常地模糊但必须逐渐发展,以便对组织的定位领域做出具体的定义:明确的产品或服务,目标市场或子市场。对于正在发展中的组织来说,企业课题还有其他内容。无论是新兴组织还是处于成长期的组织,解决企业课题的关键都在于管理层接受某一特定的产品—市场定位领域,当管理层决定投入资源以实现与该领域相关的目标时,就表明管理层已经接受了该产品-市场定位领域。在许多组织中,组织通过对内对外发展和塑造组织形象来解决企业课题,这一组织形象不仅规定了组织的市场,而且还说明了企业将如何适应这一市场。企业职能是最高管理层的责任,他们必须投入必要的时间和其他资源来解决这一课题"。① 在本案例中,A 大学的战略选择过程其实就是一个解决"企业课题"的过程,可以将之称为"战略课题"。

对 A 大学而言,战略课题的面对和解决意味着学校管理者在一定时期对发展目标和定位进行分析和选择,确定学校的发展方向和目标,在大学的功能、定位上作出明确的解释。很明显,A 大学新领导班子上任之后,对学校的未来发展进行了重新思考。经过广泛深入地分析论证,对学校的发展定位、目标和战略都进行了重新的界定和调整,与其之前相比发生了巨大的变化。通过这种选择,A 大学所确定的"教学与科研并重"、"学科建设是龙头"、"建设国内一流大学"的办学理念体现着学校管理层对学校发展领域的全新界定。同时,A 大学通过制定一系列战略规划提出了实现目标的有效路径。这种定位和路径的选择和确定,一方面对大学内部可以起到强大的号召、组织和激励作用,另一方面对外树立了一个全新的形象。适应周期理论认为,"虽然所有组织都存在适应周期问题,但是在新组织或快速成长的组织中(以及刚刚度过重大危机的组织),适应周期最为明显"。显然,在 A 大学的 1999 年新班子上任、2005 年确定为省部共建大学、2007 年接受教育部本科教学水平评估的重大时期或节点,学校管理者都会进行学术战略的思考或调整。对大学组织而言,也正是通过这种不断地调整和变化以实现其"企业课题"的有效解决。

随着大学生存和发展环境的日趋复杂,需要通过有效的学术战略管理来推进大学组织的可持续发展。大学持续成长体现的是大学从一个发展阶段向另一个发展阶段的跃迁,从案例大学这一阶段的演进来看,具有明显的阶段性特征,实现了大学定位与方向、路径与措施的一系列重大变化。这种转变之所以能够有效实现,在很大程度上取决于案例大学适时进行了学术战略的调整与转变,较好地解决了这一时期学校面临的战略课题,否则是很难实现这种跨越式发展的。对于这种现象,有研究认为,"由于大学的生命力还很脆弱,外部环境的恶化、战略定位的失误、甚至由于运气的原因都有

① ［美］迈尔斯、斯诺:《组织的战略、结构和过程》,方洁译,东方出版社 2006 年版,第 25—26 页。

可能使大学陷入发展困境。面对重重困难,大学要学会用战略眼光积极筹划未来,从所依存的实际环境条件出发,根据预期发展目标,制定切实可行的发展规划与战略步骤,注重提高资源占有能力和利用能力,有效增强成长时期的生存力和发展力"。①

2. 技术课题

技术课题对应于适应周期理论中的"工程课题"。适应周期理论认为:"工程课题的目的主要是创造一个系统,能够将管理层提出的企业课题解决方案投入实际运用。创造这一系统要求管理层选择适当的技术(投入-产出转变过程)用于特定产品和服务的生产和分配活动,要求形成新的信息、传播和控制联系,以保证技术的合理使用。在找到这些课题的解决方案之后,就可以初步设立组织系统了。"②对于大学组织而言,这种"工程课题"其实就是学校的教学科研方式,即大学内部的"生产活动"。在本案例中,尽管没有专门论及学校的教学科研方式,但是无论是学术战略还是组织运行,都隐含着其内部的教学科研方式。比如,大学的教学科研是以学科为基础的,这一时期 A 大学所解决的重要课题正是学校学科的发展问题,如确定学科的发展方向,汇聚相关学科的人才,以及开展跨学科的研究。而在具体的教学方式上,A 大学进行的一系列人才培养模式改革、课程建设与改革、学生实践能力提升,都可以通过其学术战略和组织运行体现出来。而技术课题中的科研课题,则在这一时期被 A 大学所特殊关注和重视,一系列科研制度和措施的制定实施为科研课题的解决提供了保障。

3. 结构课题

结构课题对应于适应周期理论中的行政课题(结构过程与创新)。适应周期理论认为:"行政课题主要是减少组织系统中的不确定因素,或者采纳企业阶段和工程阶段成功解决问题的活动并将这些活动作为惯例固定下来。行政课题的解决远不止单纯地固化已开发的系统(减少不确定因素);还应制定并实行其他措施以帮助组织保持持续发展(创新)。行政课题是适应周期中的关键因素"。③ 可见,行政课题的解决对组织战略的完成和组织技术的进行产生着关键作用。行政过程本质上就是组织的结构、运行及其不断创新的过程。在 A 大学 1999 年之后持续的战略转变过程中,学校内部结构变化的动态性是很明显的,无论是学院制改革,还是学位与研究生

---

① 张庆辉:《论战略转变在大学持续发展中的作用》,《大学》(学术版)2014 年第 2 期。
② [美]迈尔斯、斯诺:《组织的战略、结构和过程》,方洁译,东方出版社 2006 年版,第 26 页。
③ [美]迈尔斯、斯诺:《.组织的战略、结构和过程》,方洁译,东方出版社 2006 年版,第 27 页。

教育系统的重构,抑或是学校科研组织所发生的调整转变,以及在跨学科研究组织方面所进行的尝试探索,其目的都是将学校的战略和技术课题固化到稳定有效的结构中,形成良性的运行机制。适应周期理论同时认为,"在一个理想的组织中,管理层必须创造一个行政系统(结构和过程),这一系统能够稳定地指导并监督组织当前的活动,同时不会使系统变得滞步不前,否则未来的创新活动都将受到威胁。这就要求行政系统在适应过程中既扮演延迟变量,又扮演主导变量。作为延迟变量的行政系统必须使过去为调整过程而做的战略决策合理化,实现这一点的方法是发展适当的结构和过程。另一方面,作为主导变量的行政系统则要求促进或限制组织未来的适应能力,这又取决于管理层多大程度上能够阐明并增强这些活动实施的途径。"①如前所述,在 A 大学所进行的一系列结构调整与变革中,一方面达成了学校的战略目标,为新的教学科研方式提供了较为有效的组织框架;另一方面,新结构中的新问题、新矛盾也成为推进大学管理者持续改革的重要动力。

从 A 大学 1999—2010 年的组织演进过程来看,明显经历了一个组织的适应周期过程。A 大学经过持续战略调整、技术改革与结构创新,已经从教学型大学完成了向教学研究型大学的转变,这一周期从一个侧面反映了我国地方综合性大学在环境变迁中的适应与成长过程,而其中对战略课题、技术课题和结构课题三个课题的有效解决则清晰地解释了这一动态的复杂过程。

组织适应性成长的过程表明,大学正在从简单的组织发展到复杂的组织。系统理论认为,组织的结构决定其功能,而组织功能的实现需要相应的组织结构予以保证。通过大学战略课题、技术课题、结构课题三个依次相连的环节和整个过程来看,随着外部环境的变化,大学的规模在不断增大,其职能不断扩展,尤其是科学研究功能的增强对大学组织产生了强烈的作用,加速了大学组织的分化,大学整合的难度也为此而增大。与此同时,大学的管理职能开始分化,行政管理结构和学术管理结构更紧密交织在一起,大学组织结构从简单结构演变为复杂组织。大学的外界环境变得越来越复杂,同时也越来越不稳定,大学组织作为办学主体被赋予更多的自主权,正逐渐成为面向社会自主办学的法人实体,真正地面向市场与社会,这就需要大学管理者建立起主动适应经济建设和社会发展需要的自我发展、自我约束的运行机制,解决好动态变化中的战略课题、技术课题和结构课题,才能适应复杂多变的环境变迁。

---

① ［美］迈尔斯、斯诺:《组织的战略、结构和过程》,方洁译,东方出版社 2006 年版,第 27 页。

结　语

　　本书通过描述 A 大学 1999—2010 年在环境变迁的背景下,为了寻求自身的适应与成长,大学的管理者所进行的持续战略选择和结构调整。在这一动态的组织演进背后,是大量复杂的组织决策行为。通过这种复杂组织行为的分析、研究,进一步探讨了大学组织的环境、战略、结构和成长之间的关系。

　　分析这一复杂的组织变迁过程,结合结构功能主义的组织变迁理论、战略选择理论、组织适应周期理论的观点,从本书中可以得出以下几点发现:

　　第一,在一定的条件下,尤其当外部环境出现较为明显变化时,大学管理者往往通过一种主动的适应行为实现特定历史时期的组织成长,即管理者的战略选择在组织适应和成长过程中会发挥主导作用。

　　战略选择理论认为组织战略、组织结构以及实施过程都必须与环境相匹配,管理的目的正是通过对环境的感知来作出同时满足内部条件和外部需求的决策。研究表明,这一时期面对着外部发展环境的持续变迁,这种变迁来自于各种因素的影响,包括政策的、市场的、科技的,以及来自于大学之间的激烈竞争,环境的动态变化给大学带来了压力,需要大学管理者不断通过学术战略的调整和组织结构的变革适应这种变迁,解决好大学组织中的战略课题、技术课题和结构课题,并实现大学组织的适应与成长,这样大学既维护了自己的声誉,也提升了自己的地位。

　　第二,大学管理者在对内外部环境进行分析的基础上,开始注重通过目标定位和战略规划来引领组织的发展。

　　这种定位和规划一方面适应了大学管理的趋势,另一方面也成为指导大学发展的重要途径。A 大学这一时期先后制订了几个综合性的发展规划,以适应不同时期学校的发展需求,对学校发展整体脉络的认识逐步清晰,对大学发展的规律认识也越来越深刻,反映了有效的战略选择和战略规划发生的重要功能。尤其是当学校以一种制度化、组织化的形式进行战略的规划和选择时,大学内部各部门的子目标会对学校的总体目标有着更有力的支持作用。

　　第三,组织战略的变化往往会对组织的结构带来新的要求,所以大学管理者会通过结构的调整与变革形成对战略的适应。

大学为了生存和发展,原有的组织系统已经不能适应发展,必须进行改革,需要在新的环境中确立新的目标定位,并确立达成目标的战略,与此同时进行组织变革和创新。组织的战略选择与组织结构是相互作用的:管理者的战略选择决定着组织结构的形式;只有使结构与战略相匹配,才能成功地实现组织的目标;同时,组织结构也制约着战略,一个组织如果在组织结构上没有重大的改变,则很少能在实质上改变当前的战略。必须形成一种匹配和平衡的关系,既能够使组织结构比较有效地支持所选择的战略,也能使战略在富有弹性的组织框架中,不断地寻求对环境制约的突破和自身的发展。

第四,大学组织的适应与成长过程是一个环境、战略、结构诸多要素相互作用的复杂动态过程。其能否实现良好的适应与成长效果,取决于这几种要素之间的匹配和平衡。结构功能主义的组织变迁理论从分化与整合的视角解释了大学组织的演进过程,而战略与结构视角则在管理者主动行为和战略与结构的相互匹配上较好地解释了大学组织适应与成长的复杂动态过程,这些都在研究中得到了较充分地体现。

可以看出,在动态变化的环境中,大学组织变得越发复杂。大学的发展需要从环境中获取支持,大学组织需要根据变化的环境决定自己的行为。从这一角度来看,大学所作出的一系列决策和行为调整是一个环境适应的结果,在一段时期内体现在组织的战略调整及建立起来的一定的结构和机制。如果环境的变化性提高,那么大学适应环境的组织行为就要相应变化,环境复杂性的提高会引发组织复杂程度的提高。大学作为环境的一个组成部分,又导致环境的进一步复杂,环境再要求大学进行战略、结构和机制的调整,形成一个不断调整的动态演进过程。随着大学组织复杂性的提升,其就越具有在复杂环境下较强的生存能力。

第五,尽管本书在整体上反映了案例大学在特定时期内环境、战略、结构和组织适应成长之间的正向动态关系,但因为相互之间不匹配、不平衡所产生的消极效果同样存在,需要引起大学管理者的重视和关注。美国波士顿学院菲利普·阿尔特巴赫教授认为:"保证教学和研究的必要条件之一是学术环境,它是建立在学术自由和教师自主与责任之间适当的平衡基础上的"。[①] 这种不匹配、不平衡所产生的不适应,既体现在战略的选择上,也体现在结构的设计与运行上。所以,新的结构系统在一些方面并没有像设

---

① 教育部中外大学校长论坛领导小组:《中外大学校长论坛文集》,高等教育出版社 2002 年版,第 61 页。

计之初想像的那样产生良好的运行效果,要么设计的初衷没有实现,要么产生了新的矛盾和问题。这种新的不适应增长与积累往往也成为进一步推进战略与结构调整的动力。

尽管本书的目的是探索特定时期大学的学术战略与结构的关系,并以此为视角探析大学组织的成长过程,但案例中所反映出来的诸多问题同样对改进大学管理带来一定的思考。尽管案例所反映的是一所地方大学的情况,但是对于同样处于我国高等教育改革发展背景下的其他大学也仍会提出值得进一步讨论的课题。

第一,大学组织应注重环境管理与战略规划。在开放动态的发展环境中,大学组织应树立战略管理的理念。赢得大学更好的发展,需要大学管理者既要对外部环境进行分析,也要对组织的内部条件进行分析,实现内外环境的匹配。通过对环境的管理和有效的战略规划,为大学的发展获得更有利的资源和更好的机会,从对环境的被动适应转向主动适应甚至制订或改造环境。

第二,大学组织应建立一套完善的战略管理机制。大学战略管理是一个持续进行的动态过程,需要大学管理者打破部门主义的限制,克服“功能性短视”,强调整合的管理用途。根据组织确定的战略目标和重点,组织资源,构建结构,创新管理机制,完善动态战略管理机制,这样才能实现有效的外部管理,提升大学组织的发展能力,实现自身的持续适应与成长。

第三,大学组织应通过结构与战略的匹配形成组织的核心能力。研究表明,大学结构与学术战略的匹配是实现组织适应与成长的重要条件,一定的学术战略需要相应的组织结构与之相适应。大学管理者在作出新的战略选择之后,一个重要课题就是选择合理的结构和运行机制,这样才能把组织内的各种资源有效整合和利用起来,尤其是建立能够使基层学术组织充分发挥活力的组织结构。注重根据学校优势和特色实现组织结构的创新,促进组织变革,形成大学组织自身的核心能力。与此同时,还要善于及时发现结构与战略的不适应性并进行动态调整。

第四,大学组织应善于应对日益复杂的管理事务。研究表明,随着大学规模的迅速扩大、大学功能的不断扩展、大学外部环境的持续变迁,大学内部的组织结构呈现出明显的多样化、动态性格局,大学内部的分化与整合正在成为一种常态。无疑,这种环境和结构的动态变迁给大学内部的参与者带来了深刻的影响,大学中的领导者、教师、学生乃至一般管理干部的行为会更加复杂,如何管理这样一个复杂且多变的大学组织,成为现代大学管理者所面临的一个现实课题。

参 考 文 献

[美]斯格特：《组织理论：理性、自然与开放系统》（第四版），黄洋译，华夏出版社2002年版。

[美]伯恩鲍姆：《大学运行模式》，别敦荣等译，中国海洋大学出版社2003年版。

[法]涂尔干：《教育思想的演进》，李康译，上海人民出版社2006年版。

[美]克拉克主编：《高等教育新论—多学科的研究》，王承绪等译，浙江教育出版社1988年版。

[美]克拉克：《高等教育系统—学术组织的跨国研究》，王承绪等译，杭州大学出版社1994年版。

[英]布朗：《社会人类学方法》，夏建中译，华夏出版社2002年版。

[美]克拉克：《大学的持续变革》，王承绪译，人民教育出版社2008年版。

[英]阿什比：《科技发达时代的大学教育》，滕大春、滕大生译，人民教育出版社1994年版。

[美]斯劳特、莱斯利：《学术资本主义》，梁骁、蔡丽译，北京大学出版社2008年版。

[西班牙]加塞特：《大学的使命》，徐小洲、陈军译，浙江教育出版社2001年版。

[美]克拉克：《探究的场所—现代大学的科研和研究生教育》，王承绪译，浙江教育出版社2001年版。

[美]赫钦斯：《美国高等教育》，汪利兵译，浙江教育出版社2001年版。

[美]达夫特：《组织理论与设计》，王凤彬、张彦萍译，清华大学出版社2003年版。

[美]卡斯特、罗森茨韦克：《组织与管理——系统方法与权变方法》，李柱流等译，中国社会科学出版社1985年版。

[美]瓦戈：《社会变迁》（第5版），王晓黎等译，北京大学出版社2007年版。

[美]特纳：《社会学理论的结构（上）》，周艳娟译，华夏出版社2001年版。

[美]钱德勒：《战略与结构——美国工商企业成长的若干篇章》，黄一义等译，云南人民出版社2008年版。

[美]科尔：《大学的功用》，陈学飞等译，江西教育出版社1993年版。

[美]霍尔：《组织：结构、过程和结果》，张友军等译，上海财经大学出版社2003年版。

[美]弗莱克斯纳：《现代大学论——美英德大学研究》，徐辉、陈晓等译，浙江教育出版社2001年版。

[美]布鲁贝克：《高等教育哲学》，王承绪译，浙江教育出版社1987年版。

[美]迈尔斯、斯诺：《组织的战略、结构和过程》，方洁译，东方出版社2006年版。

[英]惠廷顿、梅耶：《欧洲公司：战略结构与管理科学》，黄一义等译，云南人民出版

社 2005 年版。

[英]查尔德:《组织:当代理论与实践》,刘勃译,华夏出版社 2009 年版。

[美]巴纳德:《组织与管理》,曾琳、赵青译,中国人民大学出版社 2009 年版。

[澳大利亚]帕尔默、邓福德埃金:《组织变革管理》(第 2 版),金永红、奚玉芹译,中国人民大学出版社 2009 年版。

[英]博尔顿:《高等院校学术组织管理》,宋维红译,江苏教育出版社 2010 年版。

[美]佩罗:《组织分析》,上海人民出版社 1989 年版。

[美]汉森:《教育管理与组织行为》,冯大鸣译,上海教育出版社 1993 年版。

[日]白井克彦:《共同开创亚太地区的知识体系—早稻田大学 21 世纪发展战略》,《国家教育行政学院学报》2004 年第 5 期。

贾春增主编:《外国社会学史》(第三版),中国人民大学出版社 2008 年版。

潘懋元主编:《多学科观点的高等教育研究》,上海教育出版社 2001 年版。

杨善华、谢立中主编:《西方社会学理论(下卷)》,北京大学出版社 2005 年版。

赵文华:《高等教育系统论》,广西师范大学出版社 2001 年版。

阎凤桥:《大学组织与治理》,同心出版社 2006 年版。

刘向兵、李立国:《大学战略管理导论》,中国人民大学出版社 2006 年版。

缪榕楠:《学术组织中的人:大学教师任用的新制度主度分析》,南京师范大学出版社 2008 年版。

郭为藩:《转变中的大学》,北京大学出版社 2006 年版。

张丽:《伯顿·克拉克的高等教育思想研究》,华中师范大学出版社 2008 年版。

何俊志、任军锋、朱德米编译:《新制度主义政治学译文精选》,天津人民出版社 2007 年版。

季诚钧:《大学属性与结构的组织学分析》,人民教育出版社 2006 年版。

朱国云:《组织理论:历史与流派》,南京大学出版社 1997 年版。

沈红:《美国研究型大学形成与发展》,华中理工大学出版社 1999 年版。

胡建雄:《学科组织创新》,浙江大学出版社 2001 年版。

阎光才:《识读大学:组织文化的视角》,教育科学出版社 2002 年版。

林荣日:《制度变迁中的权力博弈》,复旦大学出版社 2007 年版。

吴志功:《现代大学组织结构设计》,北京师范大学出版社 1998 年版。

宣勇:《大学组织结构》,高等教育出版社 2004 年版。

赵孟营主编:《社会学基础》,高等教育出版社 2006 年版。

陆学艺:《社会学》,知识出版社 1996 年版。

张永宏主编:《组织社会学的新制度主义学派》,上海人民出版社 2007 年版。

周雪光:《组织社会学十讲》,社会科学文献出版社 2003 年版。

于显洋:《组织社会学》,中国人民大学出版社 2001 年版。

滕大春:《美国教育史》,人民教育出版社 1994 年版。

赵曙明:《美国高等教育管理研究》,湖北教育出版社 1992 年版。

杨德广：《高等教育发展战略研究》，上海交通大学出版社 1998 年版。

郑晓齐、王绽蕊：《研究型大学基层学术组织改革与发展》，清华大学出版社 2009 年版。

吴培良等编著：《组织理论与设计》，中国人民大学出版社 1996 年版。

李刚：《组织的进化》，电子工业出版社 2011 年版。

楼园、韩福荣：《企业组织结构进化研究》，科学出版社 2011 年版。

周巧玲：《大学战略管理研究》，科学出版社 2009 年版。

胡建雄：《学科组织创新——高等学校院系等学科结构的改革研究》，浙江大学出版社 2001 年版。

杨小薇：《全球化进程中的学校变革：一种方法论视角》，华东师范大学出版社 2004 年版。

余小波、刘潇华、黄好：《改革开放四十年：我国高等教育改革发展的基本脉络》，《江苏高教》2019 年第 3 期。

胡仁东：《大学学院制：生成与变革》，《中国人民大学教育学刊》2017 年第 2 期。

陈伟：《学院制改革：大学内部结构重组与调适的途径》，《上海高教研究》1998 年第 7 期。

杨如安：《学院制的内涵及其特性分析》，《教育研究》2011 年第 3 期。

庄西真：《从封闭到开放：学校组织变革的分析》，《教育理论与实践》2003 年第 8 期。

罗珉：《组织设计：战略选择、组织结构和制度》，《当代经济管理》2008 年第 5 期。

阎凤桥、康宁：《中国大学管理结构变化实证分析》，《高等教育研究》2004 年第 5 期。

李晓、黄建如：《20 世纪后半叶法国大学内部管理结构问题研究》，《大学教育科学》2007 年第 1 期。

闫引堂：《新制度主义的发展：领域拓展还是理论深化?》，《北京大学教育评论》2010 年第 2 期。

陈学飞：《高等教育系统的重构及其前景》，《高等教育研究》2003 年第 4 期。

郭建如：《社会学组织分析中的新老制度主义与教育研究》，《北京大学教育评论》2008 年第 3 期。

郭建如、马林霞：《社会学的制度与教育制度研究初探》，《比较教育研究》2005 年第 4 期。

孔捷：《德国大学学术组织的演变与改革》，《南京理工大学学报》(社会科学版) 2008 年第 5 期。

张应强：《把大学作为学术组织来建设和管理》，《中国高等教育》2006 年第 19 期。

汪辉：《日本研究生院重点化政策及其对大学组织结构的影响》，《比较教育研究》2004 年第 12 期。

张晓鹏：《日本的"大学结构改革"：进展、背景及意义》，《复旦教育论坛》2003 年第

2 期。

黄福涛:《日本国立大学结构改革的现状与趋势》,《比较教育研究》2002 年第
10 期。

吴宏元、郑晓齐:《日本九州大学新型的教育和研究组织结构及其启示》,《高等教
育研究》2005 年第 1 期。

龙献忠:《高等学校组织结构分析及改革研究》,《湖南师范大学教育科学学报》
2004 年第 1 期。

任少波:《重构细胞:大学管理组织架构改革的基础》,《高等教育研究》2004 年第
5 期。

潘云鹤:《关于研究型大学管理结构与运行机制改革的几点思考》,《国家教育行政
学院学报》2002 年第 5 期。

袁广林:《论我国研究型大学基层学术组织的改革》,《扬州大学学报》(高教研究
版)2006 年第 1 期。

陈何芳、陈彬:《大学基层学术组织的历史演变及其启示》,《高教探索》2002 年第
4 期。

金顶兵、闵维方:《大学组织的分化与整合》,《高等教育研究》2004 第 1 期。

郑文:《大学组织结构——权力的视角》,《高教探索》2006 年第 3 期。

赫冀成:《大学学术组织创新的体制探讨》,《中国高等教育》2007 年第 3—4 期。

孔捷:《德国大学学术组织的演变与改革》,《南京理工大学学报》(社会科学版)
2008 年第 5 期。

赵应生、钟秉林:《我国高等教育大众化进程中地方高等教育的发展》,《高等教育
研究》2009 年第 3 期。

杨颖秀:《现代大学教学科研组织的运行模式及特征》,《高教探索》2007 年第 5 期。

吴松:《大学学术组织形态探究——兼谈云南大学学术组织之重构》,《云南大学学
报》(社会科学版)2005 年第 6 期。

卢铁城:《关于大学管理架构和运行机制改革与调整的思考》,《中国高教研究》
2003 年第 2 期。

马廷奇:《大学发展与大学制度创新》,《煤炭高等教育》2004 年第 2 期。

吴志功:《国外巨型大学的组织结构特点分析》,《比较教育研究》1999 年第 1 期。

宣勇:《研究型大学的使命与组织结构的选择》,《教育发展研究》2005 年第 11 期。

沈曦、沈红:《研究型大学的组织结构》,《东北大学学报》(社会科学版)2004 年第
4 期。

季诚钧:《论大学学术组织的创新》,《教育评论》2003 年第 4 期。

赵炬明:《精英主义与单位制度——对中国大学组织与管理的案例研究》,《北京大
学教育评论》2006 年第 1 期。

孔寒冰、王沛民:《应重视开展高等学校学术组织的研究》,《高等教育研究》2000 年
第 6 期。

周远清:《把一个什么样的高等教育带入全面小康社会》,《中国高等教育》2009 年第 3、4 期。

别敦荣:《大众化与高等教育组织变革》,《清华大学教育研究》2006 年第 1 期。

顾建民:《大学职能的分析及其结构意义》,《全球教育展望》2001 年第 8 期。

龙献忠:《高等学校组织结构分析及改革研究》,《湖南师范大学教育科学学报》2004 年第 1 期。

张慧洁:《巨型大学组织变革》,厦门大学 2003 年,博士论文。

苗素莲:《中国大学组织特性历史演变研究》,华东师范大学 2004 年,博士论文。

吴宏翔:《市场经济中的高校组织演化研究》,复旦大学 2005 年,博士论文;。

陈竞蓉:《影响现代大学学术组织的主要因素》,《黑龙江教育(高教研究与评估)》2008 年第 11 期。

阎光才:《高等学校内部组织特性探析》,《清华大学教育研究》1999 年第 1 期。

陈想平:《大学组织整合机制探析》,《黑龙江高教研究》2006 年第 12 期。

金顶兵、闵维方:《论大学组织中文化的整合功能》,《北京大学教育评论》2004 年第 3 期。

金顶兵,闵维方:《研究型大学组织整合机制的案例研究》,《北京大学教育评论》2003 年第 2 期。

许海涛:《中国地方性教学型大学组织整合机制的案例研究》,《高等教育研究》2006 年第 2 期。

舒晓苓、风笑天:《结构与秩序的解构——斯宾塞、帕森斯、达伦多夫社会变迁思想评析》,《浙江学刊》2000 年第 1 期。

魏海苓、孙远雷:《大学战略规划与组织设计:美国大学的经验和启示》,《高教探索》2009 年第 1 期。

王英杰:《在创新与传统之间——斯坦福大学的发展道路》,《北京大学教育评论》2003 年第 3 期。

武汉大学《实施跨越式发展战略,创建国内外知名高水平大学——关于武汉大学发展规划的战略思考》,《中国高教研究》2003 年第 2 期。

武亚军:《面向一流大学的跨越式发展:战略领导的作用》,《北京大学教育评论》2005 年第 4 期。

武亚军:《面向一流大学的跨越式发展:战略规划的作用》,《北京大学教育评论》2006 年第 1 期。

易凌峰:《案例研究:登天的阶梯》,《教育发展研究》2000 年第 7 期。

张进:《民族志》,《国外理论动态》2006 年第 3 期。

王鉴:《教育民族志研究的理论与方法》,《民族研究》2008 年第 2 期。

阎凤桥:《高等学校内部结构与办学效益》,北京大学 2000 年,博士论文。

方海明:《大学基层学术组织存在问题的原因与对策》,《浙江师范大学学报》(社会科学版)2006 年第 3 期。

刘宝存：《国外大学学科组织的改革与发展趋势》，《教育科学》2006 年第 2 期。

吴根、刘燕美、张峰等：《国家重点实验室运行分析与发展报告——展望篇》，《中国基础科学》2006 年第 2 期。

刘宝存：《建设高水平教学团队，促进本科教学质量提高》，《中国高等教育》2007 年第 5 期。

赵正洲等：《高校学术团队建设的理论思考》，《中国高等教育》2007 年第 5 期。

陈超：《大学的专业建构范式及其效用》，《比较教育研究》2006 年第 1 期。

刘长江：《高校内部教学科研组织机构创新探讨》，《辽宁教育研究》2002 年第 8 期。

吴松：《大学学术组织形态探究——兼谈云南大学学术组织之重构》，《云南大学学报》（社会科学版）2005 年第 6 期。

周兆透：《论大学中的跨学科研究组织及其管理创新》，《高等农业教育》2006 年第 9 期。

刘献君等：《高校跨学科科研组织的有效管理》，《高等工程教育研究》2008 年第 6 期。

张炜、邹晓东：《我国大学跨学科学术组织发展的演进特征与创新策略》，《浙江大学学报》（人文社会科学版）2011 年第 6 期。

杨连生、文少保、方运纪：《跨学科研究组织发展的现实困境与突破路径》，《中国高等教育》2011 年第 7 期。

董金华、刘凡丰：《研究型大学跨学科研究的组织模式初探》，《中国软科学》2008 年第 3 期。

陈勇等：《促进跨学科研究的有效组织模式研究》，《科学学研究》2010 年第 3 期。

杨云香：《高校开展跨学科研究的若干思考》，《郑州大学学报》（哲学社会科学版）2009 年第 1 期。

张炜：《基于跨学科的新型大学学术组织模式构造》，《科学学研究》2002 年第 8 期。

庾光蓉：《论高校跨学科研究的困境与出路》，《软科学》2008 年第 6 期。

陈平：《基于学部的跨学科合作探讨》，《科技管理研究》2010 年第 12 期。

彭安吉：《高校跨学科科研组织管理案例研究》，《现代教育管理》2009 年第 7 期。

邹晓东、吕旭峰：《学部制改革初探》，《高等教育研究》2010 年第 2 期。

付瑶瑶：《从斯坦福大学看美国研究型大学中独立科研机构的发展》，《清华大学教育研究》2005 年第 3 期。

罗珉：《组织设计思想演变与发展轨迹探析》，《外国经济与管理》2010 年第 4 期。

水超、孙智信：《跨学科研究组织管理与运行机制的探析》，《科技管理研究》2010 年第 9 期。

罗珉：《战略选择论的起源、发展与复杂范式》，《外国经济与管理》2006 年第 1 期。

陈国权：《组织与环境的关系及组织学习》，《管理科学学报》2001 年第 5 期。

刘芳、刘洪、王成城：《基于生命周期的组织适应能力研究》，《经济理论与经济管理》2009 年第 2 期。

孙睦优:《企业战略管理与组织结构》,《冶金经济与管理》2005 年第 5 期。

姜艳、黄桂萍:《企业战略与组织结构如何相匹配》,《经营与管理》2010 年第 9 期。

李诗和:《企业战略导向下的组织结构设计》,《科技创业月刊》2007 年第 2 期。

杜慕群:《资源、能力、外部环境、战略与竞争优势的整合研究》,《管理世界》2003 年第 10 期。

任浩、刘石兰:《基于战略的组织结构设计》,《科学学与科学技术管理》2005 年第 8 期。

戚明钧:《论教学研究型大学的建设目标与战略选择》,《杭州电子科技大学学报》(社会科学版)2006 年第 3 期。

陈锡坚:《论大学学术战略选择》,《辽宁教育研究》2003 年第 6 期。

唐晓玲、王正青:《环境变化与大学管理革新:组织适应的理论视角》,《高教探索》2009 年第 3 期。

林爱华:《公共部门战略选择与组织结构的关系分析》,《行政论坛》2005 年第 3 期。

费显政:《组织与环境的关系——不同学派述评与比较》,《国外社会科学》2006 年第 3 期。

杨黎明:《高等教育大众化与中国大学组织结构的变革》,《江苏高教》2008 年第 5 期。

周向阳:《论新世纪初我国高等学校学术组织的变革与发展》,《高等教育研究》2007 年第 2 期。

张民选:《中国高等教育的变革:2000—2020 年》,《国家教育行政学院学报》2010 年第 11 期。

刘德富、张朔:《论合并组建的地方综合大学的跨越式发展》,《三峡大学学报》(人文社会科学版)2002 年第 2 期。

郭贵春:《办好地方综合性大学的理性选择》,《山西大学学报》(哲学社会科学版)2006 年第 9 期。

张向中:《地方综合性大学跨越式发展的战略模式选择》,《福建师范大学学报》(哲学社会科学版)2003 年第 1 期。

朱振林:《地方综合性大学发展态势分析——黑龙江大学发展道路选择》,《黑龙江教育(高教研究与评估)》2006 年第 3 期。

庾建设、刘辉:《转型时期地方大学的发展战略》,《中国高教研究》2005 年第 8 期。

黄文峰:《地方综合性大学科学定位刍议》,《漳州师范学院学报》(哲学社会科学版)2006 年第 4 期。

刘勇兵、金玲:《关于高校战略规划文本的比较与分析》,《现代教育管理》2009 年第 1 期。

葛继平等:《大学教学科研组织变革研究》,《辽宁教育研究》2006 年第 12 期。

沈曦、沈红:《大学学术组织结构的创新》,《高等工程教育研究》2004 年第 3 期。

沈曦:《组织结构视角:大学管理低效的根源及对策》,《高校教育管理》2009 年第

2 期。

周清明:《浅析现代大学制度的基层学术组织重构》,《高等教育研究》2009 年第 4 期。

许海涛:《中国地方性教学型大学组织整合机制的案例研究》,《高等教育研究》2006 年第 2 期。

黄祥林:《学院制改革与高校内部教学科研机构重组》,《延安大学学报》2004 年第 3 期。

王学海:《学术权力概念及学术权力主体辨析》,《黑龙江高教研究》2004 年第 3 期。

陈连根:《试论学院制改革中的放权问题》,《湖州师范学院学报》2006 年第 5 期。

李福华:《研究型大学院系设置的比较分析与理论思考》,《清华大学教育研究》2005 年第 6 期。

汤智、李小年:《大学基层学术组织运行机制:国外模式及其借鉴》,《教育研究》2015 年第 6 期。

周光礼:《政策分析与院校研究:中国高等教育研究中的中层理论建构》,《高等教育研究》2009 年第 10 期。

刘宝存:《国外大学学科组织的改革与发展趋势》,《教育科学》2006 年第 2 期。

马陆亭:《大学变迁与组织模式应对》,《教育发展研究》2010 年第 9 期。

杨云香:《高校开展跨学科研究的若干思考》,《郑州大学学报》(哲学社会科学版)2009 年第 1 期。

程新奎:《大学跨学科组织的主要运行模式及其特征比较》,《辽宁教育研究》2007 年第 9 期。

邹晓东、吕旭峰:《"学部制"改革初探——基于构建跨学科研究组织体系的思考》,《高等教育研究》2010 年第 2 期。

别敦荣:《抓住历史机遇,促进大学转型:美国大学定位与个性化发展》,《高等教育研究》2003 年第 1 期。

李立国:《大学组织特性与大学竞争特点探析》,《高等教育研究》2006 年第 11 期。

黄超、杨英杰、姜华:《创建世界一流大学的战略组织》,《高等教育研究》2011 年第 8 期。

高子牛:《作为跨学科组织的研究中心:以康奈尔大学东南亚研究中心为例(1950—1975)》,《北京大学教育评论》2018 年第 2 期。

关辉:《组织、动力、成果:我国大学跨学科演进的三重维度与协同逻辑》,《教育发展研究》2015 年第 3 期。

夏茵:《知识变迁与学术组织改革——对当前我国大学"学部制"改革的思考》,《内蒙古电大学刊》2013 年第 1 期。

张金磊:《论大学学科组织的历史演变与发展趋势》,《黑龙江高教研究》2014 年第 2 期。

张庆辉:《论战略转变在大学持续发展中的作用》,《大学》(学术版)2014 年第 2 期。

缪文卿:《论大学组织生成及其与社会的关系》,《教育研究》2015 年第 11 期。

中共中央、国务院《关于深化教育改革全面推进素质教育的决定》,1999 年。

中共 H 省委、省政府《关于进一步落实"科教兴省"战略的意见》,1999 年。

中共 H 省委、省政府《关于加强教育工作的决定》,2005 年。

H 省《教育事业第十一个五年规划》,2006 年。

A 大学《面向 21 世纪建设与发展规划》,2000 年。

A 大学《内部管理体制改革文件汇编》,2001 年。

A 大学《科技工作汇报材料》,2007 年。

A 大学《"十一五"建设与发展规划汇编》,2007 年。

A 大学《"十二五"建设与发展规划汇编》,2010 年。

A 大学《发展规划教育部专家论证会主报告》,2007 年。

A 大学《本科教学工作水平评估校长报告》,2007 年。

A 大学《本科教学工作水平评估自评报告》,2007 年。

A 大学《本科教学工作水平评估基本状态数据表》,2007 年。

《A 大学史》,A 大学出版社 2001 年版。

《A 大学史:2001—2010》,A 大学出版社 2011 年版。

A 大学校长在学校主要场合的讲话:1999—2010 年。

A 大学党委书记在学校主要场合的讲话:1999—2010 年。

A 大学《学位与研究生教育工作手册》,2002 年。

Burton R. Clark. Adult Education in Transtion, Arno Press Inc, 1980.

Charles C. Snow and Lawrence G. Hrebiniak, "Strategy, Distinctive Competence, And Organizational Performance" Administrative Science Quarterly 25, 1980.

Brown S, Blackmon K. Aligning manufacturing strategy and businesslevel competitive strategy in new competitive environments: The case for strategic resonance. Journal of Management Studies. 2005, 42(4).

Leana, C.R., and B. Barry. "Stability and Change as Simultaneous Experiences in Organizational Life." Academy of Management Review 25, 2000.

Drucker, P. E. Management Challenges for the 21st Century. New York: HarperBusiness, 1999.

Richard L Daft. Organization theory and design . (10th Ed.). Cincinnati, Ohio: Southwestern College Publishing Company, 2010.

Lawrence, Paul, Lorsch, Jay. Organization and Environment: Managing Differentiation and Integration. Boston, Massachusetts: Harvard University Press, 1967.

R Stacey(Ed.). Managing Change. London: Kogan Page Ltd, 1993.

James D. Thompson. Organizations in Action: Social Science Bases of Administrative Theory. Transaction Publishers, 2003.

Clegg, S.R. Modern organizations: Organization Studies in the Postmodern World. London:

Sage,1990 .

Reese J Hagan,Katie S Cook (Eds.). Modelinginternal organizational change. Palo Alto, California: Annual Reviews,1995.

Ralph D Stacey. The Chaos Frontier:Creative Strategic Control for Business. Oxford: Butterworth-Heinemann,1991.

Alfred D. Chandler, Jr. Corporate Strategy and Organization Framework. New York. Harper Press,1965.

Thomas H. Hammond. "Structure,Strategy,and the Agenda of the Firm". In Richard P. Rumelt,Dan E. Schendel,and David J. Teece,eds. Fundamental Issues in Strategy. Boston, Massachusetts: Harvard Business School Press,1994.

Karl E. Weick. Enactment Process in Organizations. In New Directions in Organizational Behavior. Barry M. Staw and Gerald R. Salanick,eds.,(Chapter 8) Chicago,Illinois: St. Clair Press,1977.

William H. Starbuck. Organization and Their Environment. In Marvin D. Dunnette, ed. Handbook of Industrial Organizational Psychology. Chicago,Illinois: Rand McNally,1976.

Arthur G. Bedian & Raymond F. Zammuto. Organizations: Theory anti Design. Chicago, Illinois: The Dryden Press,1991.

Ralph D. Stacey. The Chaos Frontier: Creative Strategic Control for Business. Oxford: Butterworth-Heinemann,1991.

Cohen,M.D.,J.G. March. Leadership and Ambiguity. The American College President Cl. McGraw-Hill,1974.

Weick,Karl E. Educational Organizations as Loosely Coupled Systems. Administrative Science Quarterly,1976(21) :3.

Weick,Karl E. Contradictions in a Community of Scholars: the cohesion-accuracy tradeoff. James L. Bess. College and University Organization: Insight from the Behavioral Science . New York: New York University Press. 1984.

Giovanni Levi. On Micro-history: New Perspectives on Historical Writing . Edited by Peter Burke,PA: The Pennsylvania State University Press,2001.

Kotter J P. Leading Changing: Why Transformation Efforts Fail. Harvard Business Review,1995,3/4.

Dilldd,Spornb. Emerging Patterns of Social Dem and University Reform: Though a Glass Darkly . Oxford:Pergamon Press,1995.

Miller H D R. Management of Change in University. Milton Keynes:Srhe and Open University Press,1995.

Harrington,F. H. Shortcomings of Conventional Departments. McHenry,D. E. Academic Departments: Problems, Variations, and Alternatives. San Francisco: Jossey Bass Publishers,1977.

责任编辑:冯　瑶

图书在版编目(CIP)数据

大学发展的学术战略与结构变革:基于A大学的案例研究/闫树涛 著. —
　北京:人民出版社,2021.4
(国家社科基金后期资助项目)
ISBN 978－7－01－023173－0

Ⅰ.①大…　Ⅱ.①闫…　Ⅲ.①高等教育-研究-中国　Ⅳ.①G649.2

中国版本图书馆 CIP 数据核字(2021)第 028678 号

大学发展的学术战略与结构变革
DAXUE FAZHAN DE XUESHU ZHANLÜE YU JIEGOU BIANGE
——基于 A 大学的案例研究

闫树涛　著

人民出版社 出版发行
(100706　北京市东城区隆福寺街 99 号)

北京汇林印务有限公司印刷　新华书店经销

2021 年 4 月第 1 版　2021 年 4 月北京第 1 次印刷
开本:710 毫米×1000 毫米 1/16　印张:16
字数:275 千字

ISBN 978－7－01－023173－0　定价:58.00 元

邮购地址 100706　北京市东城区隆福寺街 99 号
人民东方图书销售中心　电话 (010)65250042　65289539